安徽省哲学社会科学规划项目：数字供应链与营运资金高质量管理协同机制及决策创新研究成果（项目号：AHSKY2021D19）

经济周期、供应链合作关系与营运资金管理

JINGJI ZHOUQI GONGYINGLIAN HEZUO GUANXI YU YINGYUN ZIJIN GUANLI

张淑英 ◎ 著

图书在版编目(CIP)数据

经济周期、供应链合作关系与营运资金管理/张淑英著.—合肥:安徽大学出版社,2022.10
ISBN 978-7-5664-2487-7

Ⅰ.①经… Ⅱ.①张… Ⅲ.①企业管理—资金管理—研究 Ⅳ.①F275.1

中国版本图书馆CIP数据核字(2022)第184783号

经济周期、供应链合作关系与营运资金管理　　张淑英　著

出版发行:	北京师范大学出版集团 安　徽　大　学　出　版　社 (安徽省合肥市肥西路3号 邮编230039) www.bnupg.com.cn www.ahupress.com.cn
印　　刷:	江苏凤凰数码印务有限公司
经　　销:	全国新华书店
开　　本:	710 mm×1010 mm　1/16
印　　张:	12.25
字　　数:	210千字
版　　次:	2022年10月第1版
印　　次:	2022年10月第1次印刷
定　　价:	59.00元

ISBN 978-7-5664-2487-7

策划编辑:吴泽宇	**装帧设计**:李　军　孟献辉
责任编辑:吴泽宇	**美术编辑**:李　军
责任校对:范文娟	**责任印制**:陈　如　孟献辉

版权所有　　侵权必究

反盗版、侵权举报电话:0551—65106311
外埠邮购电话:0551—65107716
本书如有印装质量问题,请与印制管理部联系调换。
印制管理部电话:0551—65106311

目　录

前　言 ………………………………………………………………………… 1
第一章　经济周期、供应链合作关系对营运资金管理的影响 …………… 1
　　第一节　经济周期波动影响营运资金的机理 ……………………………… 1
　　第二节　供应链合作关系影响营运资金管理的作用机理 ……………… 12
　　第三节　经济周期波动、供应链关系对营运资金管理的影响 ……… 30
第二章　制造业上市公司营运资金特性分析 ……………………………… 36
　　第一节　不同周期上市公司营运资金特性考证分析 …………………… 37
　　第二节　制造业上市公司营运资金特性的分类统计 …………………… 45
第三章　经济周期、供应链合作关系对营运资金静态配置的影响 ……… 66
　　第一节　理论分析与研究假设 …………………………………………… 68
　　第二节　"中介效应"模型设定 …………………………………………… 72
　　第三节　实证结果分析 …………………………………………………… 77
第四章　经济周期、供应链合作关系对营运资金动态调整的影响 …… 116
　　第一节　理论分析与研究假设 …………………………………………… 117
　　第二节　样本、变量与模型设计 ………………………………………… 124
　　第三节　实证结果的分析 ………………………………………………… 128
第五章　经济周期、供应链合作关系对营运资金管理绩效的影响 …… 149
　　第一节　理论分析与假设提出 …………………………………………… 150

第二节　样本来源、变量选择与模型设计 …………………… 151
第三节　实证结果分析 ……………………………………… 155
参考文献 ……………………………………………………… 173
后记 …………………………………………………………… 175

前　言

　　自 20 世纪 80 年代后期开始,国外关于营运资金管理的理论研究基本处于停滞不前的状态,有关营运资金管理的理论研究在主流财务学刊中已十分少见。进入 21 世纪,美国经济出现低迷现象,实务界中出现了一些利用供应链管理(SCM)、分销渠道管理(DCM)和客户关系管理(CRM)等理论来加强营运资金管理的讨论。可见,营运资金理论的发展与环境因素密切相关,它随着环境的变化而发展。Andrew Harris(2002)指出环境的不确定性会给营运资金管理带来影响,导致现有的营运资金管理理论很难适应当前企业的财务管理实务,因此,必须结合宏观经济的发展变化,制定相适应的营运资金管理政策[①]。由于经济周期是变化的,营运资金政策应该也是动态变化的。在经济常态化下,现金周转期与净营运资金、企业盈利能力是负相关关系,然而严重的经济危机可能促使公司改变存货、应收账款、应付账款持有政策,从而引起公司增加或减少净营运资金量[②];严重的经济危机通常会降低营运资金周转效率,因此,金融危机期间,企业要保持充分的流动性,降低一定的风险,从营运资金和供应链上着手,挖掘流动性资产的潜力,这是较好的应对策略[③]。郭楠和干胜道(2009)认为在突发灾害下,企

[①] Andrew Harris, "Working Capital Management: Difficult, but Rewarding", *Financial Executive* (2002), (5):52—53.

[②] Rakesh Duggal, Michael C. Budden," The Effects Of The Great Recession On Corporate Working CapitalManagement Practices", *International Business & Economics Research Journal* (Online) (2012), 11(7):753—756.

[③] John Matson, "Cash is King: Improving Working Capita", *Supply Chain Management Review* (2009), (4):28—32.

业要积极规避财务风险,对营运资金的管理应与常规情况下有显著差异①。张蕊(2009)认为在经济常态化下企业的经营目的是提高盈利能力,创造价值;而在金融危机下,企业经营的主要目的是确保生存②。王竹泉等连续几年对中国上市公司营运资金管理进行了调查,发现经济危机对营运资金管理绩效有一定的影响③。在金融危机下,企业营运资金管理的一种新型业务创新模式是供应链融资、出口信用保险。

在营运资金管理研究领域,有一部分学者针对营运资本的最优需求或者目标需求量,以及目标营运资金需求是否进行调整等展开了一些尝试性探讨。这一研究的前提是现实的市场并不完美。因此,外部融资(负债或者发行股票)比企业内部自己产生的资金成本高,④这样的话,投资与融资就不再独立,而是相互依赖的,公司可能存在最优的营运资金量来平衡成本与收益的关系,较多的流动资产会给企业带来一些优势(采购量大能降低采购成本、减少原材料价格波动带来的损失、防止供应中断导致销售量减低等,⑤但同时给企业带来较低的收益)。较多的库存、应收账款投资量不仅使企业机会成本增加,而且较高的营运资金量占用的资金会直接导致利息费用的增加。因此,公司应该有一个最优的营运资金需求量以便平衡成本与收益的关系。

---

① 郭楠,干胜道:《突发事件中的营运资金管理》,载《财会通讯》,2009年第11期,第96～97页。

② 张蕊:《金融危机下企业经营业绩评价的思考》,载《会计研究》,2009年第6期,第23～27页。

③ 王竹泉,刘文静,王兴河,张欣怡,杨丽霏:《中国上市公司营运资金管理调查:2007—2008》,载《会计研究》,2009年第9期,第51～57页。王竹泉,孙莹,王秀华,张先敏,王贞洁:《中国上市公司营运资金管理调查:2011》,载《会计研究》,2012年第12期,第26～35页。

④ Jensen, M. C. and W. H. Meckling, "Theory of the Firm: Managerial Behavior, Agency Cost and Ownership Structure", *Journal of Financial Economics*(1976), (3): 305—360. Myers S. C., Majluf N. S, "Corporate Financing and Investment Decisions When Firms have Information that Investors Do not Have", *Journal of Financial Economics*(1984), (13): 187—2211. Greenwald, B., J. E. Stiglitz, and A. Weiss, "Informational Imperfections in the Capital Market and Macroeconomic Fluctuations", *the American Economic Review*(1984), (74): 194—199.

⑤ Blinder, A. S., LJ Maccini, "The Resurgence of Inventory Research: What Have we learned?" *Journal of Economic Surveys*(1991), 5(4): 291—328.

其中有关现金持有量动态调整的研究成果较多[①],大部分学者认为企业的现金持有存在一个目标值或目标区间,当实际现金量偏离目标水平时,理性的管理者会通过调整现金量使其向目标值趋近,从而实现现金持有价值的最大化。权衡理论认为,公司会在比较现金持有成本与收益的基础上确定一个目标持有量,并在实际现金量偏离目标值时进行调整。张文君(2014)选择2001—2010年A股上市公司的数据,用GMM方法研究了经济周期与现金动态调整的关系,结果发现上市公司现金持有量调整具有顺周期的特征,即上行期调整快,下行期调整慢;另外,不同所有权性质的公司对其现金持有动态调整有一定的影响,国有上市公司现金持有的动态调整速度更快[②]。Garcia & Martinez(2010)发现应收账款在偏离目标时会迅速进行调整[③]。连玉君、彭方平、苏治(2010)认为由于融资约束的存在,公司持有一定量的流动资产容易把握投资机会,由于流动资产的收益率较低,公司也不能过多持有。这就要求公司需维持一个目标比例,并在流动资产比例偏离目标值后进行积极的调整[④]。Peles & Schneller(1989)认为企业的流动资产项目有目标值,他们使用局部调整模型具体分析了包括流动资产项目的财务比率对于激发管理或市场进行持续的调整非常重要[⑤]。吴娜(2013)的研究结论也表明:我国上市公司的营运资金存在最优需求量,在实际营运资金需求发生偏离时会进行积极的调整,且调整速度受经济周期和融资约束的影响。在公司经营的过程中,公司实际的营运资金持有水平可

---

① Venkiteshwaran V, "Partial Adjustment toward Optimal Cash Holding Levels", *Review of Financial Economics* (2011), (20): 113—121. 张名誉:《外部冲击、流动性约束与企业现金的动态调整》,于《统计与决策》,2011年第24期,第135~138页。

② 张文君:《经济周期、融资约束与现金持有的动态调整》,于《广东财经大学学报》,2014年第5期,第14~22页。

③ Garcia-Teruel, P. J., and P. Martinez-Solano, "Effects of Working Capital Management on SME Pro？tability", *International Journal of Managerial Finance* (2007a), 3(2): 164—177.

④ 连玉君,彭方平,苏治:《融资约束与流动性管理行为》,载《金融研究》,2010年第10期,第158~171页。

⑤ Peles, Y. C. and M. I. Schneller, "The Duration of the Adjustment Process of Financial Ratios", *The Review of Economics and Statistics* (1989), 71(30):527—532.

能受到多种因素的影响而与目标水平发生偏离,此时便需要对其进行调整①。这主要通过改变存货库存管理方式、存货采购批量、应付账款管理、应收账款信用管理等方式来实现。然而,无论采取何种方式,都会存在调整成本的情况出现,这使公司对营运资金偏离最优值的量有一定的容忍度,且偏离较大,在调整收益大于调整成本的情况下,调整才有意义。制度财务学研究表明:公司不仅受自身内部财务特征的影响,还受宏观经济环境的影响。因此,把宏观与微观两个方面纳入营运资金管理的分析中是非常必要的。

综上所述,关于研究营运资金是否有目标持有量及在偏离时是否会积极进行调整的文献较少,而结合宏观经济环境及供应链管理研究就更少。营运资金动态调整(向目标值调整)行为及结果必然影响营运资金管理效率,从而影响企业在产品市场上的竞争力。因此,把宏观经济周期、供应链管理与营运资金需求动态调整结合到一起分析,是研究如何提高营运资金管理绩效的一个较好的视角。

20世纪70年代以前,对营运资金管理相关内容的研究主要是基于现金、应收账款、存货、应付账款等单一流动类项目,与之相对应的营运资金管理绩效的评价主要是使用应收账款周转率、存货周转率、应付账款周转率等。有人提出应收账款及存货的最优并不表示营运资金总体上就是最优的,应将各项流动资产联合起来研究②。应收款项、存货、应付账款等单项的最优化容易割裂营运资金各个项目之间的联系,单一指标的评价往往会发生矛盾冲突,如应收账款周转期的缩短可能会减少销售量,从而导致库存增加,后果是存货周转期又将延长。针对单一指标的缺陷,Smith(1973)探讨了整体营运资金规划与控制的内容。③ 其后有学者提出了综合性评价营

---

① 吴娜:《经济周期、融资约束与营运资本的动态协同选择》,载《会计研究》,2013年第8期,第54页。

② Knight, W. D. "Working Capital Management: Satisfying Versus Optimization", *Financial Management*, (1972), 1 (1): 33—40.

③ Keith V. Smith, "State of the Art of Working Capital Management", *Financial Management*, 1973, 2(3): 50—55.

运资金管理的指标,如现金周转期。① 现金周转期是用来衡量营运资金流动性的,通常现金周转期越短,表明企业的运营绩效越好。但因现金周转期内各个阶段现金流量、原材料、半成品及产成品等占用时间和数量不同,所以又有学者提出了加权现金周转期。② 实证研究中也有学者用营运资金需求③、净流动性余额④等评价营运资金管理绩效。随着对营运资金管理绩效评价指标的研究逐渐深入,在20世纪90年代,美国波士顿咨询公司提出"营运资金生产率",它是销售额与年度平均营运资金额的比例,表示每单位营运资本所能带来的销售额,这是一个相对指标,适用于本企业历史数据或同行之间的相互比较。20世纪90年代,美国REL咨询公司和CFO杂志对企业营运资金管理绩效进行排名时使用的公式如下:

某企业得分=(最低DWC－该企业DWC)/(最低DWC－最高DWC)+(最高CCE－该企业CCE)/(最高CCE－最低CCE)

其中DWC(Days of Working Capital)是指营运资金周转期,即前文所说的现金周转期,CCE是变现效率(Cash Conversion Efficiency),即经营现金流量除以销售收入所得的值。

国内对于营运资金管理绩效评价的研究相对较晚,相关的文献较少。杨雄胜和缪艳娟等(2000)指出现行的财务管理中应收账款周转率、存货周转率指标都存在严重缺陷,要让其回归"周转"的涵义,需将两指标分别改为

---

① Richards Verlyn D. and Laughlin Eugene J, "A Cash Conversion Cycle Approach to Liquidity Analysis", *Financial Management* (1980), 9(1):32－38. Ioannis Lazaridis, Dimitrios Tryfonidis, "Relationship between Working Capital Management and Profitability of Listed Companies in the Athens Stock Exchange", *Journal of Financial Management and Analysis*(2006), 19(1):26－35.

② James A. Gentry, R. Vaidyanathan, and Hei Wai Lee, "A Weighted Cash Conversion Cycle", *Financial Management*(1990), 19(1):290－299.

③ Nazir M. S., Afza T, "On the Factor Determining Working Capital Requirements", *Proceedings of ASBBS*(2008), 15(1):293－301.。B. A. Ranjith Appuhami, "The Impact of Firms' Capital Expenditure on Working Capital Management: An Empirical Study across Industries in Thailand", *International Management Review* (2008), (1):8－21.。Olayinka Olufisayo Akinlo, "Determinants of Working Capital Requirements in Selected Quoted Companies in Nigeria", *Journal of African Business*(2012), 13(1):40－50.

④ Chiou, J. R., & Cheng, L.. The Determinants of Working Capital Management", *Journal of American Academy of Business*(2006), 10(1):149－155.

应收账款平均账龄和存货平均占用期指标。① 郁国建(2000)指出传统评价通常对应收账款周转、存货周转、应付账款周转来考察评价企业的营运资金管理绩效,这种评价指标缺乏综合性和整体性,因此,笔者创建了"购销周转率"来全面考核营运资金的总体流转情况②。最近几年随着供应链管理理论在营运资金管理中逐渐推广及应用,按照渠道评价营运资金管理绩效已悄然形成。由于传统的营运资金管理受限于按构成要素,其对营运资金进行分类并对其各个部分评价、管理,缺乏整体观念,缺乏与企业业务流程的有机联系。③ 王竹泉率领的团队提出了把营运资金分成经营活动的营运资金和理财活动的营运资金,相应的管理绩效指标分别为经营活动营运资金周转期、理财活动的营运资金周转期,并把经营活动的营运资金周转按照与渠道的关系分为:采购、生产、营销,这种分类有助于评价供应链视角下的营运资金管理绩效。④

温素彬、陈敏(2015)回顾现有营运资金管理绩效评价指标缺陷后,指出应该建立与利益相关者的营运资金管理效率的评价体系⑤。

从20世纪70年代日本的丰田成功运用JIT库存管理,到20世纪中后期,营运资金管理出现向供应链转化并广泛应用,供应链管理与营运资金管理就结为一体,密不可分了。1985年,沃尔玛和宝洁率先成功实施VMI模式。1999年,UPS成立了专门的金融公司开展物流金融服务业务并取得显著成效。徐贤浩和马士华(1998)提出以组织生产核心产品的企业为中心的供应链网络状结构模型,并且基于该模型提出节点企业间的最佳订货批量和最佳订货周期方法,以保证企业满足用户需求,从而降低库存费用和产品

---

① 杨雄胜,缪艳娟,刘彩霞:《改进周转率指标的现实思考》,载《会计研究》,2000年第4期,第47~51页。

② 郁国建:《建立营运资金管理的业绩评价体系》,载《中国流通经济》,2000年第3期,第46~48页。

③ 王竹泉,张欣怡:《业务流程管理对营运资金管理的影响机理研究》,载《财务与会计》理财版,2011年第5期,第15~18页。

④ 王竹泉,逢咏梅,孙建强:《国内外营运资金管理研究的回顾与展望》,载《会计研究》,2007年第2期,第85~92页。

⑤ 温素彬,陈敏:《基于利益相关者视角的企业营运资金管理效率影响机理研究》,载《财务研究》,2015年第6期,第81~89页。

成本[①]。2001年,CFO杂志发布营运资金调查报告警告经营者:在经济不景气时企业想提高营运资金周转效率更需要客户和供应商的配合;2002年,CFO杂志又在发布的调查报告中指出客户与供应商是企业重要的利益相关者,供应链不能断裂,否则将对企业产生很大的负面影响。美国企业也认为上下游的供应商和客户才是决定营运资金效率的根本因素;在2003年到2005年的研究报告中依然强调价值链的重要性,把营运资金管理的重点放到与客户和供应商的关系上。实践中,供应链管理应用比较成熟,戴尔、苏宁、海尔、风神汽车、香港利丰等都是成功应用供应链管理并取得巨大营运资金管理绩效的典范。

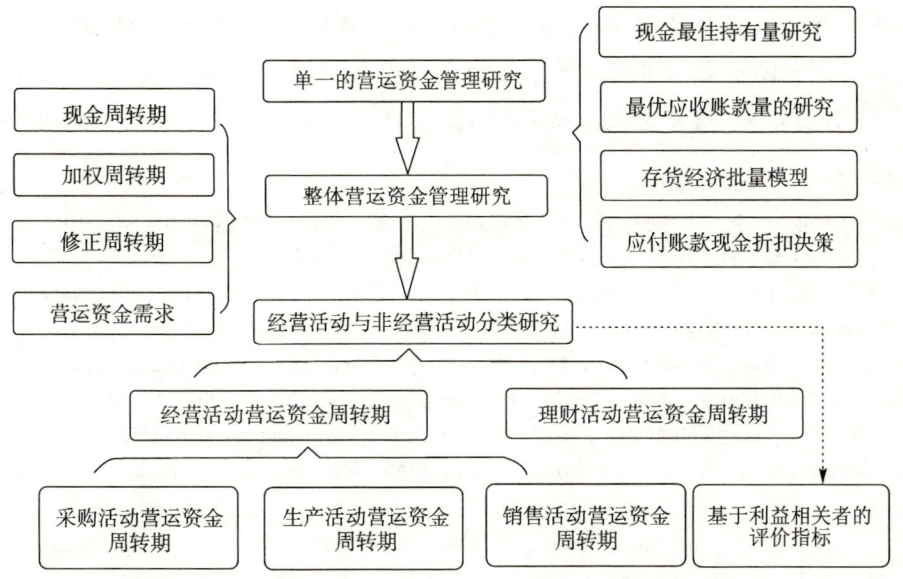

图 1　营运资金管理绩效评价指标的发展变化

有效的营运资金管理既能使企业从经营中获取足够的现金从而减少外

---

① 徐贤浩、马士华:《供应链网络状结构模型中多级库存控制模型》,载《华中理工大学学报》,1998年第26(6)期,第68～70页。

部融资量,也可以加速资金循环周转从而影响公司流动性[1]、盈利能力[2],避免企业处于破产的边缘[3]。公司保持最优水平的营运资金量可以最大化企业的价值[4],无效的营运资金管理会引发企业的失败[5]。2003年,有着100多年历史的美国Kmart公司申请了破产保护;2004年,在中国运营8年之久的普尔斯马特轰然倒下;Dell、Wal—mart等世界著名跨国公司谈到成功经验时,都提及其先进的营运资金管理理念和模式。而对于IBM PC、K—MART等企业巨头的失败或破产来说,落后的营运资金管理难辞其咎。可以说大多数企业破产的导火线是资金链断裂(营运资金管理的失败),很少有某个企业因为利润的下滑而终止。2008年全球金融危机爆发,很多企业陷入财务危机,其直接原因多是由于营运资金周转不到位。资金链断裂是企业破产倒闭的最大杀手,而导致资金链断裂最致命的原因是供应链崩溃[6]。近些年来,随着宏观经济环境的波动(不确定性),市场竞争的加剧,

---

[1] Kim, C. S., Mauer, D. C., Sherman, A. E., "The Determinants of Corporate Liquidity: Theory and Evidence", *Financial Quantitative Anal*(1998), 33 (3): 335—359. Opler T., L. Pinkowitz, R. Stulz, "R Williamson. The Determinants and Implications of Corporate Cash Holdings", *Journal of Financial Economics*(1999), 52(1):13—46.

[2] Shin H. H. and Soenen L., "Efficiency of Working Capital Management and Corporate Profitability", *Financial Practice and Education*(1998), 8(1):37—45. Deloof M, "Does Working Capital Management Affect Profitability of Belgian Firms?", *Journal of Business Finance k Accounting*(2003), 4(5): 573—587. Ioannis Lazaridis, "Dimitrios Tryfonidis. Relationship between Working Capital Management and Profitability of Listed Companies in the Athens Stock Exchange", *Journal of Financial Management and Analysis*(2006),19(1):26—35. Ukaegbu, "B. The Significance of Working Capital Management in Determining Firm Profitability: Evidence from Developing Economies in Africa", *Res. Int. Business Finance*(2014),(31):1—16.

[3] Berryman, J. Small Business Failure and Bankruptcy, "A Survey of the Literature", *Eur Small Business*(1983), 1 (4):47—59. Peel, M. J., Wilson, N., "Working Capital and Fnancial Management Practices in the Small Firm Sector", *Int. Small Business Journal*(1994),14 (2): 52—68.

[4] Raheman A. and Nasr M., "Working capital management and profitability—case of Pakistani Firms" *International Review of Business Research Papers*(2007), 3(1): 279—300.

[5] Keith V. Smith, "State of the Art of Working Capital Management", *Financial Management*(1973),2(3):50—55.

[6] 李心合,叶玲:《嵌入供应链的公司财务理论研究》,载《当代财经》,2013年第5期,第109~114页。

客户需求的不确定性增加,企业的生存环境日趋艰难,资金短缺的情况经常发生。在这样的环境下,管理好营运资金对公司的风险控制与价值创造意义非凡,营运资金管理不善将会导致企业的破产,尤其是在金融危机期间,而供应链管理是企业应对这种风险,提高营运资金周转,释放流动资金的一种有效的管理模式。

根据莱瑞·吉特曼和查尔斯·马克斯维尔对美国1 000余家大型企业财务经理的调查,发现财务经理在营运资金管理上的时间投入将近占了三分之一。很多实证研究证明营运资金运转的快慢、营运资金运用如何、营运资金的筹措如何等是影响企业盈利能力[1]和市场价值[2]的重要因素。有人说现金是企业的血液,而营运资金管理直接决定着企业血液的"浓度"和"流动性",如果营运资金管理不到位,会严重影响企业的生存与发展。营运资金管理是企业理财第一要务,管理好营运资金已经成为确保企业持续发展的关键性财务问题[3]。

然而与目前国内外大量盛行的投资、筹资决策研究比起来,国内外对营运资金管理的研究相对匮乏。以往学者对营运资金管理的研究,从其研究内容和研究对象来看,研究重点在营运资金管理决策及供应链关系对营运资金管理绩效的影响。有较少学者从营运资金动态调整视角进行研究,但

---

[1] Nor Edi Azhar Binti Mohamad, Noriza Binti Mohd Saad, "Working Capital Management: The Effect of Market Valuation and Profitability in Malaysia", *International Journal of Business and Management* (2010), 5(11): 140－147.。Michael Nwidobie Barine, "Working Capital Management Efficiency and Corporate Profitability: Evidences from Quoted Firms in Nigeria", *Journal of Applied Finance & Banking* (2012), 2(2): 215－237.

[2] Garcia-Teruel, P. J., and P. Martinez-Solano, "Effects of Working Capital Management on SME Profitability", *International Journal of Managerial Finance* (2007a), 3(2): 164－177. Nobanee, H., Alhajjar, M., "A Note On Working Capital Management And Corporate Profitability Of Japanese Firms", *Working Papers Series* (2009), (7):1－9. Bhaskar Bagchi, Jayanta Chakrabarti, Piyal Basu Roy, "Influence of Working Capital Management on Profitability: A Study on Indian FMCG Companies", *International Journal of Business and Management* (2012), 7(22): 1－10. Sabri, Tamer Bahjat, "Different Working Capital Polices and the Profitability of a Firm", *International Journal of Business and Management*, (2012), 7(15): 50－60.

[3] 吴苹:《营运资金管理是企业理财第一要务》,载《财务与会计》,2012年第6期,第1页。

结合宏观经济环境波动研究成果相对较少。我们认为营运资金管理的策略与环境因素密切相关，经济上行时期和经济下行时期营运资金管理策略是有差别的。金融危机（典型的下行期）的出现，对以可持续发展为假设的公司财务学带来冲击和挑战[①]，经济下行时期的营运资金管理策略的构建应该有自己的适用性和特色，但现有研究最终都没有提出实质性的新策略以应对不同的环境，以致面临不确定环境主流的营运资金管理策略和方法并不能解决问题，无法形成对营运资金管理正确的指导。另外上述研究即使考虑了宏观环境变化（经济周期性变化、金融危机）对营运资金管理产生影响，但就具体影响机制、作用机理而言没有深入探究，也很少有学者把宏观经济变量引入模型实证检验它对营运资金静态配置、动态调整、营运资金管理效率的影响。

鉴于此，本书将综合运用规范研究和实证研究的方法。

一是规范研究主要集中于理论框架的构建。本书的出发点是在宏观经济周期变化下，研究供应链合作关系是否通过影响营运资金需求、营运资金需求动态调整，进而影响营运资金管理的绩效。本书注意理论分析和理论框架的搭建，主要利用宏观经济学、公司财务学、供应链及供应链管理的相关理论，对经济周期、供应链管理、供应链合作关系、营运资金、营运资金管理等进行系统阐述，对经济周期、供应链合作关系及营运资金管理三者的逻辑关系进行解析并搭建了理论框架，为后续研究奠定理论基础。

二是实证研究主要对理论模型的验证。实证部分主要从营运资金需求的静态配置出发，选择制造行业上市公司2001—2014年数据，研究了经济周期、供应链合作关系对营运资金需求静态配置的影响；以营运资金需求为被解释变量，从动态配置的视角检验了经济周期、供应链上游关系、供应链下游关系对营运资金需求调整速度的影响；以经营活动营运资金周转期（渠道）、采购渠道营运资金周转期、销售渠道营运资金周转期为被解释变量，检验经济周期不同阶段，供应链合作关系对营运资金管理绩效的影响。

本书的整个研究思路以经济周期性变化为背景，从宏观视角研究经济周期性变化对营运资金需求动态调整行为、营运资金管理绩效的影响，并探

---

① 李心合：《公司财务学理论的创新与发展路径》，载《财务研究》，2015年第1期，第12～24页。

究相互之间的传导机制与作用机理是对这类研究有益的补充。以往的大部分研究多从公司层面的因素①,或者是从行业层面的因素入手②,较少有从宏观环境因素入手进行考察的。

探究供应链上下游企业关系影响营运资金管理绩效的作用机理,这使得我们可以将注意力从研究单个公司的营运资金管理转向关心供应商与客户等企业主要利益相关者的关系,从而提高供应链整体竞争力、提升企业营运资金管理效率。面临激烈的全球市场竞争、快速多变的市场需求以及技术的不断创新,企业供应链被誉为"最后的利润源"。因此,宏观经济环境的变化使我们对营运资金管理研究必须突破企业自身的限制,把供应链纳入进来,供应链上下游企业的合作关系究竟将对营运资金管理产生何种影响?这种影响的具体作用机理是什么?如何利用它们之间的作用机理来加速企业营运资金周转,提高营运资金持有量超最优调整速度,进而提升企业营运资金管理效率?迄今为止,有较少学者对此进行系统研究。

宏观经济与公司财务的交叉研究是当前理论界研究的前沿热点问题。经济的波动通过一定的传导机制或机理会对企业财务行为产生影响,反过来实体经济中微观企业的运营会反作用于宏观经济及政策的制定,即供应链的出现是为了节约交易成本,加快响应速度,提高营运资金周转的效率,以便应付宏观环境的不确定性,而营运资金管理的效率高低对经济政策(货币政策)的制定也有一定的指导意义。

正常的生产运营不可能脱离整个宏观经济环境而独立存在,在经济繁荣时期,企业间关系融洽,供应链关系的重要性并不怎么显现;但在经济危机时期,容易冲击供应链上企业上下游之间的关系,如果合作关系断裂,那么,企业资金链必然受到重创。鉴于此,我们认为在经济下行时期,企业更应该重视供应链的建设,更应该加强供应链的管理,紧密的上下游企业关系

---

① Chiou, J. R., & Cheng, L., "The Determinants of Working Capital Management", *Journal of American Academy of Business* (2006), 10(1): 149—155. Suleiman M. Abbadi & Rasha T. Abbadi, "The Determinants of Working Capital Requirements in PalestinianIndustrial Corporations". *International Journal of Economics and Finance* (2013), 5(1): 65—75.

② Hawawini G., Viallet C., Vora A., "Industry Influence on Corporate Working Capital Decisions", *Sloan Management Review* (1986), 27(4): 15—24. 王治安,吴娜:《营运资本管理行业差异及其影响因素》,载《财会月刊》,2007年第26期,第206~211页。

是企业抵御经济危机冲击的重要法宝。所以忽视或轻视供应链管理的营运资金管理注定是有重大缺陷的,而撇开宏观经济环境单纯地研究营运资金管理则是远离现实的,缺乏对实践的指导意义。由此可见营运资金管理已经不能仅仅局限于某一企业,应该把供应链关系、供应链管理的思想纳入营运资金管理;不能仅仅局限于微观的企业层面,要重视中国当前的宏观经济变化。从宏观的角度,对供应链合作关系加以剖析,从而进行跨企业的营运资金管理研究可以从战略高度挖掘营运资金的潜能,在管理理念、管理手段、管理方式等方面实现突破,建立与现代企业外部环境相适应的营运资金管理新秩序。这是企业能否生存、发展的重大问题,也是政府、学术界、实业界和广大投资者等关心的问题。

具体研究主要由两大动机驱动:一是宏观经济环境的周期性变化影响资本市场,可能会导致企业财务行为发生变化,以此为出发点探讨经济周期对公司短期财务行为——营运资金管理的影响;二是宏观经济环境的周期性变化影响产品市场(买卖双方)及供应链上企业之间的交易与合作关系,而营运资金依托的是上下游的企业(卖方和买方,或者供应商和客户),该研究希望以供应链关系对微观企业日常"运营"资金管理影响研究为视角,研究经济的繁荣与衰退对供应链合作关系产生如何冲击进而引起营运资金怎样变化;检验经济周期不同阶段,供应链合作关系对营运资金动态调整、营运资金管理绩效差异化的影响。研究结论对充分利用供应链关系理论提升营运资金管理绩效有重要的实践指导意义,对供应链合作关系如何提升营运资金管理价值及其实现的宏观经济条件提供了方向。

本书主要采用2001—2014年两市制造行业上市公司报告的财务数据,对经济周期、供应链关系与营运资金管理的关系进行了研究,主要观点包括以下几个方面:

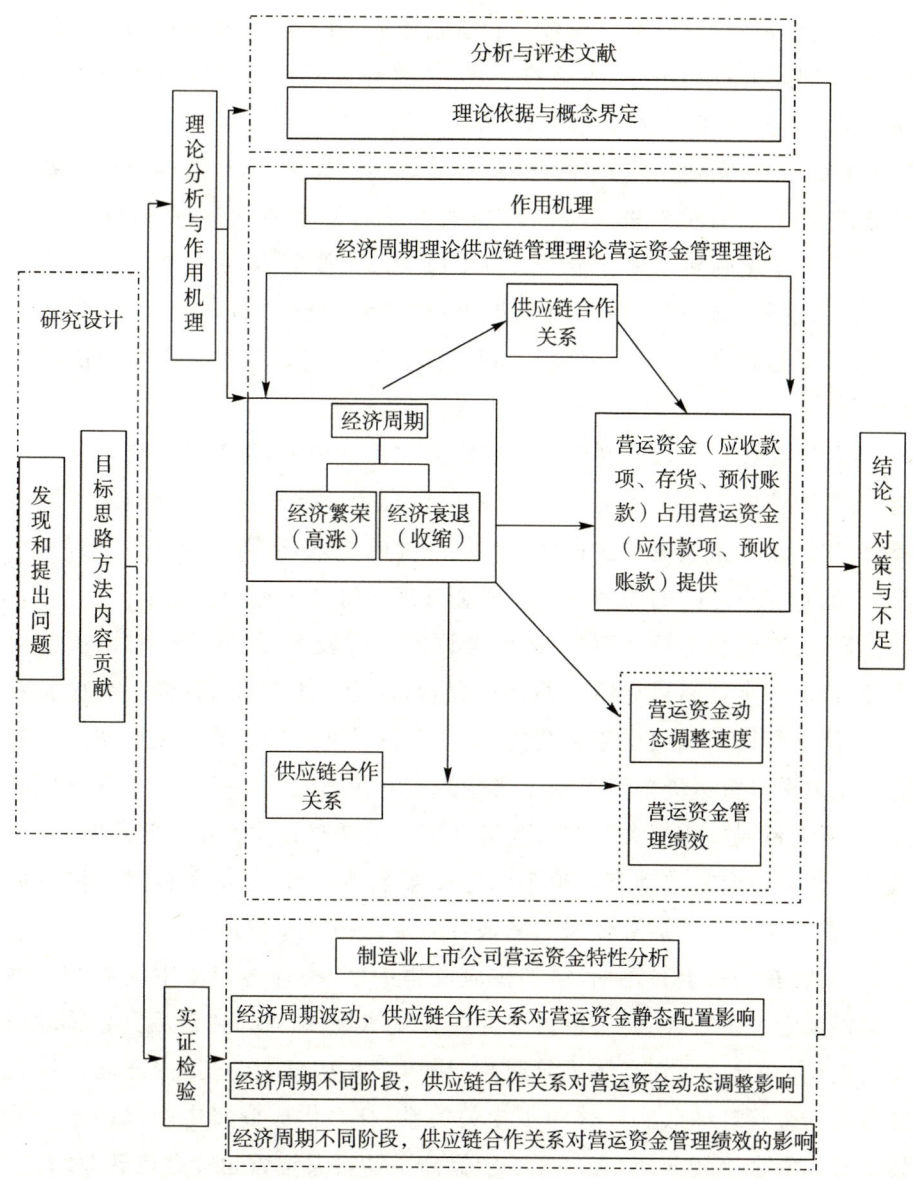

图 2　技术路线图

第一，经济周期通过产品供需市场、信用政策、资本供给市场对制造企业的存货、应收账款、应付账款、货币资金产生影响，从而影响营运资金管理效率。供应商通过早期参与制造业企业产品研发、设计，双方之间信任、合作、关系承诺，供应商管理库存、适时供货等影响着制造企业（采购企业）的采购成本、存货周转速度、获得商业信用的额度，从而影响制造企业采购渠道营运资金周转效率;客户通过与制造企业关系的建立,双方在相互信任的基础上合作、客户的声誉、大量的采购、付款的及时性能增加制造企业的市场销售能力并加速应收账款的周转,提高销售渠道营运资金周转效率。在经济下行时期,企业面临的外部经济环境不确定性更大,供应链合作关系也将受到重创,从而对未来资金的预期处于相对偏紧的状态,在这样的背景下,企业为了增强对未来资金需求波动风险的承受能力,更需要依托供应链伙伴关系的建立获得相应的资金供给;在经济上行时期,资本市场摩擦较少,融资渠道较多,融资约束较低,相比而言对供应链上下游企业的依赖程度较低。

第二,在经济下行期制造业的供应商关系更集中,引起营运资金反向的变化;制造业的客户关系更集中,引起营运资金一致的变化。该结果说明经济衰退时,制造企业更加注意维护与供应商的关系,从而减少采购渠道占用资金,但与客户之间的关系对营运资金管理的影响没有得到验证。

第三,在经济上行时期,营运资金调整速度较快,经济下行时期调整得较慢;营运资金偏离目标值有两种情况,即向上偏和向下偏,进一步检验发现,经济上行期上偏组调整速度快,经济下行时期下偏组调整速度快。供应链合作关系对营运资金需求动态调整的影响在不同的经济周期下存在异质性,经济上行期供应商关系对营运资金需求的调整行为产生负向影响,客户关系对营运资金需求动态调整影响速度影响不显著;经济下行时期供应商关系、客户关系与营运资金需求调整行为呈正相关关系。

第四,在经济上行时期,增加供应商集中度,增加客户集中度对经营性营运资金管理绩效、采购渠道营运资金管理绩效、销售渠道营运资金管理绩效均无显著的影响;在经济下行时期,供应商集中度、客户集中度均与经营性营运资金管理绩效有显著的正相关关系,其中供应商集中度提高了采购渠道营运资金周转业绩,客户集中度提高了销售渠道营运资金周转业绩。

第五,经济周期、供应链合作关系对营运资金管理的影响会因为企业所有权性质的不同而有所差异。供应商关系在经济周期波动与营运资金配置中起到了部分中介的作用,而且这种中介作用在民营企业中更明显,说明民营企业更依赖于后天的利益关系;客户集中度在经济周期波动与营运资金管理中起到部分中介作用,并且这种作用在国有企业中更明显。在经济下行时期,供应商关系对民营企业营运资金管理绩效有显著提高作用;在经济上行时期,客户关系对国有企业营运资金管理绩效有显著提高作用,而对民营企业营运资金管理绩效有负面影响。

本书的主要贡献:基于宏观经济的视角,系统地研究了经济周期不同阶段(繁荣与衰退)、供应链合作关系影响营运金资金管理的机理,通过梳理"经济周期—供应链合作关系—营运资金静态配置、动态调整—营运资金管理绩效"的演变路径,得出不同经济周期阶段营运资金管理应该有不同策略和方法。研究拓展了营运资金管理理论,主流的营运资金管理理论:营运资金投资政策、筹资政策、现金最佳持有量决策模型、经济订货模型、应收账款管理等并没有对经济环境因素予以考虑、也没有充分体现供应链关系带来的成本与收益。本书研究营运资金静态配置、动态调整、管理效率时将环境因素——经济周期,供应商和客户因素纳入模型,为传统的营运资金管理研究提供了新视角,有效地实现该理论宏观与微观的结合。研究搭建了经济周期、供应链合作关系与营运资金管理相关联的理论框架,在前人学者的基础上进行了完善和深入分析探究,并且就经济周期性变化的情况下,供应链合作关系对营运资金静态配置与动态调整及管理绩效产生差异化影响从作用机理上进行了深入阐述。结合不同的经济周期特征,提出应该构建适应不同宏观经济环境的营运资金管理策略。明确经济周期波动对供应链合作关系有影响,经济周期不同阶段供应链合作关系对营运资金静态配置、动态调整、营运资金管理绩效影响存在差异,进而系统分析了它们之间的作用机理,指出在经济上行时期,供应链管理主要和提高营运资金管理效率继而提高企业盈利能力联系在一起;在经济下行时期,供应链管理作用于营运资金管理的目的是为提高企业应对风险能力。

总之,本书一方面为探寻在不同经济环境下,营运资金管理模式提供视角与思路;另一方面丰富了宏观经济周期、供应链合作关系作用于企业营运资金管理的作用机理,一定程度上丰富了基于宏观、中观层面与财务决策特性的相关性研究。金融危机的发生及资金短缺是企业倒闭的主要原因,如何充分释放占用营运资本资金,使融资从家里开始而不是银行,降低企业的风险,供应链管理非常重要。

本书还存在一定的不足。主要表现在:第一,供应链合作关系的评价指标。虽然我们选择了比较客观的财务报表数据:前五大供应商采购额占比、前五大客户的销售额占比,但是在现实中,并非这两项指标占比额越高,就意味着供应商和客户与制造业企业的关系越好,况且如果前五大供应商中的企业经常是变化的,不是固定的某几家供货商,这个指标即使比例很高,也不能说明制造企业与供应商有着良好的关系,客户关系亦是如此。对此问题还需要在后续的研究进行更深入探索,找到更合适的代替指标。第二,对经济周期的界定以 GDP 增长率是否超过 10% 为标准,稳健性检验中将遭受金融危机以后(2008 年往后)均定义为经济下行时期,但是我国在 2008—2011 年四年中报告的经济增长速度仍然较快,各年 GDP 增长率都在 9% 以上,而且 2008—2009 年营运资金管理绩效的各项指标均较好,这样界定的经济上行期和下行期可能会影响我们的研究结果。另外反映经济周期状况的指标除 GDP 增长率外,还有消费者物价指数(CPI)、生产者物价指数(PPI)等。第三,由于受样本获取的限制,本文仅选择了制造业上市公司的数据,是否能够推广到非上市的企业,还需要进一步地探索和求证。

第一章 经济周期、供应链合作关系对营运资金管理的影响

近年来的金融危机使我国企业面临着前所未有的挑战,大部分企业都受到了冲击,而资金链断裂往往成为压垮企业的最后一根稻草。企业要想在宏观经济波动的冲击下获得生存且获取竞争优势,寻求新的战略模式是当务之急。而战略采购与客户关系管理是众多企业应对经济金融危机,防止资金断裂的有效管理模式,是企业提升价值与主要竞争优势的来源[①]。有效的供应链管理能加速资金周转,防止资金链断裂,危机时期,抱团取暖比孤军奋战更容易取得成功。供应链条中最重要的利益相关者——供应商与客户,对公司(这里我们指的是制造商或者生产商,下文我们用制造商或生产商称呼,后续实证研究中,所选样本是我国制造业上市公司)的战略、经营等诸方面发展都具有决定性的影响。经济环境不确定性越大,市场竞争越激烈,有效的营运资金管理就越离不开供应商(甚至供应商的供应商)及客户(客户的客户)的密切配合。

第一节 经济周期波动影响营运资金的机理

经济周期是社会总体经济活动的波动规律,由多种经济活动同时扩张、

[①] Ellram, Lisa M Liu, Baohong, "The Finacial Impact of Supply Management", *Supply China Management Review*(2002), (6):30—37.

继之以普遍的衰退、收缩与复苏所构成,西方经济学家一般把经济周期分为4个阶段,即繁荣期、衰退期、萧条期和复苏期。这种周期变动通常用国民生产总值、工业生产指数及就业和工资收入等综合经济活动指标的波动来反映。Clement Juglar(1860)认为经济周期是重复发生的经济波动形式(每次发生的形式不一定一样)[①]。美国有经济学家指出:经济周期是经济活动出现繁荣和衰退的反复过程;经济周期是经济活动由繁荣、衰退、萧条、复苏四种状态依次轮流并会重复出现的经济波动形式,但每一次的时间长短是不确定的,可以是三年或者五年,可以是十年,甚至二十年等。在"二战"前后的一段时期,学者们基本都是以经济变量总量的绝对量的上升或下降来定义经济的扩张或紧缩的。"二战"后,经济变量在总量上绝对下降的情况基本不存在。因此,现代经济学家认为用经济变量相对指标(比如增长率)的周期性变动来定义经济周期更合理。于是该期间经济周期被一些学者界定为经济增长率对平稳增长趋势的偏离,即经济增长率的上升和下降的交替过程。

一般来说,国内学者将经济周期(Business cycle)称为"商业周期",是指国民总产出、总收入和总就业的波动[②]。其实意在说明经济中将周期性出现经济繁荣(扩张)与经济衰退(紧缩)交替更迭、循环往复的现象,这种扩张与紧缩的现象主要表现在总产出、供应生产指数、就业及通货膨胀率、投资、消费等经济变量的上下波动上。在现代宏观经济学中,经济周期发生在实际GDP相对于潜在GDP上升(扩张)或下降(收缩或衰退)的时候。

虽然国内外学者对经济周期的表述不完全一样,但如果深层次挖掘,那么可以发现大部分学者强调了经济周期是宏观经济活动的周期性波动,同时,这种波动是经济发展过程中不可避免的,量化的指标基本都是用国民收入或国民收入的变动率(GDP的增长率),每次经济周期持续的期限虽不完全相同,但它们具有相同点,即每个周期都是繁荣、衰退、萧条、复苏的交替。

经济周期波动是指宏观经济运行中周期性出现经济繁荣(扩张)与经济

---

① Clement Juglar:《论法国、英国和美国的商业危机及其发生周期》,北京:北京工商大学出版社,1986年。

② 高鸿业:《西方经济学》(宏观部分),第四版,北京:中国人民大学出版社,2007年,第709页。

第一章　经济周期、供应链合作关系对营运资金管理的影响

衰退(紧缩)交替更迭、循环往复的现象。这种扩张与紧缩的现象主要表现在社会总产出、供应生产指数、就业及通货膨胀率、投资、消费等经济变量的上下波动上。在现代宏观经济学中,经济周期发生主要表现在实际GDP增长率的波动。经济周期不同阶段营运资金总量及各不同部分表现会有所差异。

营运资金是企业投资在短期资产的资金[①],或者称为垫支在流动资产上的资本[②]。营运资金(working capital)是企业拥有的全部的流动资产[③],是企业维持日常生产经营活动必须持有的资金,是营运资金[④],用流动资产与流动负债的差额表示[⑤],有学者又称之为净营运资金[⑥]。银监会《参考方法》里界定的营运资金范畴更窄,把货币资金、应收票据、短期投资、其他应收款和应付票据、其他应付款、应付职工薪酬、应交税费等内容均剔除掉,这告诉我们实际研究中可以根据需要进行增减。营运资金概念可以概括为至少三种:第一种是以流动资产来表示营运资金,也称为"总营运资金"(流动资产存量);第二种是用流动资产与流动负债的差额来表示营运资金,也称为"净营运资金";第三种是日常经营中资本的投入,也称为"营运资本"。

上述学者对于营运资金的表述有些区别,但实质的涵义基本是相同的,即学者们都认为广义的营运资金是指企业的流动资产与流动负债的统称,狭义的营运资金(净营运资金)是流动资产与流动负债的差额。这样的概念

---

① Olufemi, I. F, Olubanjo, T. A, "Working Capital Management and Corporate Profitability: Evidence from Panel data Analysis of Selected Quoted Companies in Nigeria", *Research Journal of Business Management*(2009), 3 (3):73—84.

② 杨雄胜:《营运资金与现金流量基本原理的初步研究》,载《南京大学学报》(哲学.人文科学.社会科学),2000年第37(5)期,第33页.

③ 毛付根.论营运资金的基本原理[J].会计研究,1995(1):38—40.

④ Suleiman M. Abbadi & Rasha T. Abbadi, "The Determinants of Working Capital Requirements in PalestinianIndustrial Corporations", *International Journal of Economics and Finance*(2013), 5(1):65—75.

⑤ George William Collins, "Analysis of Working Capital", *Accounting Review*(1945), 21 (4):430—441.

⑥ Mahdi Moradi, Mahdi Salehi, Arash Arianpoor, "A Comparison of Working Capital Management of Chemical and Medicine Listed Companies in Tehran Stock Exchange", *International Journal of Business and Behavioral Sciences*(2012),2(5):62—78.

界定可以很直观地表现企业流动资产与流动负债的对比关系,对债权人评价企业短期偿债能力很有意义,但从经营管理的角度,营运资金管理效率的提高更应该注重与维护和供应商、客户的合作关系,撇开上下游企业孤立的管理自身营运资金是很难提高其效率的。因此营运资金概念界定应主要放在"营运"(业务运营),而不仅仅是资金,把供应链管理相关理论纳入营运资金管理体系,让财务与业务,资金与运营有机地结合,才能恢复营运资本管理的本来面目。另外营运资金中包括现金、交易性金融资产、短期借款等项目,该部分与经营活动的营运资金功能显著不同,传统的概念对两类营运资本不加以区分,太过于笼统。因此王竹泉和逄咏梅等(2007)在上述传统的定义和分类的基础上,考虑到营运资金各类项目的功能及理财目标的不同,用企业营业活动(经营活动和投资活动)中净投入或净融通的流动资金重新定义营运资金,把营运资金按照渠道或者供应链的关系分为经营活动营运资金和理财活动营运资金①。在渠道理论的框架下,经营性营运资金按照与渠道或者供应链的关系分为采购渠道占用的营运资金、生产渠道占用的营运资金和销售渠道占用的营运资金。

　　本书重点关注的是经营性营运资金,经营性的营运资金从构成要素看,主要有应收款项、存货、应付款项等,其主要的研究内容是确定存货、应收账款等各自最佳持有量水平,存货的最佳再订货点,存货的成本管理模式,应收账款的信用政策、收账政策的制定,应付账款付款期、现金折扣等信用条件的确定与管理等。学者们指出分开研究每个要素的最佳持有量水平容易割裂营运资金各个要素项目的关系,而且单个项目的最优水平并不一定是整个营运资金总体的最佳水平,因此按照这种分类方式研究营运资金局限性比较大。

　　按照时间长短不同营运资金分为永久性营运资金与临时性营运资金。Kenneth & Nurm(1981)是最早提出"永久性营运资金"概念的学者,指出应收账款和存货中除了季节性需要额外增加的部分外,还有很大一块是长期

---

① 王竹泉,逄咏梅,孙建强:《国内外营运资金管理研究的回顾与展望》,载《会计研究》,2007年第2期,第85～92页。

占用的[①]。相应的营运资金中包含的流动资产和流动负债按照时间分别归类为永久性流动资产和临时性流动资产、临时性流动负债和自发性流动负债。永久性流动资产是指企业即使处于经营低谷时期也仍需保留的流动资产,临时性流动资产是指经营旺季时或者周期性变化时需要临时增加的流动资产,如销售旺季增加的存货、节假日增加的存货、销售旺季所增加的应收账款等。临时性流动负债是为了满足临时性流动资产需要而发生的负债,如季节性原因、节假日原因存货增加、应收款项增加等导致借款增加。自发性流动负债指生产经营过程中自发产生的,如商业信用产生的应付款项、滞后发放工资产生的应付职工薪酬等。这种划分方式可以确定企业在不同的阶段应该采用何种营运资金管理策略,适用于研究营运资金投资和营运资金筹集政策,较高的营运资金称之为"宽松",较低的营运资金称之为"紧缩"。前者收益低,风险低;后者收益高,风险也高。营运资金筹集政策是确定永久性流动资产与临时性流动资产由谁来融资的问题。

随着渠道理论与供应链理论的发展,又产生了新的分类方式,即将营运资金按照渠道或者与供应链的关系进行分类,分别为采购渠道的营运资金、生产渠道的营运资金、销售渠道的营运资金。这种分类方式充分体现了营运资金与企业生产及业务运营的关系,认为对经营活动中的营运资金要提高其周转效率,从而提升企业业绩;对非经营活动中(筹资或投资中)营运资金主要提高其流动性与偿债能力。笔者认为这种分类既详细,又能体现企业营运资金与渠道理论或供应链理论之间的关系,更好地实现财务与业务,资金与运营的结合。孙莹、王竹泉等(2015)又提出投资活动营运资金概念,主要包括货币资金、交易性金融资产、应收利息、应收股利、一年内到期的非流动资产[②];并把2007年提出的理财性营运资金中的短期借款、交易性金融负债、一年内到期的非流动负债、应付利息、应付股利单独拿出来,作为短期金融负债,重新界定了营运资金,把营运资本和营运资金区分为两个不同概念。

---

① Kenneth P. Nunn Jr. ,"The Strategic Determinants of Working Capital: A Product-line Perspective", *The Journal of Financial Research*(1981),(3):207—219.

② 孙莹,王竹泉,张先敏,杜瑞,程六兵:中国上市公司营运资金管理调查:2014》,载于《会计研究》,2015年第12期,第67~73页。

其实早在 2000 年,杨雄胜在关于营运资金内涵的解析中就提到了要提高营运资金管理绩效就需要与有关供应商建立良好的关系[①]。按照杨雄胜的解释,判断企业的短期偿债能力,主要看流动资金定额 A(流动资产的占用资金的数额)与短期负债中的非筹资性负债 B 之间的关系,$A \leq B$ 是筹资成本与偿债能力较好的情形。在这个比较式中,如果不考虑其他情况,提高 B 或者降低 A 都是能够提升企业价值;但考虑了所有可能的情况外,B 的提高是有条件的,它不应该是不管不顾企业声誉好坏的延期支付货款,而应该是在考虑企业声誉的前提下,去提高 B,比如让供应商自愿提供更多的商业信用或者更优惠的商业信用给制造商。其实这一提法中就隐含了核心企业要提高营运资金管理效率,降低营运资金的占用,需要与供应商建立良好的关系,而不是损害供应商的利益。供应链联结的是核心企业的上下游企业(供应商和客户),所以我们要研究宏观经济周期不同阶段供应链合作关系对营运资金管理的影响,从供应链的角度重新界定营运资金概念及分类是必要的,因此本书的营运资金特指经营性营运资金(诸如货币资金、交易性金融资产等理财性营运资金[②],不是营运过程中占用的,而是一段时期的资金结余或者与投资活动有关的,因此不包括在本书的营运资金中),并且按照与供应商及客户是否有密切关系作筛选,保留应收款项、存货、预付账款、应付款项、预收账款项目。全书中有时也简称营运资金,其实质特指的是经营活动的营运资金;从与外部供应链合作关系角度,保留采购渠道营运资金和销售渠道营运资金。

[①] 杨雄胜:《营运资金与现金流量基本原理的初步研究》,载于《南京大学学报》(哲学.人文科学.社会科学),2000 年第 37 卷第 5 期,第 33 页。

[②] 按照温素彬、陈敏 2015 年的解释,理财性营运资金主要和投资者及债权人有关,目标是提高融资效率;降低资本成本;促进风险控制;改善收益分配。而与供应商和客户联系密切的营运资金应该是采购渠道营运资金和销售渠道的营运资金。因此本文在选择纳入营运资金的要素时主要保留了与供应链更密切的项目。温素彬,陈敏:《基于利益相关者视角的企业营运资金管理效率影响机理研究》,载于《财务研究》,2015 年第 6 期,第 81~89 页。

表 1-1　经济周期不同阶段上营运资金组成部分变化的可能性①

	复苏阶段	繁荣阶段	衰退阶段	危机阶段
经营性流动负债(a)	不确定	不确定	可能增加	可能增加
金融性流动负债(A)	可能增加	可能增加	可能不变或减少	可能不变或减少
流动性流动资产(b)	可能减少	可能减少	可能增加	可能增加
长期性流动资产(B)	可能增加	可能增加	可能不变或减少	可能不变或减少
营运资金策略指数(A/b)	可能上升	可能上升	可能下降	可能下降

经济周期性波动对营运资金的影响一般是通过产品市场供需关系、信用政策、资本市场资金的供求关系的波动等直接或间接影响微观企业存货、应收款项、应付款项的变化。具体的影响机理如图 1-1、图 1-2、图 1-3 所示。

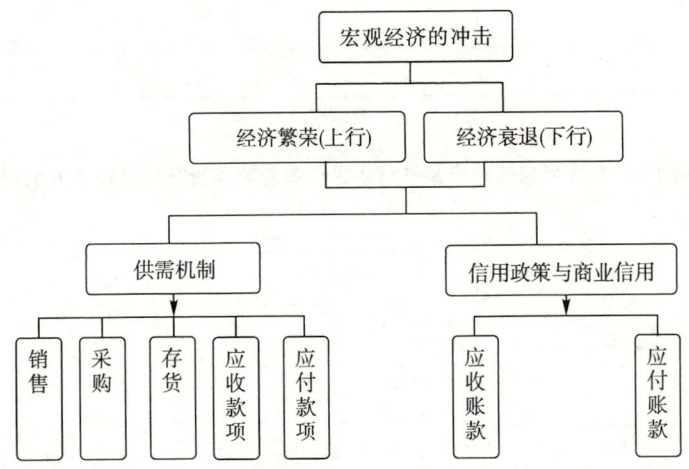

图 1-1　经济周期对营运资金影响的传导机制

---

① 李心合:《金融经济危机与公司财务学发展》,载《当代财经》,2014 年第 2 期,第 106~114 页。

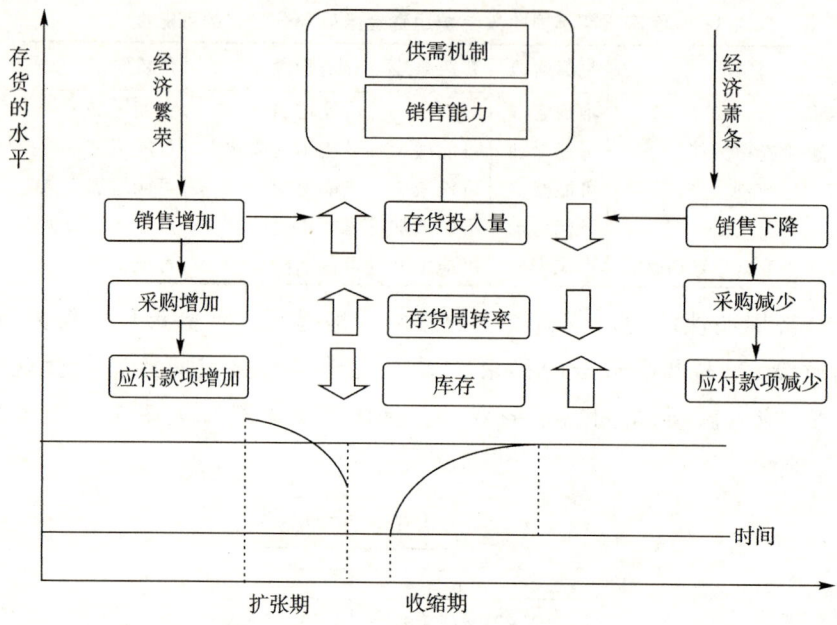

图1-2 经济周期通过产品市场供求机制影响存货及应付账款的机理

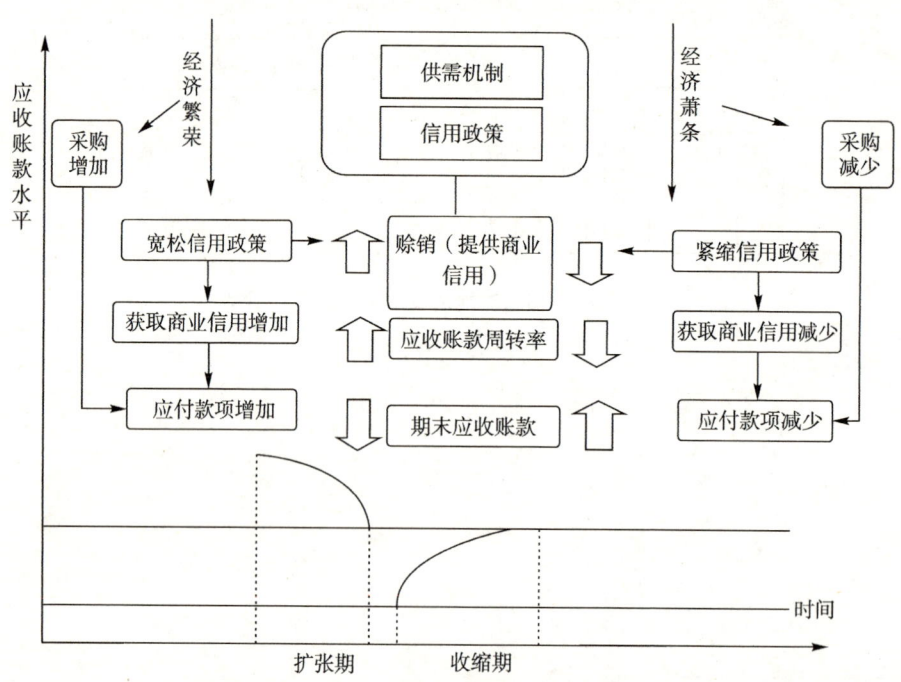

图1-3 经济周期通过信用政策影响企业商业信用的机理

一、产品市场供需机制

经济周期性波动表现为经济扩张时期的高增长率和经济萎缩时期的低增长率,它直接影响居民的可支配收入,需求是收入的函数,即 $D=f(R)$,D 表示需求,R 表示收入。收入增加到一定幅度,需求增加;收入减少,需求也会减少。社会总需求的减少最终导致企业销售能力下降,存货滞销积压严重,企业运营困难,经营业绩下降。

在经济衰退期或金融危机时期,由于宏观环境的恶化,失业率上升,居民消费需求降低,企业销售量大幅度减少,生产量也将锐减(企业投放将减少),生产所需的原材料、在产品存货都会减少,较低的销售量只需要较低的产成品来维持,存货所占的比重将降低;同时,销量的减少也会导致应收款项降低。销售量和生产量降低了,企业的生产经营支出大幅度下降,加之衰退时期企业会积极对应收账款的清理,会使企业产生较多的货币资金。但由于衰退期间,容易造成存货积压,经济恶化还会导致原先货款回收不力,资金大量沉积在存货和应收账款状态,存货和应收账款周转速度减缓,导致企业资金流短缺。综合上述,在经济衰退期间企业存货、应收账款等长期性的流动资产数量及在流动资产中所占比重可能是上升的。因此衰退期间特别是发生严重的经济危机,企业应想办法加快资金周转以提高资产的流动性,通过提高存货、应收账款的流动性为企业补充现金流,而不是通过削减营运资金的投放来加快营运资金周转。

相反在经济高涨期,社会总收入增加,社会总需求增长,企业销售能力提升,生产规模不断扩大,企业原先积存的货币资金需要不断投入使用,存货量逐渐增加;销售增加了,应收账款也会不断增加,而且由于销售旺盛,资金相对充足,企业可能会放宽对客户的信用期限,导致应收账款占用量增加。但高涨时期也可能出现另一种景象:市场价格大幅度上涨,需求的增长带来企业销售能力增强,生产增速较高,由于销售较好,虽投放的存货增加,由于存货周转速度很快,库存有可能是减少的。但总的来说,在经济繁荣期,企业的需求增长,经营性营运资金投入量会提高,另外整个经济中系统性风险会降低,企业通常不需要保留较多的货币性营运资金。

综合上述分析,我们可以判断,在经济衰退期间,商品需求下降,供给较多,企业销售能力下降,产品积压;前期货款回收减慢,企业的营运资金周转效率降低。为了抵御风险,企业会增加现金等货币性资金的持有量,一般会采用稳健的营运资金管理政策;在经济繁荣期,销售旺盛,存货周转加快,即使信用政策较为宽松,企业依然可以较快收回货款,因此营运资金周转效率会提高,营运资金占用量呈减少趋势,此时企业一般会采用激进的营运资金管理政策。

二、信用政策与商业信用

在市场萎缩,资金匮乏的情况下,赊销的促销作用更明显和有吸引力,对企业销售新产品,开拓市场具有重要意义。赊销实际上也是向顾客提供资金,相当于降价出售产品给有信用的客户,如此一来有利于培养客户的忠诚度。因此在经济收缩时期,营运资金增加的经济后果更显著,能带来更多的销售收入,提高企业市场竞争力。当然由于经济衰退,社会总需求量下降,企业的盈利水平下降,导致偿还能力下降,违约概率上升。因此,大部分的销售方企业在经济衰退时会设置相对较严的信用政策,减少应收账款量,加速货款的回收。相反经济扩张阶段,企业通常会制定相对较宽松的信用政策,这是由于整个经济形势良好。总体来看,经济繁荣期相比衰退期,企业应收账款周转速度更快,应收账款周转效率更高。

商业信用的规模与经济周期之间也有密切关系,在经济繁荣期,商业信用的规模也会扩大;在经济萎缩期,商业信用的规模也会缩小,这必将影响企业的应收账款、应付账款量。

经济周期在不同阶段,国家会制定不同的货币政策来应对经济的起落,而不同货币政策对商业信用产生显著的影响。有研究表明企业获取或者提供商业信用的数量与货币政策是密切相关的,比如在货币政策紧缩阶段,一些大企业会通过放宽信用政策为小规模的企业提供信用支持[①]。Cumby (1983)的研究也发现,在货币政策宽松阶段,使用商业信用较少;相反,利率

[①] Meltzer. A, H, "Mercantile Credit, Monetary Policy, and Size of Firms", *The Review of Economic and Statistics* (1960), 42(4):429—437.

的提高会让企业增加商业信用(应付款项)的使用数量[①]。Kashyap & Stein 等(1993)的实证研究发现,货币政策从紧时,企业会通过短期融资券替代银行借款进行融资[②]。陆正飞和杨德明(2011)指出:货币政策紧缩时,上市公司获取商业信用是为了缓解融资约束造成的资金不足;而货币政策宽松时,供应商愿意提供商业信用,这符合买方市场理论,此现象符合替代性融资理论[③]。

三、资本市场与融资约束

经济的衰退往往还伴随着资本市场的萎缩,如企业经营困难,股票价格下跌,股票市场低迷,在这种情况下,公司从资本市场上获得资金的难度加大,获得资金规模降低,资金周转出现问题,企业进一步陷入困境,股票价格一跌再跌,权益资金融资困难重重。另外持久的经济下滑,银行贷款减少,贷款条件提高,资本成本进一步升高,如此一来,内外双重夹击,企业资金链很容易断裂。此时即使国家为刺激经济,选择宽松的货币政策,降低利率,对市场的改善也不是根本性的,起不到实质性的作用。因此,经济衰退时期,企业为了有较高的抵御风险能力,融资从家开始,而不是银行,即要靠营运资金的周转与效率的提高来增强企业应付经济危机的能力。

总之,宏观经济的不利冲击会使整个社会系统性风险加大,货币供应量减少,企业面临融资约束加大,融资成本较高;企业销售能力下降,存货周转速度、应收账款周转速度减慢,自身生成现金能力减弱,前期货款回收较差。面临这种情况,企业为了降低风险,通常会保留较多货币性资金。

经过上述分析,宏观经济环境对营运资金的影响主要表现在:从影响绩

---

① Cumby. R. E, "Trade Credit, Exchange Controls, and Monetary Independence: Evidence from the United Kingdom", *Journal of International Economics* (1983), 14(1—2):53—57.

② Kashyap A. K., J. C. Stein, D. W. Wilcox, "Monetary Policy and Credit Conditions: Evidence from the Composition of External Finance", *The American Economic Review* (1993), 83(1):78—98.

③ 陆正飞,杨德明:《商业信用:替代性融资,还是买方市场?》,载《管理世界》,2011年第4期,第6~45页。

效来看,我们认为在经济繁荣期,资本市场和供给市场摩擦少,调整成本低,调整速度快,资金周转快,营运资金管理效率高。从影响的方向来看,研究结论也不一致,有的研究认为是反周期的[1];有的研究认为刚上市的、规模比较小的、有形资产不多的以及低负债率的,销售增长迅速的,经营现金流量比较高的,收入比较稳定的,信息透明度较强的公司是顺周期的[2]。此外还有学者认为,现金类的营运资金通常是反周期的。江龙和刘笑松(2011)研究结果表明,公司在经济衰退时期比繁荣期具有更高的现金持有水平;经营性营运资金是顺周期的[3]。Chiou & Cheng(2006)认为在经济下行时期,企业通常会减少赊销或加大应收账款的催收力度,并尽可能延期支付货款[4]。

第二节　供应链合作关系影响营运资金管理的作用机理

供应链合作关系,是指供应链成员企业在一定时期内信息共享、共担风险、收益共享的协议关系。供应链合作关系存在的依据主要来自两个理论:交易费用理论和资源观理论。交易费用理论认为供应链合作可以降低交易成本,供应链上各节点企业之间合作可以降低交易费用(市场交易成本和企业内部行政管理费用)[5],提高整体竞争力。而随着交易次数的增加,企业

---

[1] Rakesh Duggal, Michael C. Budden, "The Effects Of The Great Recession On Corporate Working CapitalManagement Practices", *International Business & Economics Research Journal (Online)* (2012), 11(7):753—756.

[2] Wasiuzzaman Shaista; Arumugam Veeri Chettiar, "Determinants of Working Capital Investment: A Study of Malaysian Public Listed Firms", *Australasian Accounting Business & Finance Journal* (2013), (7)2: 49—69.

[3] 江龙,刘笑松:《经济周期波动与上市公司现金持有行为研究》,载《会计研究》,2011年第9期,第40~46页。

[4] Chiou, J. R., & Cheng, L., "The Determinants of Working Capital Management", *Journal of American Academy of Business* (2006), 10(1):149—155.

[5] 吴锋,段崇文,曹斌:《供应链存在原因及边界分析一基于交易费用理论视角的分析》,载《价值工程》,2007年第11期,第53~55页。

间相互了解与信任的程度加强,交易成本也随之降低。资源观理论认为任何企业不可能拥有所需的所有资源,因此可以利用联盟形式(供应链企业之间进行合作,建立伙伴关系)来优化资源配置,相互之间形成互补,这比通过市场交易获取更好。王渊和张彤等(2004)对各种供应链联盟成因的学说进行了对比,认为基于资源的视角分析联盟成因具有更大的合理性[①]。市场需求多变,为了满足客户多样化的需求,纵向一体化必然被横向一体化的模式所代替,上下游企业的合作(而不是竞争)更有利于促进企业的发展。交易费用的节约与资源的互补促使了企业之间形成供应链联盟或者供应链合作。

营运资金管理指的是公司对短期资产和短期负债的管理,具体包括对现金、应收账款、存货、应付账款的管理。早期的有关研究主要是针对上述各个项目如何优化来进行的。有学者指出按照存货管理中的经济批量法的原理,可以确定企业最佳现金持有量;随后美国经济学家 Miller & Orr(1966)提出了公司在每日现金流量随机波动、无法准确预测的情况下确定最佳现金持有量的一种方法[②]。Opler & Pinkowitz 等(1999)对现金持有影响因素进行检验,发现企业具有最优现金目标水平,而且现金持有规模会围绕这一目标进行动态调整[③]。国内近些年相关研究也逐渐多了起来,刘博研和韩立岩(2012)认为企业存在最优现金持有水平,实际上达不到最优会进行调整[④]。郑立东和程小可等(2014)对经济政策不确定性、行业周期与现金动态调整的关系进行了研究[⑤]。结果发现:经济政策不确定性越大,现金调整速度越快,且产权性质、投资水平、经营现金流等会影响现金调整速度与经济政策之间的效应。

对于应收账款的管理许多研究揭示信用政策(包括从供应商获取的商

[①] 王渊,张彤,陈立军,许益峰:《基于资源依赖理论的供应链联盟成因分析及其发展策略》,载《科技进步与对策》,2006年第4期,第173～175页。

[②] Miller Merton, Daniel Orr, "A Model of the Demand for Money by Firms", *Quarterly Journal of Economics*(1966),(80):413—435.

[③] Opler T, Pinkowitz L, Stulz R, et al., "The Determinants and Implications of Corporate Cash Holdings", *Journal of Financial Economics*(1999), 52(1):3—46.

[④] 刘博妍,韩立岩:《现金持有动态调整机制—基于动态面板模型的实证分析》,载《数理统计与管理》,2012年第1期,第164～176页。

[⑤] 郑立东,程小可,姚立杰.:《经济政策不确定性,行业周期性与现金持有动态调整》,载《中央财经大学学报》,2014年第12期,第68～78页。

业信用,为顾客提供的商业信用)的存在基础是降低交易成本[①],减少买卖双方的信息不对称[②]。应收账款投资量的高低会直接影响企业的盈利能力和资产的流动性,因此,公司会尽可能寻求最佳的应收账款水平来平衡收益与成本的关系,如果应收账款达不到目标水平,会积极地进行调整[③]。

  存货的最佳需求量主要通过建立经济订货模型确定。Harris(1913)最先提出经济订货批量模型[④]。Kight(1972)指出,如果存在保险储备,那最优订货模型应该是在经济批量模型基础上加上保险储备量[⑤]。随着研究的不断发展与深入,单一项目最优研究的缺陷逐渐显现,营运资金整体的最优才是令人满意的。这一阶段中,出现了"零营运资金管理"思想,认为在满足企业对流动资产需求的前提下,应该尽可能降低企业在流动资产上的投资额。当然也有学者指出,较少的营运资金固然降低资金占用,提高了营运资金管理效率,可以给企业带来丰厚的收益,但营运资金过少,流动性风险也非常高。因此降低超额营运资金才能提高营运资金管理效率,才能提高企业的价值[⑥];一定时期的营运资金需求量应该是风险与收益的均衡,如果营运资金需求达不到均衡(最佳量),会超目标值进行动态调整[⑦]。通过对上述研究的回顾,我们发现有效的营运资金管理是在营运资金量充足的情况下提高营运资金的周转速度,寻求最佳营运资金需求量以平衡企业收益和风险

---

  ① Ferris, J. S., "A Transactions Theory of Trade Credit Use", *Quarterly Journal of Economics*(1981), 96(2):243—270.。Emery, G. W., "A Pure Financial Explanation for Trade Credit", *Journal of Financial and Quantitative Analysis*(1984), (9):271—85.

  ② Smith, J. K., "Trade Credit and Informational Asymmetry", *The Journal of Finance*(1987), (4):863—872. Long, M. S., Malitz, I. B. and Ravid, S. A., "Trade Credit, Quality Guarantees, and Product Marketability", *Financial Management*(1993), 22(4):117—127.

  ③ Pedro J. García-Teruel and Pedro Martínez-Solano, "A Dynamic Approach to Accounts Receivable: a Study of Spanish SMEs", *European Financial Management*(2010), 16(3):400—421.

  ④ Ford. W. Harris, "How many Parts to make at Once", *The Magazine of Management*(1913), 10(2):135—136.

  ⑤ Knight, W. D, "Working Capital Management: Satisfying Versus Optimization", *Financial Management*(1972), 1(1):33—40.

  ⑥ 李浩举,程小可,郑立东:《经济政策不确定性营运资本管理与企业价值》,载《中央财经大学》,2016年第3期,第72~81页。

  ⑦

的关系,最大化企业的业绩。因此营运资金管理应该有两个问题:一是营运资金最佳需求量的问题,二是营运资金周转效率问题。

而传统的营运资金管理主要是从营运资金运用与筹集两个角度进行的:

第一,企业应该将一定的资金投资在流动资产上,即资金投入与运用的管理,主要包括现金管理:现金的日常收支管理,最佳现金持有量的确定;应收账款管理:应收账款信用政策的制定(实质也是确定最佳应收账款投入量,权衡收益与成本的关系),应收账款的日常控制;存货管理:存货经济批量的确定(最佳存货量),存货的日常管理。

第二,企业应该通过哪些渠道为投入的流动资产融资,以及流动负债的管理问题。主要包括银行短期借款的管理:根据短期借款的信用条件、抵押方式等确定使用的方式;商业信用的管理:放弃现金折扣必须承担成本,需要权衡是否放弃还是借钱支付货款。

第三,流动资产占用较多,一方面盈利能力会下降,另一方面占用的流动资产会增加公司的融资需求,从而引起筹资成本增加;相反,如果流动资产占用较少,公司可以在维持其正常经营的同时,减少对外融资的需求,从而可以降低融资成本,提高收益。但从风险的角度看,流动资产占用较多,公司的偿债能力较强,因此,权衡获利性与风险性是流动资产投资策略所需要考虑的主要原则,根据投资量不同有三种策略:保守型、配合型和激进型。流动资产的融资策略是要保证投入的资产有来源,根据与固定资产、永久性流动资产及波动性流动资产的匹配关系,流动资产融资策略也有三类:配合型、稳健性和激进型。

可见,传统的营运资金管理的核心内容就是对资金运用和资金筹措的管理。这种管理方式如果运用得好,可以加速库存现金、应收账款、存货等周转速度,尽量减少资金的占用,降低资金占用成本;可以利用商业信用,解决自己资金短缺问题。因此这对于提高企业的盈利能力、抵御风险能力有一定的指导性。但它撇开了企业间的关系,孤立地在自己的企业做文章,提出的对策难免适用性不强,试想如果经济下滑或者突发经济危机,对方企业由于资金紧缺很容易中断供应或者采购,本企业资金运营会陷入被动状态。因此,在经济下行时期,营运资金管理的重心将不再仅仅是本企业的流动资产与流动负债管理,更应该寻求供应链伙伴帮助,通过相互帮助方可渡过难关。要重视"营运"而不仅仅是财务上的资金,而营运又是在供应链关系中展开的,供应链关系断裂是经营中断或者营运资金周转不畅最主要的原因,因此把供应链纳入营运资金管理,实际上是恢复营运资金本来的面目①。

供应链关系对营运资金管理的影响主要体现在客户关系和供应商关系。拥有主要客户的供应商在获取销售信息、降低销售费用、加速存货周转率方面具有优势;拥有固定供应商的企业在获取采购信息、降低采购费用、获取所需材料等方面具有优势。通常供应链企业之间的关系越紧密,核心企业向上游供应商采购费用越低,采购产品的质量相对有保障,并且在原材料短缺时期,能够比其他企业更及时获得供应;核心企业向下游客户销售产品所需的费用就越少、存货周转率就越高、现金循环周期就越短。因此,相互合作,为对方提供便利尽管可能会降低供应链上的核心企业销售毛利率,但是其可以拥有更高的营业利润和流动资产周转率。据统计数据显示,有效实施供应链管理可以使企业的总成本下降20%左右,生产周期将缩短20%~30%,企业准时交货率提高15%以上,企业生产率增值提高15%以上。这里生产周期的缩短与交货率的提高都是可以加速营运资金周转,带来营运资金效率及业绩的提高的。据亿博物流咨询数据库提供的资料,供应链管理可以彻底改变企业的业务运营及营运资金管理效率。实行供应链管理后,总供应链管理成本(占收入的百分比)降低超过10%,中型企业的准时交货率提高15%,订单满足提前期缩短25%~35%,中型企业的增值生产率提高超过10%,绩优企业资产运营业绩提高15%~20%,中型企业的库存降低3%,绩优企业的库存降低15%,绩优企业在现金流周转周期上比一般企业保持40~65天的优势。

越来越多的企业已经认识到实施供应链管理所带来的好处,比如沃尔玛、苹果、戴尔、Zara、海尔、华为等国际知名企业都是成功运用供应链管理的企业,为供应链管理的发展奠定了实践基础。据了解,世界上顶级的供应链管理可以有效降低库存水平;国内相关人士也认为供应链管理对企业成本的降低有明显改观,统计数字显示可以降低"30%~50%"的比例。有效的供应链管理可以以较短时间较低成本提供最大的价值;相反如果产品在供应链上

---

① 李心合,叶玲:《嵌入供应链的公司财务理论研究》,载《当代财经》,2013年第5期,第109~114页。

移动太慢,一些高科技产业、生命周期较短的行业,会遭受产品过时的沉重损失。概括起来,供应链合作关系对营运资金管理绩效的影响主要表现在:

1. 成本降低

Blaxill & Hout(1991)研究证明与上游供应商良好的合作关系有利于本企业建立起稳定的采购系统,降低采购中的不确定性和采购成本[①]。虽然供应链企业之间交易的次数会增加,但制造成本的降低会弥补交易次数带来的成本增加。陈正林和王彧(2014)发现供应链集成能降低企业期间费用。因此,企业进行供应链合作是可以降低产品成本的[②]。

2. 资源互补

资源观告诉我们,任何企业不可能拥有所需要的一切资源,因此,企业之间的协作可以弥补这个缺陷,提高资源的利用效率,这比到市场购买更节约成本。

3. 交付能力增强,资金回收快

以制造企业为例,在良好的供应链合作中,上游供应商发货的速度加快,同时下游客户付款的速度加快。因此,供应链管理的优势在于减少营运资金占用量,提高营运资金周转速度。供应链管理在公司的价值创造中起着重要的作用,它主要通过提高收入、减少经营成本和提高营运资金效率三个方面来实现公司的价值创造[③]。

4. 降低库存,存货周转快。

通常情况下,企业需要备用一定量的库存以应付突然的订单,但在供应链模式下,核心企业可以减少库存量,稳定的交易网络使供应商可以按照企业需要即时发货。

---

① Blaxill, M. F, and T. M. Hout., "The Fallacy of the Overhead Quick Fix", *Harvard Business Review*(1991), 69(4):93—101.

② 陈正林,王彧:《供应链集成影响上市公司财务绩效的实证研究》,载《会计研究》,2014年第2期,第49~56页。

③ Alexander E. Ellinger, Malini Natarajarathinam, Frank G. Adams, J. Brian Gray, Debra Hofman, and Kevin O'Marah, "Supply Chain Management Competency and Firm Financial Success", *Journal of Business Logistics*(2011), 32(3):214—226.

表 1-2 战略合作关系与传统企业关系对比

	区别	传统企业关系	战略合作关系
与供应商的合作表现	供应商数量	很多	少,一般为一个或几个
	供应商分布范围	非常分散(广)	尽可能集中
	供应商选择标准	基于价格的竞价	各项综合且为长期绩效
	供需双方关系	买卖/竞争/短期	合作(双赢)/长期
	研发	设计再采购	供应商介入共同研发
	质量保证	制造商不信任的质量检查(事后把关)	为实现零缺陷而共同努力
	交易频率	低、零星	高、连续
	交流方式	采购单	电子数据交换 EDI 系统
	交易长短	短	长
	配送计划	每月	每周或每天
	业务量	大、形成存货资产	小、适时供应、减少库存
	相互之间信任度	较低	高
	可靠性	不确定	高
	信息交流	一般要求	快速、可靠、信息共享
	信息公开程度	单向的封闭的递阶传递	共享,各个方向的成本透明
与客户的合作表现	客户的数量	很多	少,一般为一个或几个
	对客户的需求	供应商对用户的需求变化反应迟钝,缺乏应付需求变化的能力。	供应商对用户的需求变化反应迟钝,缺乏应付需求变化的能力。(按客户需求发货)
	与客户关系	竞争	合作
	库存管理方式	一般的买卖关系	制造商管理库存
	营销方式	交易性营销	关系性营销
	管理理念	利润中心	客户满意为中心
	信息透明度	不透明	信息共享

通过上面的论述,供应链合作关系对营运资金管理影响主要表现在以下方面(见图 1-4):供应链环境下的核心企业与供应商的关系有别于传统的关系,它们不再是竞争的关系,而是在信任基础上的相互合作、信息共享、利益共享、风险共担的关系。在该模式下,可以提高发货的速度,减少制造商

的库存,降低交易成本、采购成本,从而提高存货周转速度,增强营运资金管理绩效。

供应链环境下的战略客户关系要求制造业按照客户的要求发货,其管理的理念是以客户满意为中心,双方之间信息共享。因此,存货周转得快,对客户货款的回收也快,最终会加速营运资金的周转。

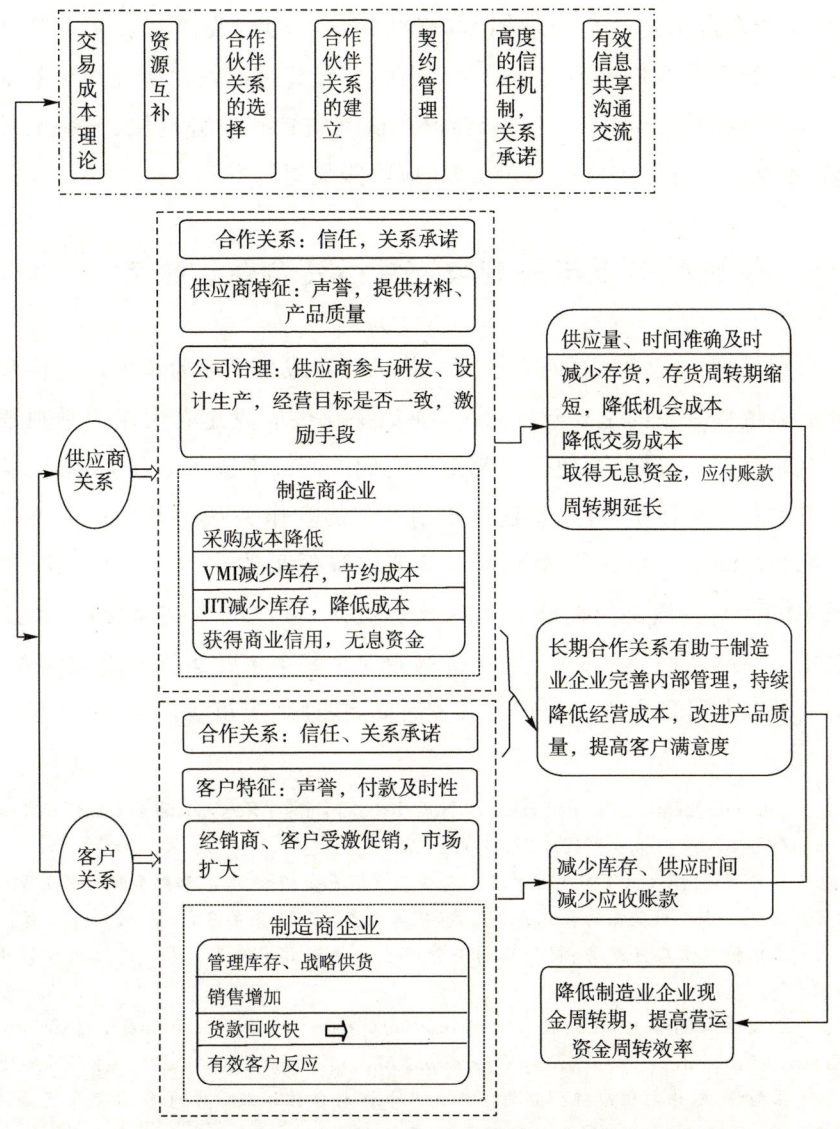

图 1-4 供应链合作关系对制造业企业营运资金管理绩效影响机理

但也有学者的观点与上述论述相悖,如 Itzkowitz(2012)认为,上下游企业的供求关系要保持稳定且状态良好的态势,双方均需要付出努力。为了避免现金不足或出于承诺的动机,企业会持有更多营运资金,这可能会降低营运资金管理绩效[①]。赵自强和程畅(2014)研究发现我国制造业上市公司与主要供应商的关系越密切,营运资金占用少,与主要客户的关系越密切,营运资金占用越多[②]。该结论与逄咏梅(2013)以我国制造业上市公司为例研究的下游客户关系对营销渠道营运资金管理绩效的研究结论基本一致,逄咏梅认为买方市场的存在,客户在谈判中具有强势地位、关系不对等情况,导致客户占用供应商大量货款,应收账款周转慢[③]。

一、供应商关系与采购渠道营运资金管理绩效

公司管理供应链最好的方法之一就是建立战略供应商关系。与供应商建立战略伙伴关系的主要意义:①企业如果与供应商建立伙伴关系则表示双方互相信任,而信任会使两方都重视它们之间长期决策的建立,都愿意为了对方利益作出让步,都愿意建立长期紧密的合作关系[④],其中一方不会为自己私利出现机会主义行为等[⑤],因此能够降低采购中不确定性风险与采购成本[⑥];②与少数供应商建立战略伙伴关系,可以减少交易费用,以及管理费用、库存,从而降低采购成本,提高企业采购渠道营运资金管理绩效;③供应商的参与可以大大缩短产品开发时间,快速响应市场需求,提高客户满

---

① Itzkowitz J. Customers and cash, "How Relationships Affect Suppliers'Cash Holdings", *Journal of Corporate Finace*(2012), 38(6):126—143.

② 赵自强,程畅:《上下游企业关联度与企业营运资金、股利分配和财务风险的关系~基于中国制造业上市公司数据的实证分析》,载《技术经济》,2014年第9期,第113~118页。

③ 逄咏梅:《供应链交易、制衡机制与营运资金管理效率研究》[D].南京大学博士论文,2013年。

④ Zhao X., Huo B,"The Impact of Internal Integration and Relationship Commitment on External Integration", *Journal of Operations Management*(2011), 29(1~2):17—32.

⑤ 张旭梅,陈伟:《供应链企业间信任关系承诺与合作绩效—基于知识交易视角的实证研究》,载《科学研究》,2011年第29(12)期,第1865~1874页。

⑥ Blaxill, M.F, and T. M. Hout,"The Fallacy of the Overhead Quick Fix", *Harvard Business Review*(1991), 69(4):93—101.

意度;④战略联盟的形成使制造商可以在正确的时间、恰当的地点获得符合质量要求的原材料、零件等,在总体上提高产品质量;⑤供应链的建立与有效管理可以实现零库存,从而大幅度减少库存成本,利用供应商的适时供应,减少缺货成本;⑥通过与供应商建立战略合作伙伴关系,可以有效实现规模经济,使制造商利用供应商的专长、技术等把自己不擅长的部件、工序等生产外包,集中力量于自己的核心竞争优势。

王苑琢和王竹泉(2014)认为供应商关系对营运资金管理效率的影响主要体现在:供应商关系会影响企业与供应商之间的资源共享,从而影响企业的存货占用水平;供应商关系会影响企业与供应商之间的业务流程,从而影响不创造价值作业的资金占用水平;供应商关系会影响企业与供应商之间的信息传递,从而影响经营活动资金周转期;供应商关系会影响企业的融资能力和融资结构,利用供应商提供的商业信用可以提升企业经营活动资金筹措能力[①]。

总之,与供应商建立战略合作伙伴关系在采购方面可以运用战略采购、准时采购,这些都是供应链环境下减少双方成本、实现双方共赢的采购模式;良好的上下游关系使供应商早期参与企业研发,供应商管理企业的库存、供应商给企业更长的付款期等这些在一定程度上均对核心企业(制造企业)采购渠道的营运资金管理业绩产生影响。

1. 战略采购(Strategy Sourcing)

战略采购的思想源于20世纪70年代的日本。20世纪80年代,美国著名咨询企业科尔尼(A. T. Kearney)总结了日本汽车制造业成功的经验,首次提出"战略采购"这一名词。战略采购主要包括供应商评价和选择、供应商发展、买方与卖方长期交易关系的建立和采购整合。Carr & Pearson(1999)研究证明拥有完善供应商评估体系并且能成功地实施战略采购的企业倾向于建立长期的供应商合作关系,与关键供应商建立长期的合作关系

[①] 王苑琢,王竹泉:《供应商关系视角的资金管理策略》,载《财务与会计》(理财版),2014年第3期,第12~14页。

会显著提高企业财务业绩[1]。Li & Bhanu 等(2006)指出,与供应商建立战略性的关系能使企业与少数几个重要供应商有更密切的合作,双方共同担负起产品成功的责任,且能促使双方利益共享,风险共担,使一方参与另一方如技术、研发、产品制造等一个或多个战略领域[2]。庄伯超和余世清(2015)等研究证明采购的集中化和应付账款的及时性有利于加快制造业企业的存货周转率[3]。叶飞和李怡娜(2006)发现供应链伙伴关系对信息共享有正向影响,信息共享又对企业运营绩效有正向影响[4]。

2. 供应商管理库存

供应商管理库(VMI)被认为是提高供应链效能的最广泛应用的方法之一,是一种供应链战略,零库存的精髓;供应商管理库存是一种供应商与客户之间的合作性策略。在供应商管理库存模式下,通常是由供应商对下游企业的库存水平进行监控,按照预先的约定对下游企业存货进行管理承担责任[5],并周期性地执行包含订货数量、出货及相关作业的补货决策的存货管理模式[6]。国内的马士华认为供应商管理库存是以供应商和用户等供应链上的合作伙伴获得最低成本为目的,双方协议由供应商帮制造商管理库存,并不断监督协议执行情况,修正协议内容,以期库存管理能得到持续改进的合作性策略。供应商被 VMI 吸引是因为它缓和了需求的不确定性,允许小规模的生产能力和存货水平存在;用户被吸引是因为 VMI 补货频率提

---

[1] Carr Amelia S, Pearson John N, "Strategically Managed Buyer-Supplier Relationships and Performance Outcomes", *Journal of Operations Management* (1999, 17(5): 497—519.

[2] Li S, Bhanu R, Ragu T S, Rao S S, "The Impact of Supply Chain Management Practices on Competitive Advantage and Organizational Performance", *Omega* (2006), 34(2): 107—124.

[3] 庄伯超,余世清,张红:《供应链集中度与资金营运和经营绩效—基于中国制造业上市公司的实证研究》,载《软科学》,2015年第3期,第9～14页。

[4] 叶飞,李怡娜:《供应链伙伴关系、信息共享与企业运营绩效关系》,载《工业工程与管理》,2006年第6期,第89～95页。

[5] Kannan Govindan, "Vendor-Managed Inventory: a Review Based on Dimensions", *International Journal of Production Research* (2013), 51(13): 3808—3835.

[6] Waller M., Johnson M. E., Davis T, "Vendor-Managed Inventory in the Retail Supply Chain", *Journal of Business Logistics* (1999), 20(1): 183—203.

高,可以减少作为缓冲的存货需求。

在国内风神公司的供应链运作模式中,VMI 管理策略和模式是很值得借鉴和学习的。风神公司与供应商建立了长期合作关系,不再各自为政进行库存管理,这充分体现了供应链的集成化管理和"双赢"思想,能更好地适应市场竞争的需要。比如在采购环节,风神公司每六个月与供应商签订一个开口合同或者闭口合同,在每个月初告诉供应商这个月的要货计划,供应商根据这个要货计划安排自己的生产,生产完毕将产品运送到风神公司的中间仓库,风神公司的装配厂只需要按照生产计划凭领料单按时到中间仓库提取产品即可,库存的消耗信息由供应商采集并及时作出补充库存的决策,实现了准时化供货,使存货的周转期从月或者周变为数天,库存的大大降低,为提高整个供应链的竞争力作出了贡献。

供应商管理库存的实施可以消除无价值的活动,合作的双方共同提高供应链的效率,降低供应链环节下的库存。沃尔玛正是这样充分利用 VMI 的。苏宁公司通过 VMI 的实施,使供应双方的采购订单、发票、付款、运输、收货等交易时间缩短、交易成本降低;如此一来,双方战略伙伴关系得到加强,整个供应链的柔性和持续改进能力提高了,供应商管理库存最终降低了库存管理和供应商管理的成本,降低了缺货率和积压率。

如果制造商(用户)和供应商各自管理库存,由于双方信息不一致,管理策略各有不同,难免导致需求扭曲现象。因为我们有理由认为供应商参与用户库存管理可以很好地消除牛鞭效应,避免出现零售商、批发商、供应商都有自己的库存所导致的需求扭曲现象,使用户需求与供应商的供应两者之间差额减小,从而降低供应过多造成的浪费。供应商管理库存可以避免制造商的缺货,在需要时以恰当的量及时供给,可以加速存货的周转,降低存货成本,提高存货周转效率。供应商管理库存的做法可以消除制造商和供应商的重复作业,一方面降低制造商企业材料采购成本、采购周期,降低存货占用资金,提高采购环节营运资金管理效率;另一方面供应商可以按单生产,不需要预留多余库存,最终双方营运资金管理效率都得以提高。

3. 供应商早期参与

供应商早期参与(Early Supplier Involvement)是用户与供应商建立真正的伙伴关系的必要条件,是产品设计、采购和开发之间联系的重要纽带。

随着经济全球化及市场竞争的加剧,任何企业仅靠自身的力量是很难有立足之地的,要想生存及更好地发展,与上下游企业建立战略伙伴关系,利用他人的知识、技术、技能、方法等提高自身的发展是提高企业业绩的必要的举措。一般来说,供应商早期参与可以为采购企业创造如下优势:第一,缩短产品开发周期,在当今竞争日益激烈的动态市场环境中,战略合作通过信息共享能够大大加速新产品上市周期,有效压缩订货—交货总周期时间,消除供应链的"牛鞭效应"(bullwhip effect);第二,降低产品开发成本;第三,改进产品质量。其中,产品开发周期的缩短可以加速产品生产上市的时间,原材料、库存商品的周转效率将得到显著提高。

日本的本田公司通过与供应商的合作,大大缩减了新产品的开发成本和时间。据本田公司的报告,供应商帮助、参与设计雅阁轿车,把每辆车的生产成本降低了21.3%。丰田汽车与供应商联合行动成功地开发和研究出新型车用玻璃,这既有利于丰田汽车吸引消费者,提高销售能力,又拓宽了供应商的新产品和新市场。

因此,供应早期参与新产品开发对营运资金管理的主要影响体现在:早期供应商的参与产品研发,开发时间平均可以缩短30%~50%[1]。开发时间缩短意味着产品生产时间短,上市快,从而产品及产品所耗材料周转速度加快,因此存货周转率提高,营运资金管理绩效提高。王龙伟和王刊良等(2003)认为采购企业应该给予供应商支持和协助,参与其产品研发,从而改善供应商的生产管理水平,这样既会激励供应商的服务积极性,还会极大降低采购企业的采购成本[2]。

4. 准时采购

准时采购即JIT采购,产生于日本的本田公司,其基本思想是,在恰当的时间、恰当的地点,以恰当的数量、恰当的质量提供恰当的物品。目的是消除库存和浪费,准时采购的应用可以减少库存,加快库存周转,降低提前期,提高购物的质量等。JIT采购是一种准时化采购模式,这种采购方式的主要优点能最大限度地消除浪费,降低库存,实现零库存。与传统的采购模

---

[1] 胡军,彭扬:《供应链管理理论与实务》,北京:中国物资出版社,2006年,第195页。
[2] 王龙伟,王刊良,李垣:《关系激励对供求企业绩效影响的实证研究》,载《中国管理科学》,2003年第8版,第85~90页。

式相比,JIT采购的基本原理①:

①是一种直接面向用户需求的采购;
②用户需要什么,就送什么,品种规格符合客户需要;
③用户需要什么质量,就送什么质量;
④用户需要多少,就送多少,不多也不少;
⑤用户什么时候需要就什么时候送,不早送也不晚送;
⑥用户需要在什么地点,就送到什么地点。

因此JIT采购模式的实施可以减少原材料和外购商品的库存,提高采购商品的质量,降低原材料和外购商品的采购价格等。

海尔公司供应链管理是推行得比较好的公司,该公司推行的准时采购使采购周期由原来的10天减少到了3天,同时供应商可以在网上查询库存,根据订单和库存情况及时补货。因此1998年海尔获得了中国冰箱史上的第一块金牌。这与其实施JIT采购、提高订单处理速度是分不开的。

准时化采购不仅可以减少库存,还可以加速原材料等库存周转,缩短提前期,因此可以提高采购渠道上原材料的周转速度,使采购由原先不增值活动变成能带来价值增值的活动,对改善采购渠道营运资金周转绩效有帮助。

以上的几种先进的管理模式,都要求企业与供应商建立战略合作关系,双方可以实现信息共享,充分沟通交流,合理地运用这些管理模式,可以大大减少企业的采购成本、库存成本,使企业在采购过程中节省大量资金,加速资金的周转。

5. 供应商提供商业信用

制造商企业利用上游供应商提供的商业信用(应付账款—供应商)可以提升企业经营活动资金筹措能力。企业从购买原材料开始到生产加工制造出产成品、再到销售出去、最终收回现金需要一定的时间,在收到销售带来的现金之前企业采购原材料需要垫付资金给供应商。垫付资金需要占用营运资金,如果企业可以通过向供应商赊购原材料,就可以延迟付款时间,可以减少营运资金占用,下游企业要成功地实施延期付款策略,需要良好的供应商关系为企业提供增信支持,所以与供应商建立战略伙伴关系,可以适当

---

① 自胡军,彭扬:《供应链管理理论与实务》,北京:中国物资出版社,2006年,第161~162页。

延长付款时间,提高用户(制造企业)营运资金周转效率(应付账款周转天数增多)。当然公司如果不及时支付货款,则易破坏与供应商的关系。

当然供应商关系对制造商公司营运资金影响除了提高营运资金管理效率外,也有负面的影响。供求关系势力结构矩阵表明,在一对多的关系中,处于优势地位的往往是数量较少(垄断)的一方[①]。这意味着,供应商集中度提高,议价能力增强,可以想象如果制造商只有单个或较少的供应商供货,那么供应商就处于优势地位,对供应的材料、产品的价格和质量有绝对的掌握权,对供货、发货的时间,对信用政策条款的规定与约束有绝对的话语权,此时供应商提供的产品价格和质量的变化、供货时间长短、信用政策的严与松有可能对制造商的生产经营产生重要影响。如果制造商拥有数量较多的供应商,对单一供应商的依赖程度就降低,制造商的议价能力就将强,就可以选择供货及时、供应成本低的供应商,从而提高营运资金管理绩效。

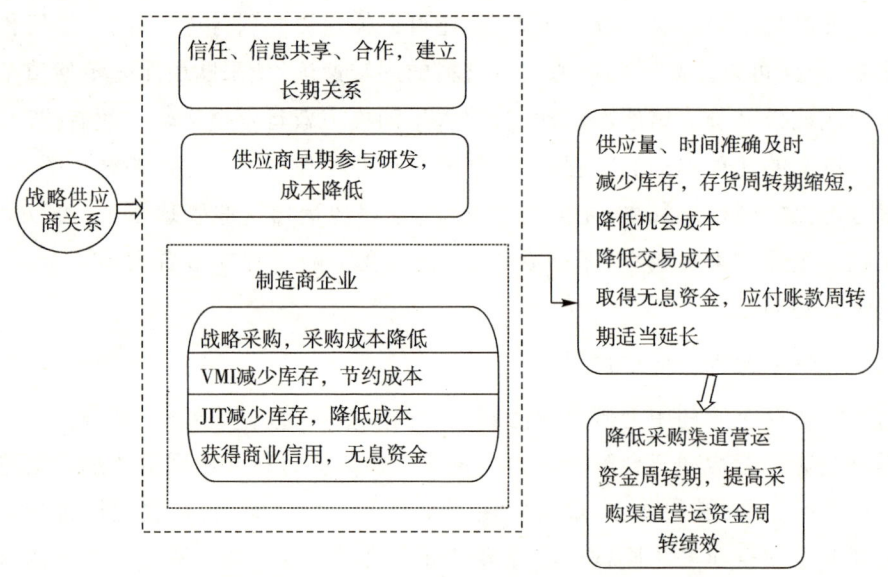

图 1-5 战略供应商关系对采购渠道营运资金管理绩效影响机理

---

① Dowlatshahi, Shad, "Bargaining Power in Buyer-Supplier Relationships", *Production and Inventory Management Journal*(1999), 40(1):27—35.

张胜(2013)对制造业上市公司的研究表明:供应商或客户集中度越高,企业流动资产占总资产比例越低,现金持有量也越少;企业持有的流动资产、现金越少,企业业绩越差[①]。唐跃军(2009)的研究发现,供应商的集中度和议价能力越高,企业的业绩越差[②]。但赵泉午和王青(2010)等通过研究发现供应商伙伴关系与企业运营绩效无关[③]。

二、客户关系与销售渠道营运资金管理绩效

1. 供应链管理环境下的客户关系管理

与客户的关系好,则能促进双方信息共享,使制造商清楚地知道客户的需求,从而开发新产品更具有目标性,使制造商及时掌握客户的需求变化以减少库存、削减销售费用、降低经营风险,并帮助企业优化生产和提高营运资金管理绩效;有利于提高企业的客户服务能力,促进销售增长,提高销售效率;有利于将客户对产品和技术的需求纳入企业的技术创新计划,最大程度地满足客户需求,提高公司的经营绩效。制造商要与客户建立良好的合作关系,首先要向客户传递自身财务状况良好的信号作为承诺,以缓解客户对风险的担心。反之,信用政策过长、顾客拖欠付款、交货不及时。结账程序环节存在问题等会延长CCC[④],从而降低供货商公司的盈利能力[⑤]。叶飞和薛运普(2011)研究结果表明加强供应链伙伴间信息共享不仅可以有效地提升我国企业间相互信任水平,而且可以有效地提高我国企业的运营绩效[⑥]。

[①] 张胜:《供应商—客户关系与资产结构—来自我国制造业上市公司的经验证据》,载《会计论坛》,2013年第1期,第89~98页.

[②] 唐跃军:《供应商、经销商议价能力与公司业绩—来自2005—2007年中国制造业上市公司的经验证据》,载《中国工业经济》,2009年第10期,第67~76页.

[③] 赵泉午,王青,黄亚峰:《制造业供应链伙伴关系与企业绩效的实证研究》,载《华东经济管理》,2010年第11期,第128~131页.

[④] CCC=应收账款周转期+存货周转期-应付账款周转期

[⑤] Sari Monto and Leena Tynninen, "Visualising Working Capital at the Customer Level", *Internatioal Journal of Applied Management Science* (2014), 6(2):118—135.

[⑥] 叶飞,薛运普:《供应链伙伴间信息共享对运营绩效的间接作用机理研究—以关系资本为中间变量》,载《中国管理科学》,2011年第l19(6)期,第112~124页.

2. 有效客户反应(ECR)

海尔与苏宁联手实现 ECR 创新的合作模式是国内成功的案例。ECR 模式的实施,使海尔通过苏宁公司掌握了大量的信息源,及时了解市场的实时需求,缩短产品上市时间,加快商品周转速度。据有关统计,2006 年以前海尔的家电产品从生产到上市大概需要 3 个月的时间,而实施 ECR 后,专家预计海尔的产品在苏宁公司上市的时间将缩短到 1 个月,ECR 的实施大大加快了海尔产品流通的速度,也降低了苏宁公司库存成本,加快商品周转速度;同时加快了海尔产品与货款转换速度,明显节约供应链上下游企业的交易成本,对于消费者来说可以获得价格优惠的好处。

3. 信息共享

通过信息集成可以实现信息共享,从而减少供应链企业之间因信息交流不充分带来的长鞭效应,降低供应链企业的总库存量;信息集成可以提高销售预测的准确度,使企业间实现无缝衔接,降低供应链上企业的生产和物流的总成本。Jason(2012)研究发现:信息集成与供应链上合作伙伴的销售增长率、销售效率正相关,它提高了合作伙伴的盈利能力[1]。供应链企业之间的协调程度越高,核心企业的 ROA 就越大。通常下游客户掌握更多、更准确的消费者需求、偏好信息愿意与制造业分享这些信息的前提是双方之间有长期的战略合作关系,双方之间有高度的信任,制造商获得了这些信息,通过使用能使下游客户受益,如此一来,制造商可以生产出适合客户需要的产品,客户也会及时采购相应的产品,从而加速产品流转,减少成品资金占用,提升制造商销售渠道上的营运资金绩效。当然也有研究认为供应链下游关系与核心企业营运资金业绩之间是负相关关系,是因为客户在市场中处于优势的地位(由于买方市场的形成),供应商(制造企业)得看客户脸色行事。因此,两者关系如果不对等,客户集中度越高反而降低了营运资金管理绩效。张敏和马黎裙(2012)的研究也表明,客户集中度越高,企业向客户提供的商业信用越多,应收账款占用资金多,进而降低企业价值[2]。赵

---

[1] Jason, D. S, "Process Integration and Information Sharing in Supply Chains", *The Accounting Review*(2012), 87 (3):1005—1032.

[2] 张敏,马黎珺,张胜:《供应商_客户关系与审计师选择》,载《会计研究》,2012 年第 12 期,第 81~86 页。

秀云和鲍群(2014)研究发现,客户集中度越高,供应商更倾向于持有更多现金以履行对客户的承诺并防范客户流失风险[①]。

4. 制造商管理库存、战略供货

供应商管理库存及战略供货又称为"制造商管理库存及战略供货"。制造商管理库存指制造企业为下游客户管理库存,即制造企业通过和下游客户信息共享,及时了解下游客户库存需求量和销售情况等的数据,对下游客户进行适时、按需补货的一种供货模式。在这种模式下,制造企业可以根据客户的销售情况、销售能力及时安排产品的生产和运输,并在产品销售完毕的第一时间将其运输至下游客户处,从而降低制造企业库存产品的资金占用。制造企业的战略供货同供应商战略供货的实质涵义是一样的,只是角度不同而已。由于与客户之间有彼此信任和信息共享为前提,在了解客户对产品需求类别、需求数量等信息的基础上,通过向客户战略供货可以有效减少制造企业库存商品的数量,及时回收货款(由于是战略伙伴关系,一方资金不畅,必然影响另一方。因此,客户会及时付款),从而降低销售渠道营运资金的占用。

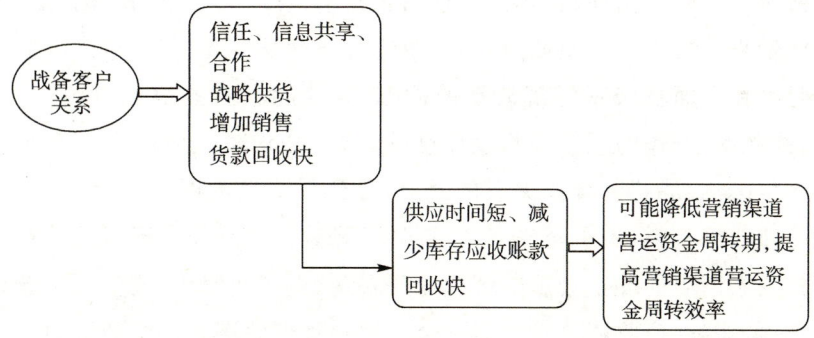

图 1-6　战略客户关系对销售渠道营运资金管理绩效影响机理

[①] 赵秀云,鲍群:《供应商与客户关系是否影响企业现金持有水平》,载《江西财经大学学报》,2014 年第 5 期,第 41～48 页。

第三节　经济周期波动、供应链关系对营运资金管理的影响

经济的发展有时是平衡的,有时是暴涨或暴跌的,而市场的响应与宏观经济的变化密切相关。虽说经济是周期性波动的,但每一个周期中也有很多突发状况,金融经济危机的出现一般会把这轮周期推向最低谷,一旦危机发生,将具有放大效应,会立即波及供应链上的上下游企业。在经济下行期,特别是受严重的经济危机影响,很多企业已经或者正面临破产倒闭,这种现象的后果又进一步导致这些企业所在的供应链产生了巨大的波动,甚至发生断裂。金融危机会使企业的资金流受阻或断裂,致使整个供应链处于瘫痪状态。但有人认为经济步入寒冬时,"抱团取暖"才会产生更大的热量。因此,在经济下行时期,企业更应该寻求供应链,靠相互的团结才能产生正能量,原因就在于供应链的存在本身就是为了减少市场不确定性风险。供应链企业之间的信任、合作、沟通、信息共享,可以减少市场不确定性风险给企业带来的损失。即便如此,当宏观经济环境发生变化时,对供应链的冲击还是存在。面临宏观经济波动的冲击,企业间相互的信任、信息分享情况、违约概率、合作的意愿都将发生变化,这些变化对供应链成员合作关系必将产生影响,威胁着合作关系的继续,导致供应链的断裂,最终影响制造业及时获取原材料,失去合作客户,销售下降等。宏观经济环境波动对供应链合作关系产生的冲击会影响到企业的采购、生产和销售,改变了制造企业存货、应付账款、应收账款等营运资金占用和管理效率。因此经济周期与供应链关系及营运资金管理的关系机理应该存在两种情况:

一是经济周期波动影响了供应链合作关系继而影响营运资金管理,这里供应链合作关系起到一种中介的作用。经济周期波动对供应链的冲击通常有以下几个方面:其一,经济处于萎缩(低谷)时,处于非核心或者强势地位的制造企业容易被供应链上其他企业抛弃;其二,经济危机的冲击会招致供应链上下游企业的信任缺失,合作关系中断。上游中断供应得到不及时补充,下游中断令销售额骤降,最终影响企业应付账款、原材料存货、产成品存货、应收账款的占用与管理绩效。也正因为经济波动的冲击,才使企业意

识到合作互助的重要性,因此更加注重维护巩固供应链企业之间的关系,从而提高营运资金管理绩效。二是在经济周期不同阶段(繁荣与衰退),企业对供应商及客户的依赖程度不同,经济下行特别是发生严重金融危机时,企业更需求加强与合作伙伴建立密切关系,共同应对宏观经济的不利冲击。因此,供应链合作关系对企业营运资金管理的影响既会因为经济周期的波动而出现差异,也会因为宏观经济冲击受到正面或者负面影响,进而引起营运资金配置的变化。

一、经济上行时期,供应链合作关系对营运资金管理影响

经济周期处于扩张期时,供应链上所有公司业绩良好,公司盈利能力增强,公司现金流量充足;资本市场融资渠道较多,融资约束低,融资成本低。在这种环境下,供应商资金充足,生产速度快,供货及时;制造商资金充足,付款及时,获得供应及时,制造速度快,市场需求大,制造商销售能力增强,大量采购,导致库存增加;由于资金相对充足,对关系密切的客户愿意提供相对宽松的信用政策,应收账款占用资金较多。因此在经济上行时期,整个供应链上企业信任度增强,制造企业上游供应商提供货源充足,对下游客户信用政策相对宽松,结果营运资金特别是经营性营运资金(存货、应收账款)投入较多,周转得也较快,但相比经济衰退期,经营性营运资金总量处在一个较高的位置上,不过趋势应该是下降的(经济上行时期营运资金周转得快)。另外由于较好的宏观经济环境,货币性营运资金需求较少,制造企业对供应商和客户的依赖程度较低,此时企业如果忽视供应链关系的建立,传统的营运资金管理策略完全可以为企业进行相关财务决策提供指导。

二、经济下行时期,供应链合作关系对营运资金管理影响

供应链建立的前提是企业间相互信任,宏观经济的波动会使双方之间产生信任危机。当经济周期处于收缩期时,制造企业、上游供应商、下游的客户的业绩均下滑,原先团结一起的供应链企业由于各自自身的利益很容

易对其他企业产生怀疑,供应商会担心货款能否按期收回,制造商则考虑上游供应商能否及时发货,下游企业是否会因为业绩的下滑拖欠支付,甚至无力支付款项等,这些疑虑会让企业间原先的信任消失,使得供应链上供应商、制造商、分销商及零售商"风险共担、利益共分、优势互补、信息共享"的合作协议得不到持续贯彻执行,彼此间处于博弈状态,影响整个市场经济的正常运行,供应链断裂风险加大。特别是处于一般交易关系的供应链,面临经济危机的冲击,自利行为就会发生,此时,必然损害供应链上绝大部分企业营运资金管理效率。

另外宏观经济环境的波动,造成企业盈利能力不稳定,企业间违约风险加大。传统意义上的违约风险是借款人在债务到期时,通常在借款人经营状况或财务状况不佳而导致违约甚至破产的情况下发生。这个概念中的借款人通常是指企业,债权人是指银行。而这里所指的违约包括四种情形:

一是因上下游企业之间的所欠货款不能偿还导致债务方企业违约对供应链合作关系造成影响,这种影响在经济衰退时会尤为突出;二是因供应方企业在经济危机时生产能力下降导致无法按时发货交货产生违约;三是需求方需求减弱,订单减少;四是信息共享的违约,原本信息沟通交流较多,在危机发生时都保留信息。

当经济面临严重的衰退时,企业销售能力减弱,业绩滑坡,经营活动带来的现金流量减少,此时企业面临的融资约束与融资成本将上升,当企业资金不足时,违约的概率增加,供应链之间正常的合作就会受到影响,原来企业间已有的信任、和谐、满意在受到经济冲击时,可能将大打折扣,甚至不复存在。供应链中的每个企业都是独立的利益个体,供应链不可能永远是一团和气的,相互间存在合作关系同时存在自身利益,本来这些企业原先加入供应链最主要的目的也是为了获得更多的利益。因此,在经济出现衰退、危机时,矛盾与冲突会让他们之间的信任减弱,合作中断。国外的研究发现违约率和经济周期呈正向关系,即经济景气时企业违约率下降,经济萧条期间企业违约率上升。Fama(1986)[①]和 Wilson(1997)[②]研究发现在经济衰退时期企业违约概率显著增加。Altman & Brady 等(2002)也证明违约概率与宏观经济状况存在密切的关系:在衰退期(1990－1991 年),违约概率超过 10%;在 1993－1998 年,经济比较繁荣,该时期违约概率较低,当 2000 年经济再次进入衰退期,违约概率迅速增加。另外,Duffee(1998)等的研究均发现,商业信用风险与经济周期波动有着很紧密的关系[③]。

经济下行时期,信息风险加大。金玉然(2013)认为金融危机会影响供应链的稳定性,金融危机下,面对需求的疲软,企业最担心的就是库存的积压,解决这些问题的有效途径就是提高供应链企业的信息透明度,开展先进的供应链库存管理模式,比如 VMI、JMI 和 CPRF 等[④]。

经济低迷时期,需求减少,销售周期会延长,现有客户口头承诺购买但不会下订单。无论是上游的供应商,还是下游的分销商、零售商,没有足够的需求驱动,都面临着生存的危机。现金的紧缺对供应链的运作有很大影响,合作危机也会加大。但经济形势越差,竞争越激烈,供应链合作关系对供应链绩效的影响也越大;经济的衰退使企业更容易发生资金短缺,增加现金的动机更强,此时资金需求更需要依托供应链关系获得资金支持,而不仅仅是银行。

总之,在宏观经济状况不好时,外部融资难(证券市场供给少、融资成本高、融资约束重),企业需要尽可能靠自身生成现金,此时供应链合作关系或者良好的供应链管理有利于企业与客户与供应商的协调,通过信用渠道融通资金,比如增加应付账款,减少应收账款。在经济下行－信贷紧缩的大环境下,利用供应链伙伴关系创造资金的作用开始显现(融资从家开始,而不是银行)。经济繁荣时期,供应链管理主要和提高企业的业绩联系在一起,风险管理处于次要地位;经济衰退时期,供应链管理主要和降低企业的风险

---

① Eugene F. Fama, "Term Premiums and Default Premiums in Money Markets", *Journal of Financial Economics*(1986), 17(1):175－196.

② Wilson Thomas C, "Portfolio Credit Risk", *Risk Magazine*(1997), 10(9):111－117.

③ Duffee Gregory R, "The Relation between Treasury Yields and Corporate Bond Yield Spreads", *The Journal of Finance*(1998), 53(6):2225－2241.

④ 金玉然:《供应链战略与运营设计》,北京:中国财富出版社,2013 年,第 52 页。

联系在一起。当宏观经济环境处于上升期时,加强供应链管理可以提升营运资金的管理绩效,从而提高企业的业绩;当宏观经济环境趋于衰退时,依托供应链关系,获得资金供给,可以有效防止企业资金链的断裂,应付市场的流动性不足。因此,我们认为在经济周期的不同阶段,企业对供应链管理、对战略伙伴关系的建立需求动机是不一样的,经济下行时期需求动机更强烈,此时企业如果忽视供应链关系的建立,忽视基于供应链管理的营运资金管理策略,则传统的营运资金管理模式为企业提供财务决策的指导意义基本失效。这些差异的存在为我们后面的实证检验假设的提出提供了理论依据。

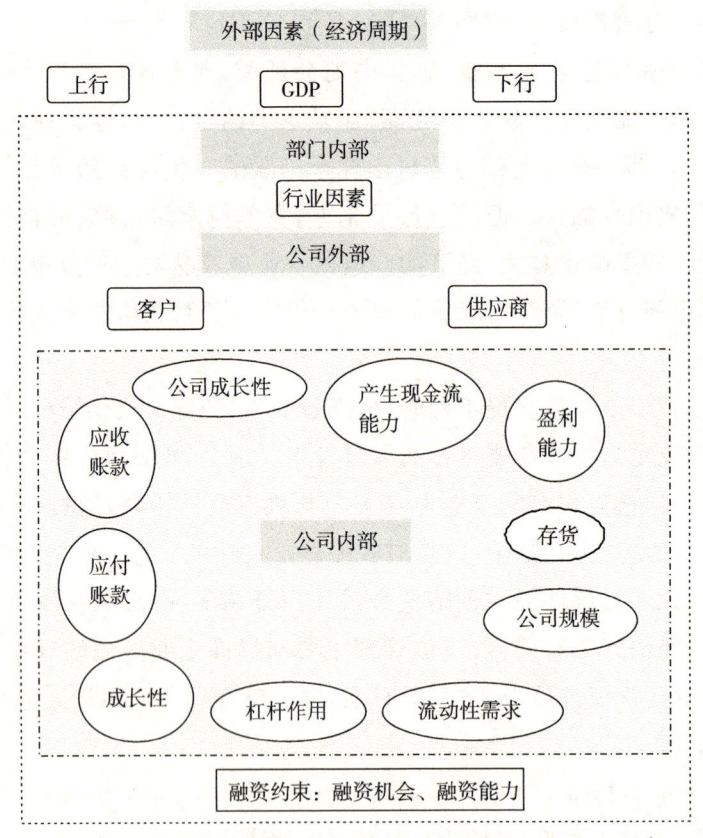

图 1-7 经济周期、供应链合作关系与营运资金管理之间关系

本章对经济周期、供应链合作关系影响营运资金管理的作用机理进行了剖析。宏观经济繁荣与衰退的交替出现影响市场中企业与企业之间的交易合作关系,也会通过产品市场影响供求关系、信用政策等,从而对存货、应

收账款、应付账款等营运资金项目产生影响,并最终影响这些营运资金的管理效率,使我们了解到经济周期不同阶段(繁荣和衰退)营运资金投入、占用、需求、周转效率是不同的,从而为我们提供制定不同营运资金管理策略以适应不同宏观经济环境的新思路。供应链上游(供应商)通过早期参与制造业的产品研发、设计,为下游企业管理库存、JIT 等能够降低制造企业的产品成本、减少制造企业营运资金的占用;供应链下游(客户)与上游制造商建立良好的关系,可以及时获取制造商供货,也及时付款,增加制造商市场销售能力,提高存货和应收账款周转率。

经济周期性出现繁荣与衰退必然冲击供应链上企业之间的合作关系,企业之间信任更容易缺失,信息共享较难,这很有可能引起企业应付账款、预付账款、存货、应收账款等营运资金朝不利的方向波动变化;当然也可能出现另外一种情况,经济状况越差,有的企业越充分抓住供应链的有利优势,建立或者重构巩固供应链关系,为提高自身营运资金管理绩效谋出路。

在不同经济周期下,供应链合作关系对企业营运资金管理发挥作用的动机具有差异。在经济上行时期,加强与供应商和客户合作,主要目的是获取及时供货,增加销售数量,以提高企业盈利能力;在经济下行时期,与供应商和客户合作,主要目的是扩大销售并且及时回收资金,提高企业抗风险能力。

第二章　制造业上市公司营运资金特性分析

　　货币资金是一个营业周期形成的资金结余,不是营业过程中占用的资金;短期借款是公司向银行筹资的一种方式,是筹资活动要素,不是营业周期的组成要素(虽然它也是营运资金的资金来源);交易性金融资产、应收股利、应收利息、应付利息、应付股利等是非经营性的营运资金,与制造企业上下游的供应商及客户的关系不大。因此,本章描述性统计时对营运资金的考量与第一章界定的营运资金①口径是一致的,数据选取制造业上市公司作为研究样本。选取制造行业的原因:一是制造业竞争较为激烈,该行业内公司上游链接供应商,下游链接分销商或客户,公司较为重视供应链关系的培育,该行业上市公司供应链发展得最为成熟;二是制造业上市公司较多,占到上市公司总数的60%以上,样本比较充足;三是营运资金管理行业差异较大,不同行业的公司,它们的供应商和客户的集中度有较大的差异。因此,为了消除行业的影响因素,我们的样本仅限定在制造业公司。另外,在本书中,把为制造业上市公司提供原材料的企业称为"卖方"或"供应商",把购买制造业上市公司产品的企业称为"买方""零售商""经销商"或"客户"。从该行业上市公司营运资金占用和营运资金来源入手,对其进行简单的统计描述,同时还按要素和渠道营运资金管理绩效进行分年度、分行业、分规模、产权性质等统计。

---

① 营运资金＝应收款项＋存货＋预付账款－应付款项－预收账款

第一节 不同周期上市公司营运资金特性考证分析

本章首先从总量上对2001—2014年制造业上市公司营运资金及各项目占用、营运资金周转绩效等情况进行了分析,随后分组对微观制造业上市公司的营运资金各个项目占比例及周转期作进一步描述。

一、不同周期上市公司营运资金投资与占用情况

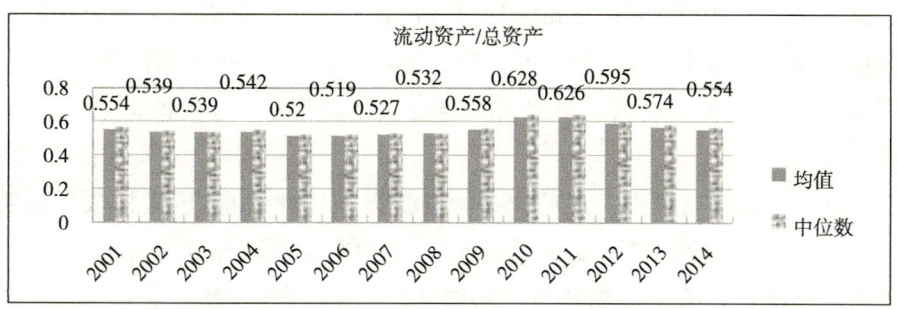

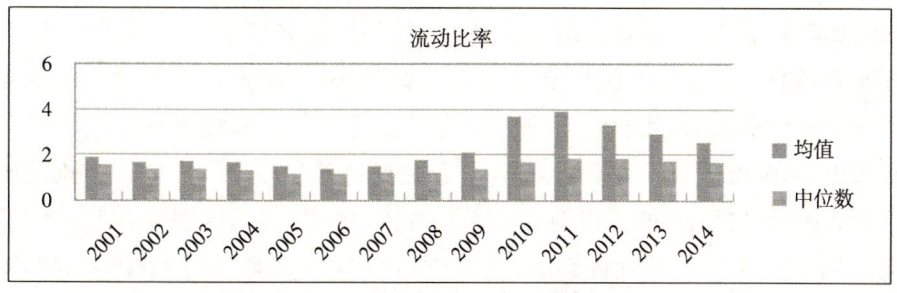

图2-1 营运资金投资及筹资情况

1. 营运资金投资及筹资情况

我们以"流动资产/总资产"这一指标作为营运资金投资政策的代理变量,该指标较高,反映我国制造业上市公司营运资金占用较多。从图 2-1 可知,制造业上市公司的流动资产在总资产中所占比重呈现先下降后上升再下降的趋势,均值由 2001 年的 0.556 逐年下降到 0.521 后又上升 0.619 再下降到 0.554。2004—2007 年为 GDP 增长率较高的几年(上行),明显流动资产占比较低,而其他年份相对来说流动资产占比较高。尽管该指标趋势下降,但绝对水平仍然较高,十几年来均值为 0.565,说明我国制造业上市公司有超过一半的资金都是用于流动资产投资,即便是最低的一年占比也超过 50%。2000 年,美国根据标准普尔指数对 357 家制造业上市公司进行调查,结果流动资产在总资产中所占比为 35.6%,明显我国偏高很多,说明我国制造业上市公司流动资产相对较多,体现出保守,宽松的营运资金政策。

我们用流动比率作为营运资金筹资政策的代理变量,该指标较低说明公司倾向于用流动负债满足流动资产需求,执行激进营运资金筹资政策,反之是保守的营运资金筹集政策。从图 2-1 中可以看出,制造业上市公司的流动比率自 2001 年呈现先缓慢下降,2006 年后上升特别是 2010 年急促上升趋势,2012 年又开始下降,但比率还是高于 2009 年及以前年度。该趋势说明金融危机之前,我国制造业上市公司在营运资金筹集政策上由稳健向激进迈步,金融危机期间及后期,又转回稳健的筹集政策。一般认为流动比率为 2 比较合适,2009 年以前在 1.5 左右,2009 年过后,特别是 2010—2012 年均超过了 3,受金融危机影响,企业流动性不足严重,为了规避流动性风险,企业必须选择保守的政策。

2. 分年度分行业的营运资金占用情况

从表 2-1 和图 2-2 可以看出,截至 2014 年底,营运资金占总资产比重平均为 18.1%,2001—2009 年呈下降趋势,2009 年之后又趋于上升。应收账款与存货合计在总资产中占比在 30% 左右,说明流动性资产在制造业公司比重较大,关注其流动性与盈利性是很有必要的。从趋势分析来看,应收账款和存货占比在 2008 年之前基本是呈现下降趋势,2008 年后出现转折,呈现上升趋势。说明营运资金的变化与经济周期的变化一致,在经济上行时期,流动资产占有趋于下降,周转效率较高,在经济下行时期,流动资产趋于上升,周转率较低。应付账款占总资产比重刚好相反,在经济持续上涨时期(2001—2007年),呈逐年上涨趋势,在经济下行几年里(2008—2014年),基本呈逐年下降趋势。说明宏观经济形势较好时,企业资金较为宽裕,融资约束较低,因此供应商对制造业企业占用其资金(应付账款)的要求较为宽松。理财性营运资金则在经济下行增加,特别是2008年发生金融危机后,理财性营运资金迅速上行,说明企业出于抵御风险考虑,增加了货币性资金的持有量。

图2-3显示的分年度行业分布情况。从行业分布情况来看,不同行业的营运资金占用情况差别较大,特别是综合类行业与其他行业差别很大。营运资金总体情况两个指标,均属综合类行业值最大,石化塑胶行业值最小。另外"营运资金/总资产","应收账款/总资产"在2007—2008年基本达到低谷,而"应付账款/总资产"在2007—2008年是最高点。说明经济周期和金融危机对营运资金影响非常之大,在经济高涨的2007年(GDP增长率高达14.2%),营运资金占用少,周转快,应付账款占用比重高,获取商业信用多。在2008年后由于受金融危机影响,经济状况下滑,营运资金周转缓慢,业绩较差。

表2-1 制造业上市公司2001—2014年营运资金占用情况统计表

行业	营运资金/总资产	货币资金/总资产	营运资金/营业收入	应收账款/总资产	存货/总资产	应付账款/总资产
2001	0.242	0.186	0.671	0.181	0.14	0.089
2002	0.188	0.174	0.499	0.148	0.14	0.105
2003	0.209	0.167	0.553	0.178	0.144	0.117
2004	0.205	0.167	0.487	0.174	0.154	0.127
2005	0.192	0.148	0.317	0.166	0.161	0.139
2006	0.185	0.146	0.382	0.163	0.168	0.148
2007	0.168	0.148	0.28	0.135	0.171	0.142
2008	0.158	0.169	0.271	0.13	0.168	0.14
2009	0.147	0.205	0.274	0.135	0.153	0.14
2010	0.162	0.267	0.291	0.14	0.149	0.131

续表

行业	营运资金/总资产	货币资金/总资产	营运资金/营业收入	应收账款/总资产	存货/总资产	应付账款/总资产
2011	0.189	0.255	0.328	0.154	0.153	0.125
2012	0.183	0.232	0.339	0.16	0.148	0.128
2013	0.183	0.19	0.338	0.171	0.146	0.134
2014	0.218	0.171	0.449	0.173	0.188	0.139
合计	0.186	0.196	0.372	0.158	0.157	0.131

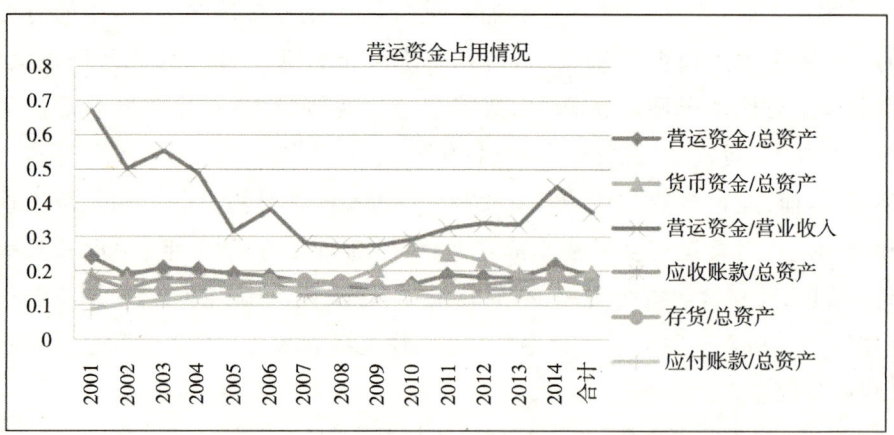

图 2-2 制造业上市公司 2001—2014 年营运资金占用及来源情况

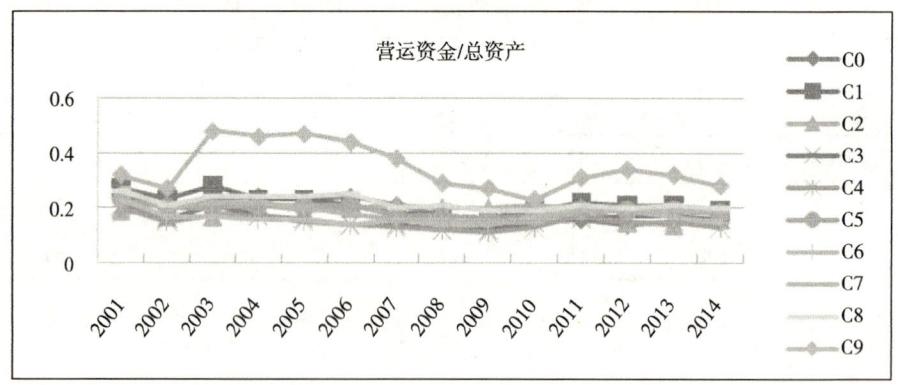

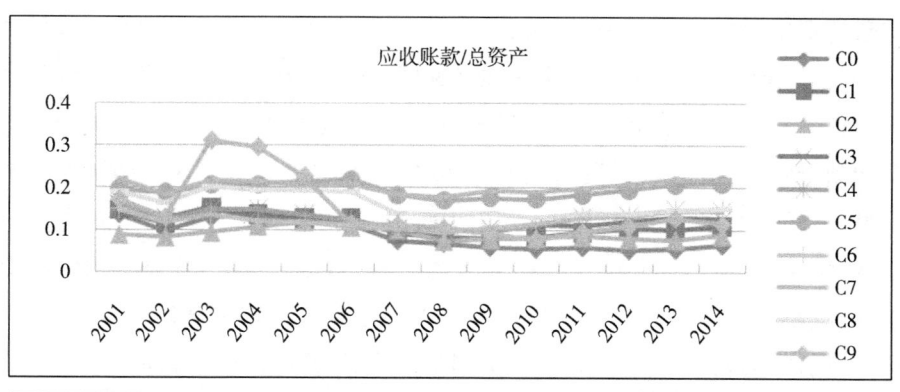

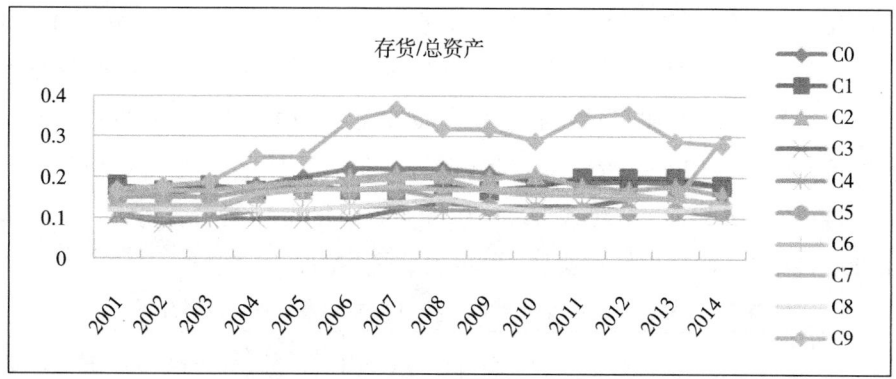

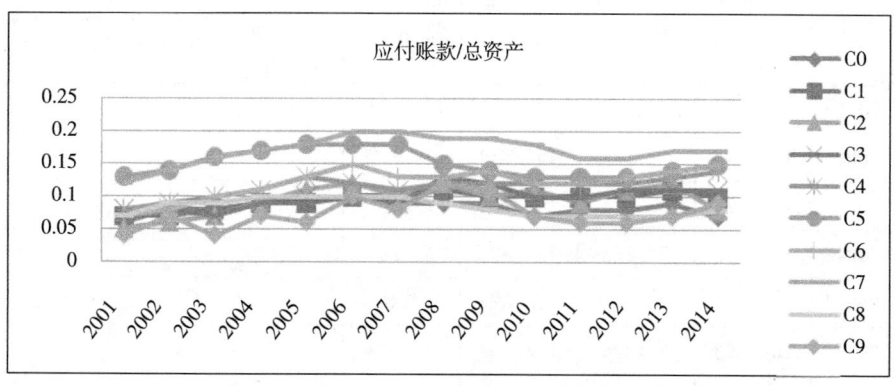

图 2-3 制造业上市公司 2001—2014 年营运资金分行业占用及来源情况

二、不同周期上市公司营运资金管理绩效分析

对比宏观经济环境和公司营运资金管理绩效进行统计分析后,分别汇总得到 2001—2014 年按要素营运资金周转期汇总表和 2007—2014 年按渠

道营运资金周转期汇总表(见表 2-2)、分行业的渠道营运资金周转期(见图 2-4)、分行业的要素营运资金周转期(见图 2-5)。图及表中数据显示:除采购渠道表现为提供营运资金外,其他各个渠道均表现为占用营运资金。经营活动、销售渠道对营运资金的占用从 2007 年(2007 年占用最低,周转绩效最好)开始基本都呈上升趋势,采购渠道占用资金均为负值,表示占用对方(供应商)资金,自 2007 年开始逐渐增加,说明在经济下行时期,销售渠道占用营运资金,企业基本上每年都在销售渠道上投入较多营运资金(美国次贷危机引发的动荡和经济减速对中国造成了影响),企业销售能力下降,货款回收差,资金过多占用在存货和应收账款上。按照要素的分析中,自 2001—2014 年应收账款周转期最短是 2008 年(69.273 天),平均收款时间为 2 个半月,最长在 4 个月左右。存货周转期在 110 天左右,销售较好的年度也是 2007 年(国家改善宏观调控,保持和扩大经济发展的良好势头的一年)。经济危机的发生,导致 2008—2009 年存货周转期增长,2010 年宏观经济形势稍好,存货周转率提高,周转天数平均为 82.167 天。

表 2-2　制造业上市公司 2001—2014 年营运资金管理效率分析

年度	经营活动营运资金周转期(要素)	应收账款周转期	存货周转期	应付账款周转期	经营活动营运资金周转期(渠道)	采购渠道营运资金周转期	销售渠道营运资金周转期
2001	199.678	107.482	167.312	75.116			
2002	185.843	92.195	166.559	72.912			
2003	166.978	82.624	158.754	74.401			
2004	134.298	74.163	132.323	72.187			
2005	187.781	127.254	213.376	152.849			
2006	158.392	81.246	157.564	80.418			
2007	92.283	71.284	91.335	70.204	64.906	−17.7	77.552
2008	95.784	69.273	95.226	68.545	58.108	−14.62	81.504
2009	113.402	88.121	99.091	73.811	104.31	−16.44	101.02
2010	101.345	83.884	82.167	64.634	90.883	−17.01	92.059
2011	107.084	88.012	83.054	64.028	100.161	−14.63	100.14
2012	122.951	101.793	91.934	70.714	112.31	−21.25	117.96

续表

年度	经营活动营运资金周转期（要素）	应收账款周转期	存货周转期	应付账款周转期	经营活动营运资金周转期（渠道）	采购渠道营运资金周转期	销售渠道营运资金周转期
2013	126.208	109.372	91.928	75.092	118.834	−29.5	132.02
2014	123.236	113.284	91.639	81.558	120.81	−39.96	145.11
合计	129.097	93.947	111.559	76.363	101.042	−22.6	110.6

在制造业10个子行业中，食品饮料（C0）和石化塑胶（C4）受经济周期影响较小外，其他制造业（C9）反常地变化（2007年营运资金周转期最长）外，其他行业很明显在2007—2008年经营活动营运资金周转期短，2009年过后基本呈上升趋势，原因2007年经济形势非常好，2008年虽然金融危机已经发生，但由于其影响具有滞后效应，所以一直到2009年对营运资金的不利影响才显现出来。机械设备（C7）和医药生物（C8）两个行业在2004—2006反常变化（异常升高），其他行业基本与经济周期方向一致，经济上涨的环境下周转得快，经济下行时期，营运资金周转的较慢。C9行业2009年受经济危机影响严重，应收账款周转期明显升高。

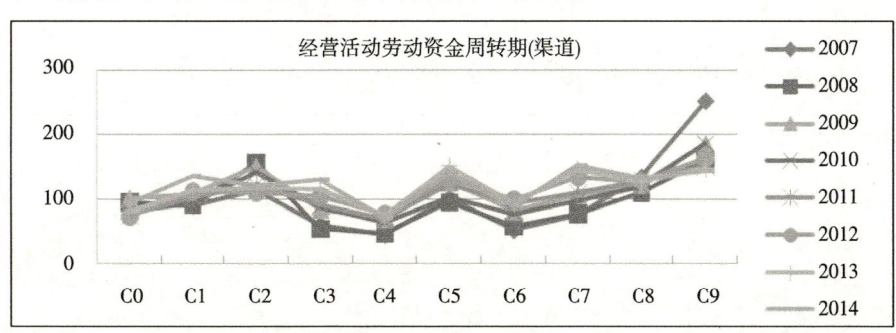

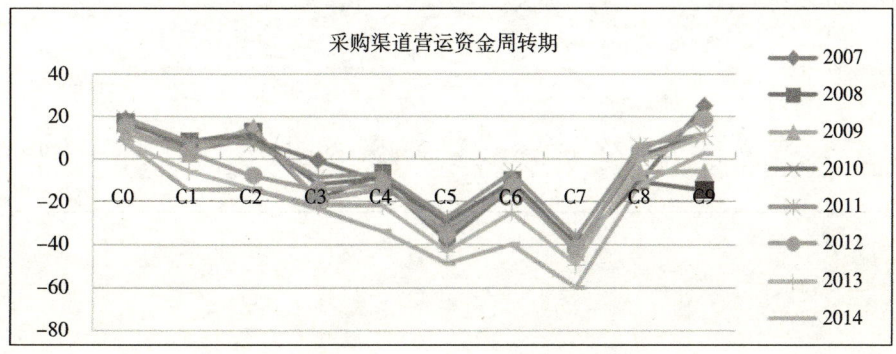

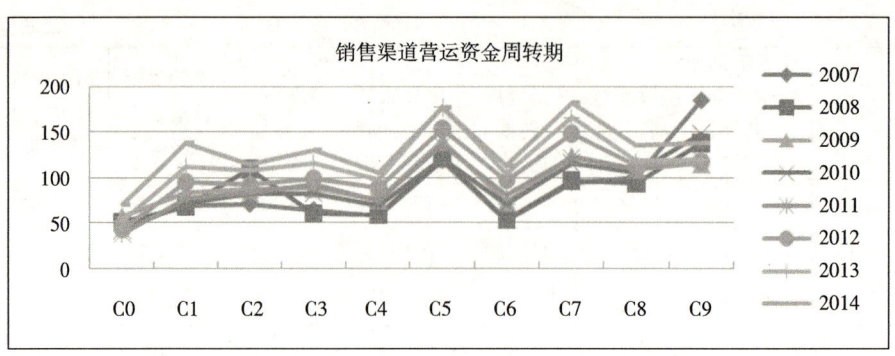

图 2-4　制造业上市公司 2001－2014 年分行业渠道营运资金周转期

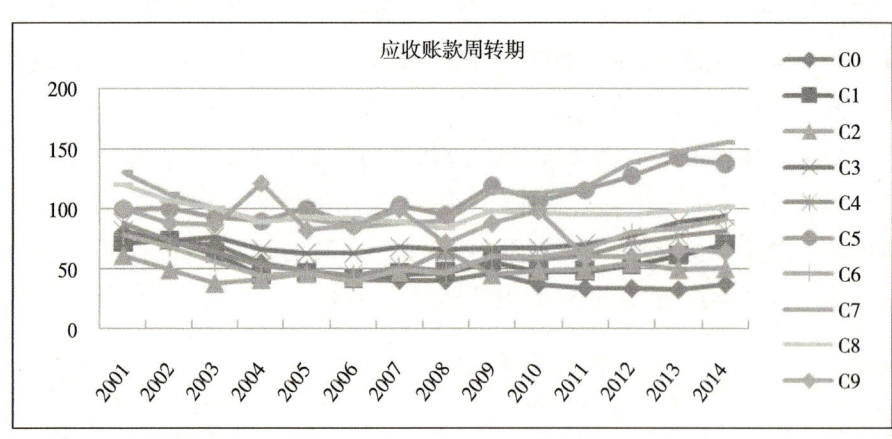

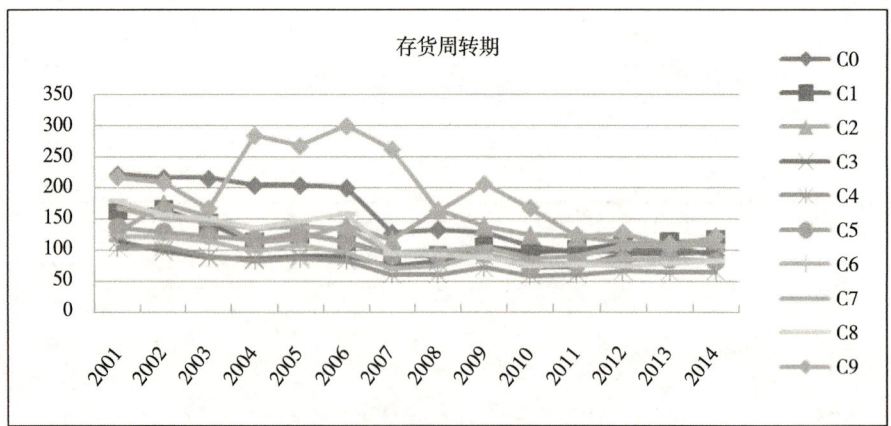

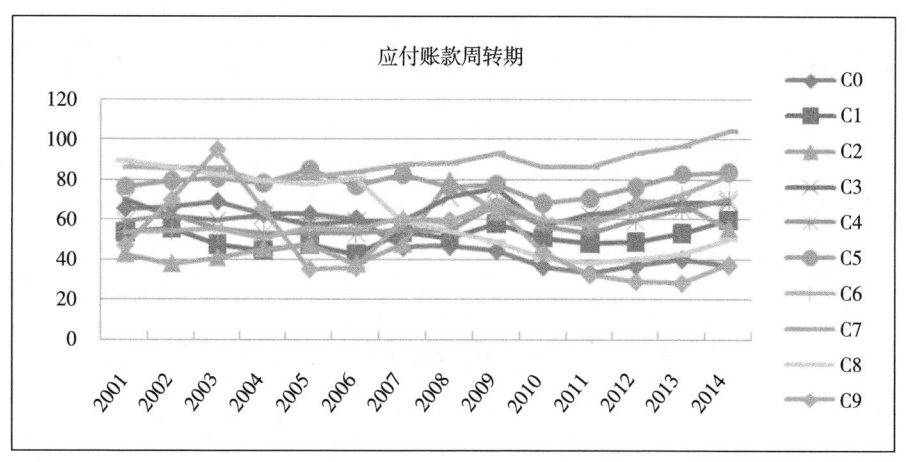

图 2-5　制造业上市公司 2001—2014 年分行业要素营运资金周转期

第二节　制造业上市公司营运资金特性的分类统计

下面我们将对中国上市公司营运资金特性进行分类的统计分析,分别从以下几个方面:(1)不同供应链合作关系上市公司营运资金情况;(2)不同规模上市公司的营运资金情况;(3)不同产权性质上市公司的营运资金情况;(4)不同融资约束上市公司营运资金情况。

一、不同供应链合作关系上市公司营运资金特性

1. 供应商关系

供应商与制造业企业的关系可以分为一般交易关系(传统企业与上、下游企业之间是有限合作的短期关系,本文定义为一般交易关系)、一般合作关系、战略伙伴关系(企业之间加强合作,形成供应链管理,供应链管理内容较多,如何处理企业之间的合作关系是成功实施供应链管理的关键,本文定义这种关系为战略合作关系)。根据研究需要,本文将供应商关系划分三组:向前五大供应商采购额占比 10% 以下为一般交易关系,占比 10%～50% 为一般合作关系,50% 以上为战略伙伴关系。

表2-3 不同供应商关系下营运资金占用情况

供应商集中度	营运资金/总资产	营运资金/营业收入	应付账款/总资产	存货/总资产
1.一般交易关系	0.186	0.334	0.142	0.174
2.一般合作关系	0.181	0.355	0.134	0.16
3.战略伙伴关系	0.187	0.352	0.114	0.139
1组和3组T值	−0.137	−1.021	6.358***	8.132***

表2-4 不同供应商关系下营运资金周转期

供应商集中度	采购渠道营运资金周转期	经营活动营运资金周转期	应付账款周转期	存货周转期
1.一般交易关系	−25.447	94.016	71.141	110.989
2.一般合作关系	−26.871	106.073	74.355	105.329
3.战略伙伴关系	−13.2	102.144	63.156	103.873
1组和3组T值	−4.122***	−1.653*	8.882***	3.61***

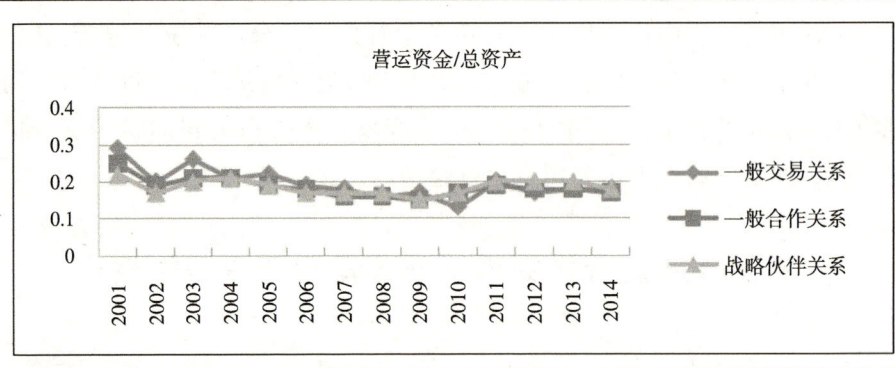

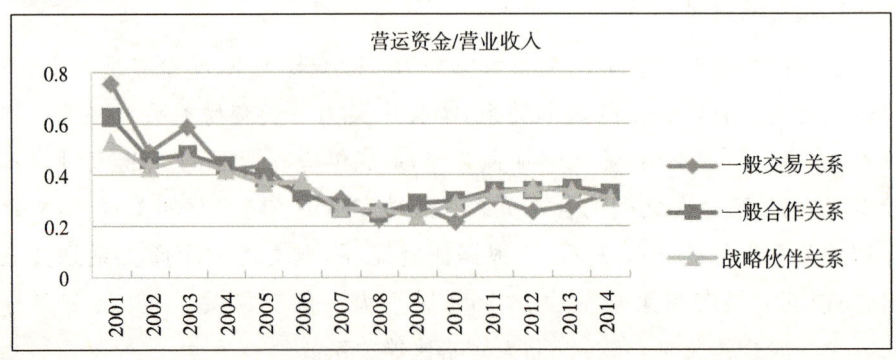

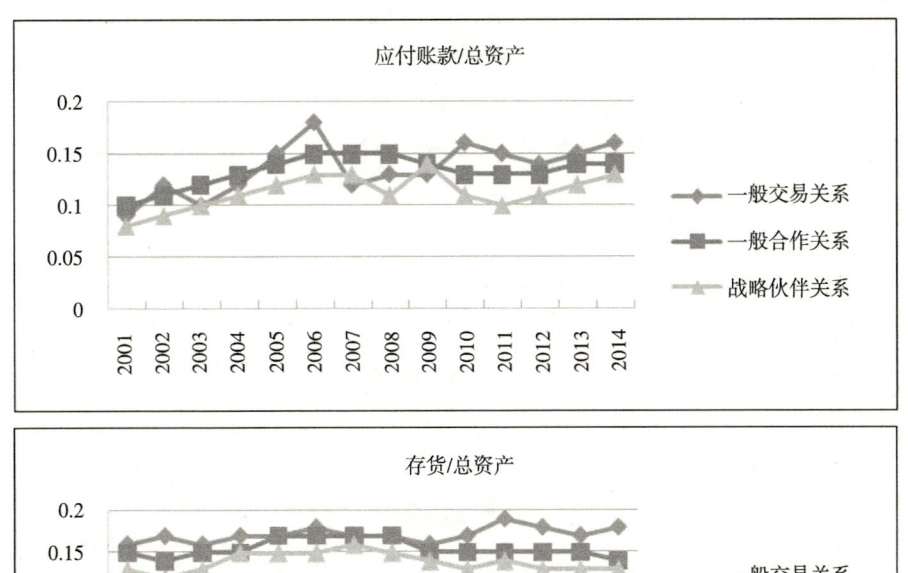

图 2-6 制造业上市公司 2001—2014 年不同供应商关系营运资金占比情况

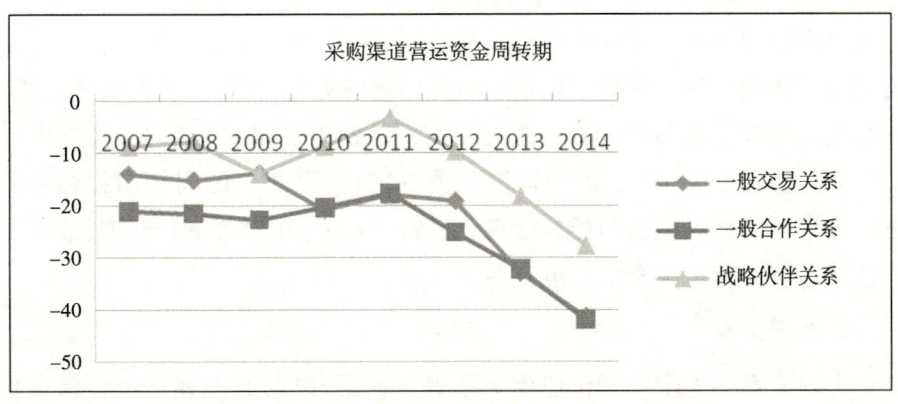

表 2-3 和图 2-6 显示,战略供应商关系下,应付账款和存货在总资产中占比明显低于一般交易关系,一般合作关系公司介于两者之间。表 2-4 和图 2-7 是对营运资金周转情况的分类统计,在战略供应商关系组中,采购渠道营运资金周转期、存货周转期、应付账款周转期明显短于一般交易关系

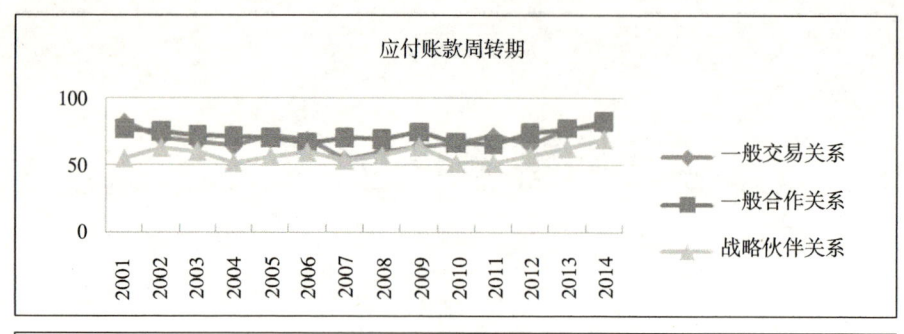

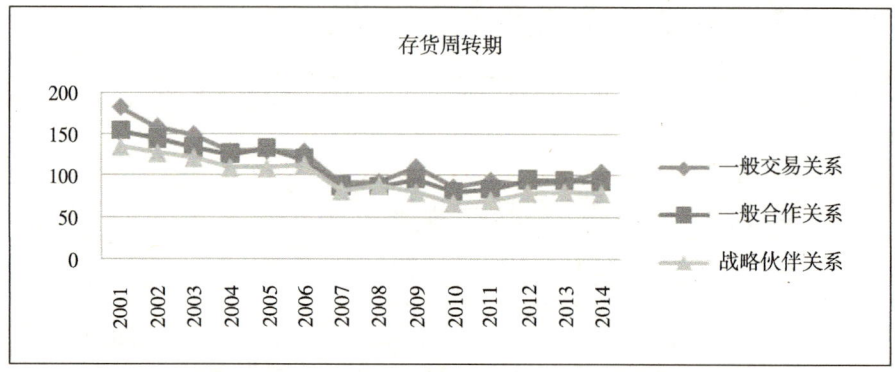

图 2-7　制造业上市公司 2001—2014 年不同供应商关系营运资金周转期

组,说明与供应商的关系越紧密,制造业付款越及时,不多占用供应商货款,较短的应付账款周转期就有利于维护制造业企业的信用,维护战略伙伴关系;其他指标在不同的合作关系中,差别不大。说明供应商的关系对营运资金的有利影响主要表现在降低存货周转期,而应付账款周转期、采购渠道营运资金周转期高虽然降低了制造业企业的周转业绩,但说明及时付款与否,是与供应商建立战略供应商关系的保证。从各年发展趋势来看,自 2001—2014 年,各个指标与经济周期性变化关系密切,大部分的周转期指标在经济形势好的时期有较高的周转效率,业绩也较好。在经济下行时期,战略供应商关系多对营运资金的影响更明显。

2. 客户关系

客户关系的界定参考供应商关系界定依据,向前五大客户销售额占比 10% 以下为一般交易关系,占比 10%～50% 为一般合作关系,50% 以上为战略客户关系。根据各个年度,将营运资金占用及营运资金周转情况,按照客户集中度情况分三组进行了统计对比,详细描述见图 2-8 和图 2-9。

从图 2-8 可知,战略客户关系公司的存货在总资产中所占比重是最低的,但其他营运资金占用指标:营运资金/总资产、营运资金/营业收入、应收账款/总资产客户集中度越高的公司,其值越大。自 2001—2014 年公司的营运资金在总资产中占比先降后升,其占比基本是在 2007 年前后达到最低,2009 年又开始上升。

营运资金与营业收入比值在战略客户关系样本中最高,在一般交易关系样本中最低,自 2001—2008 年呈下降趋势,2009 年后逐渐上升。这一差别说明我国制造业上市公司与客户关系处于非对等地位,当客户集中度超过 50%,买方市场的存在,使客户的地位高于制造商,从而降低了制造业公司营运资金周转效率。趋势的变化说明金融危机对营运资金影响很大,在繁荣时期营运资金明显周转效率高,在衰退时期营运资金周转效率下降。

战略客户关系样本公司存货占总资产比低于一般交易关系公司,自 2001—2014 年的变化趋势在三组样本中基本相同。

从图 2-9 中可知,经营活动营运资金周转期、销售渠道营运资金周转期、存货周转期,以及应收账款周转期 4 个与客户有关的营运资金周转效率指标,战略客户关系样本最高,一般交易关系公司最低,这一特征进一步说明了我国当前在买方市场的情形下,客户(较高的集中度的客户)明显对上游制造企业形成了利益的掠夺,集中度较高的组别企业的营运资金管理绩效显著低于其他组别。

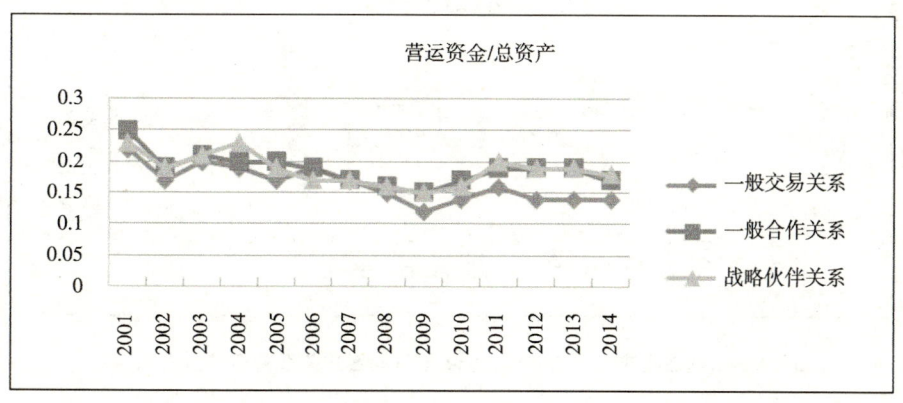

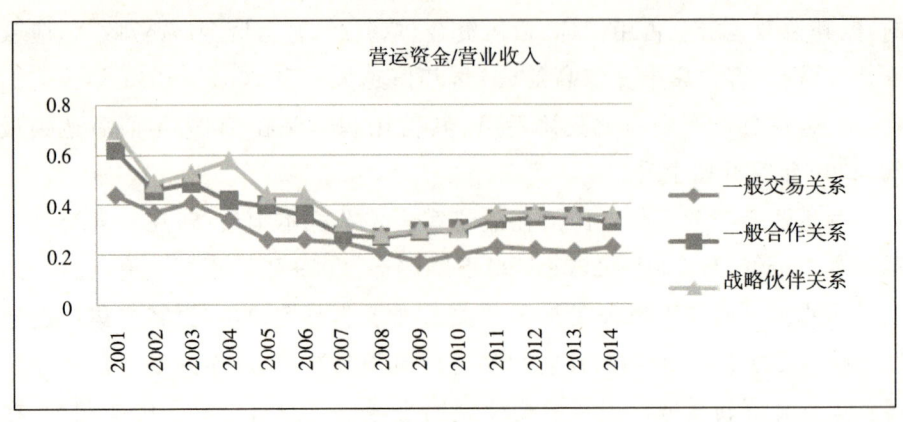

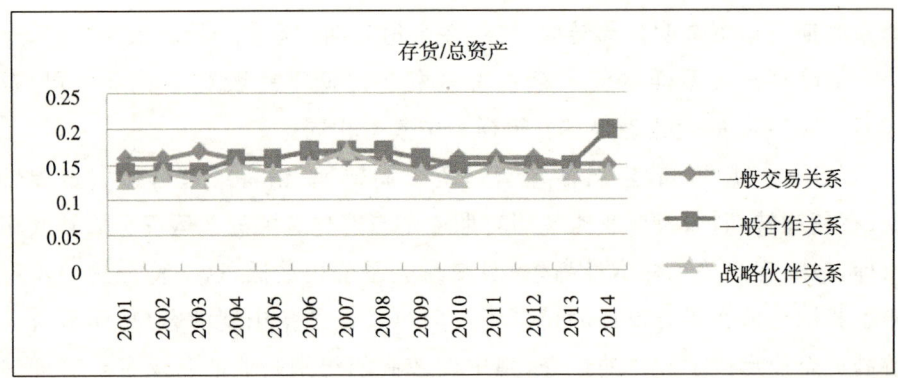

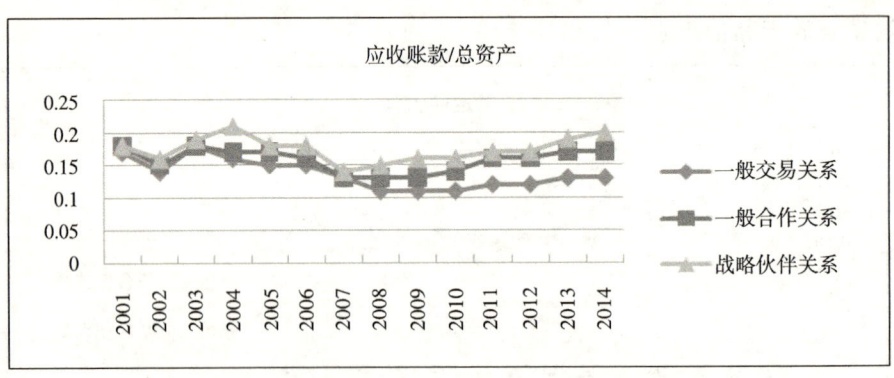

图 2-8　制造业上市公司 2001—2014 年不同客户关系营运资金占比情况

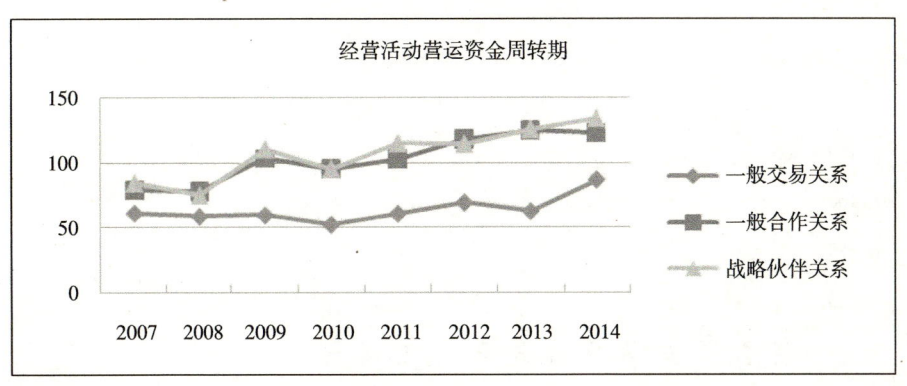

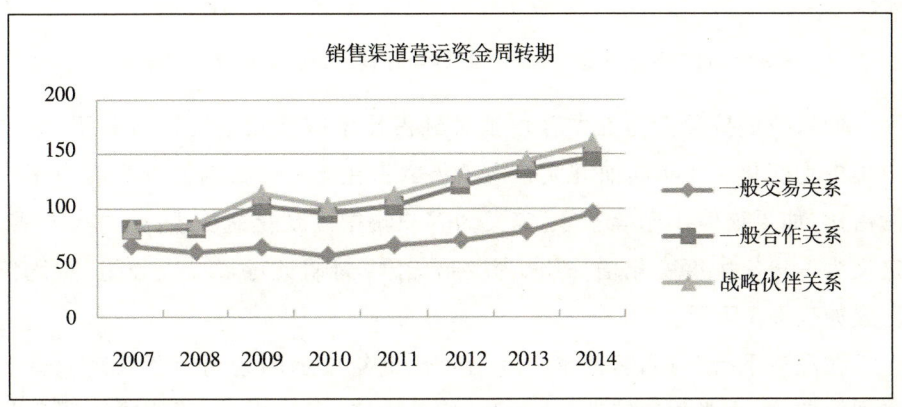

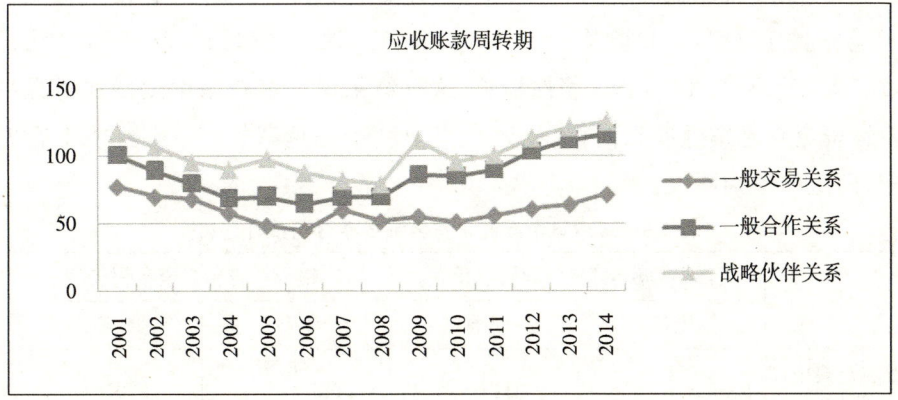

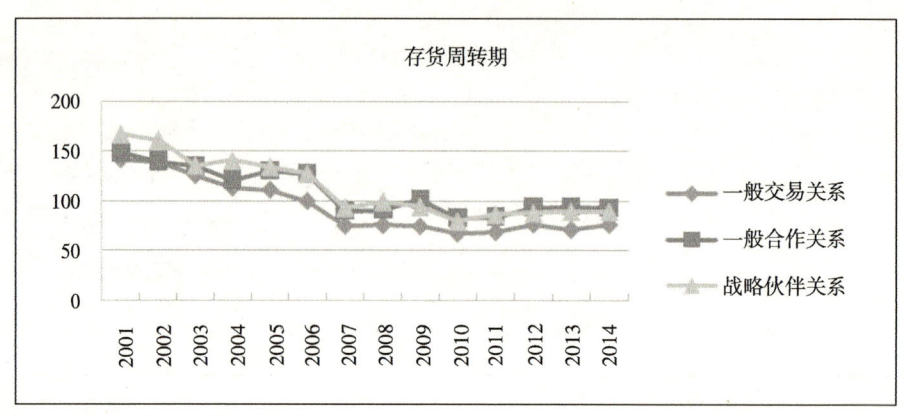

图 2-9 制造业上市公司 2001—2014 年不同客户关系营运资金周转期

如果我们按照向前五大客户销售额占比增减变化情况进行分组,令客户集中度变化＝t 年向前五大客户销售额占比－(t－1)向前五大客户销售额占比,如果该值小于等于零,定义为客户集中度变化减少组;如果大于零,定义为客户集中度变化增加组。并结合经济周期进行了二次分组,对比情况表如表 2-5 所示:

在经济下行时期,客户集中度当年比上年增加的公司经营活动营运资金周转期、应收账款周转期、营运资金/总资产、营运资金/营业收入明显低于经济上行时期,T 检验值分别为 1.341、1.414、1.341、1.658、2.372 均通过了置信水平为 10% 的显著性检验,这一结果说明客户集中度增加对提高营运资金管理绩效有正向作用(客户集中度不是越高越好);在经济上行时期,两组的差别不大。

表 2-5 客户集中度变化与经济周期分组统计分析

	经营活动营运资金周转期(渠道)			销售渠道营运资金周转期		
	上行	下行		上行	下行	
Δ客户集中度减少	83.636	125.311	－0.324	85.687	118.822	－1.041
Δ客户集中度增加	85.245	118.853	1.341*	89.55	116.894	0.946

续表

	应收账款周转期				经营活动营运资金周转期(要素)			
	上行		下行		上行		下行	
△客户集中度减少	73.78	−1.178	98.483	1.414*	120.053	−1.006	122.042	1.341*
△客户集中度增加	76.2		96.139		123.869		118.853	

	营运资金/总资产				营运资金/营业收入			
	上行		下行		上行		下行	
△客户集中度减少	0.184	−0.702	0.177	1.658*	0.379	0.165	0.339	2.372**
△客户集中度增加	0.187		0.172		0.362		0.318	

二、不同规模上市公司营运资金特性

上市公司规模一般分为大规模、中等规模和小规模公司[①],利用表所示的财务比率对制造业上市公司营运资金占用及周期情况作更细致的探讨与分析。详细情况见表2-6、表2-7和图2-10、2-11。表2-6数据显示:大规模公司的营运资金占用情况明显低于小规模公司,中等规模介于两者之间。营运资金占总资产中的比重小规模公司为0.207,大规模公司为0.144;应收账款、存货占总资产比重小规模公司分别为0.163和0.141,大规模公司分别为0.149和0.15。这表明大规模公司营运资金周转得快,利用率高,占用的较低。

---

① 按照公司不同年度总资产均值排序,然后等分成三组,低于33%分位数为小规模组,大于66%分位数的为大规模组,中间组为中等规模。

表 2-6 不同规模公司营运资金占用情况表

	指标	均值	中位数	标准差
小规模	营运资金/总资产	0.207	0.202	0.13
	营运资金/营业收入	0.464	0.37	3.058
	应收账款/总资产	0.163	0.149	0.101
	存货/总资产	0.141	0.127	0.084
	应付账款/总资产	0.107	0.087	0.082
	客户集中度	0.338	0.286	0.201
中等规模	营运资金/总资产	0.208	0.191	1.051
	营运资金/营业收入	0.413	0.309	2.823
	应收账款/总资产	0.16	0.144	0.1
	存货/总资产	0.172	0.139	1.044
	应付账款/总资产	0.129	0.108	0.092
	客户集中度	0.285	0.237	0.182
大规模	营运资金/总资产	0.144	0.137	0.138
	营运资金/营业收入	0.239	0.19	0.3
	应收账款/总资产	0.149	0.127	0.109
	存货/总资产	0.157	0.138	0.094
	应付账款/总资产	0.156	0.132	0.103
	客户集中度	0.26	0.206	0.191
总体	营运资金/总资产	0.186	0.178	0.617
	营运资金/营业收入	0.372	0.287	2.411
	应收账款/总资产	0.158	0.141	0.104
	存货/总资产	0.157	0.135	0.607
	应付账款/总资产	0.131	0.108	0.095
	客户集中度	0.294	0.241	0.194

表 2-7 显示,大规模公司的应收账款周转期、存货周转期、经营活动营运资金周转期(渠道)销售渠道营运资金周转期明显短于小规模公司,中等规模公司介于两者之间;大规模公司采购渠道营运资金更多,表明大规模公司占用的营运资金周转效率高,获取的商业信用较多。

第二章 制造业上市公司营运资金特性分析

表 2-7 不同规模公司营运资金周转情况

	指标	均值	中位数	标准差
小规模	应收账款周转期	116.563	86.72	416.478
	存货周转期	141.229	86.23	773.626
	应付账款周转期	85.75	57.92	753.102
	经营活动营运资金周转期（渠道）	121.726	112.01	400.707
	采购渠道营运资金周转期	−10.476	−10.475	98.351
	销售渠道营运资金周转期	126.658	115.73	118.085
中等规模	应收账款周转期	91.142	74.82	71.017
	存货周转期	106.972	80.43	98.49
	应付账款周转期	69.923	59.26	50.499
	经营活动营运资金周转期（渠道）	114.26	99.78	103.759
	采购渠道营运资金周转期	−24.192	−21.16	58.165
	销售渠道营运资金周转期	119.499	107.29	83.755
大规模	应收账款周转期	74.149	57.575	66.466
	存货周转期	86.519	67.07	72.77
	应付账款周转期	73.417	61.52	52.987
	经营活动营运资金周转期（渠道）	73.492	56.835	94.097
	采购渠道营运资金周转期	−30.596	−24.425	57.989
	销售渠道营运资金周转期	90.407	80.595	82.163
总体	应收账款周转期	0.186	72.95	247.485
	存货周转期	0.372	77.19	452.557
	应付账款周转期	0.158	59.42	436.872
	经营活动营运资金周转期（渠道）	0.157	87.357	232.994
	采购渠道营运资金周转期	0.131	−19.063	72.665
	销售渠道营运资金周转期	0.294	98.81	95.886

图 2-10 显示从 2007—2014 年大规模公司经营活动营运资金周转期、采购渠道营运资金周转期、销售渠道营运资金周转期均低于小规模公司，表明大规模公司产品销售能力强，货款回收快，营运资金周转得快；从发展趋势看，经营活动营运资金周转期和销售渠道营运资金周转区均在 2007 年经济最

高涨(GDP 增长率 14.2%)数值最低,以后趋于逐年增加趋势。图 2-11 中从 2001—2014 年大规模公司应收账款周转期、存货周转期、应付账款周转期基本都是三组公司中最低的,且三个指标在 2007 年处于较低值。两图中数据均说明:从规模上看,大规模公司营运资金占用少,周转率高;从时间上看,经济上行时期,营运资金占用少,周转天数短;经济下行时期刚好相反。

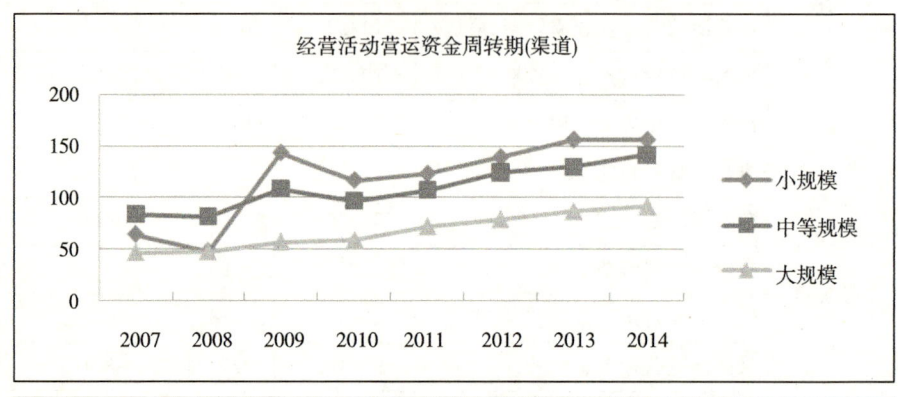

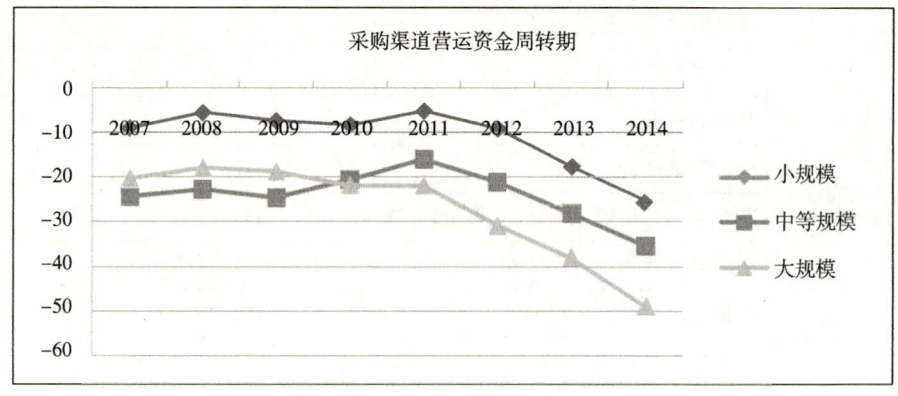

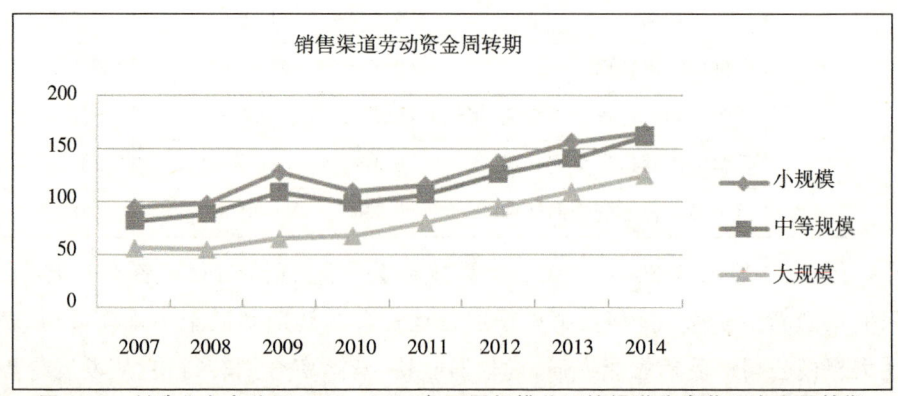

图 2-10　制造业上市公司 2001—2014 年不同规模公司按渠道分类营运资金周转期

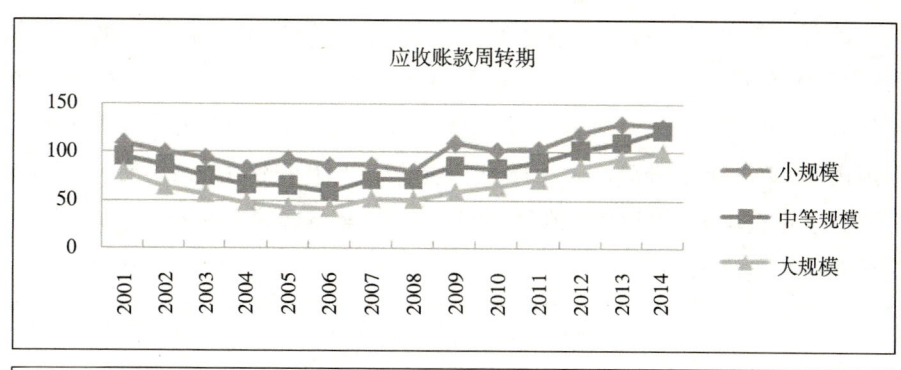

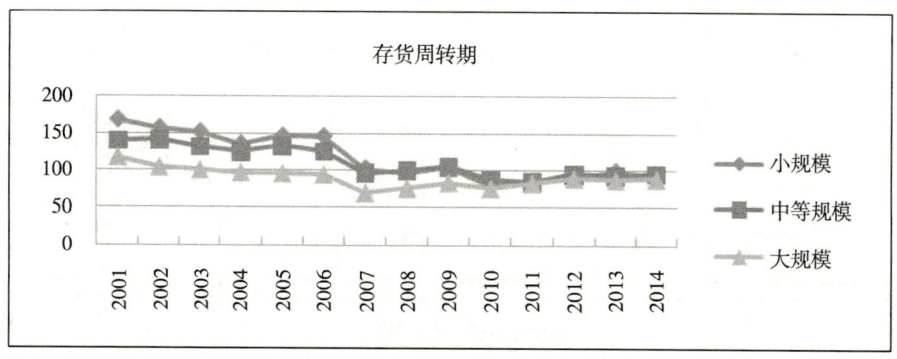

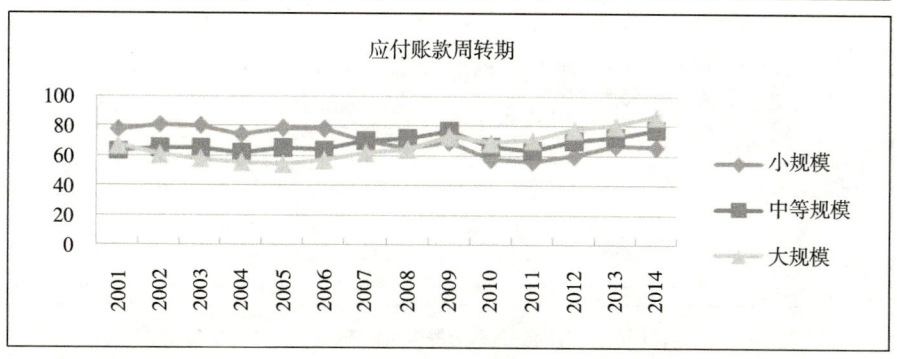

图 2-11 制造业上市公司 2001—2014 年不同规模公司按要素分类营运资金周转期

三、不同产权性质上市公司营运资金特性

不同的产权性质也许会对公司的短期资金安排产生不同的影响,国有企业在融资便利性方面优于非国有企业,国有企业在供应链中的地位一般也优于非国有企业。图 2-12、2-13 说明了不同产权性质下企业的营运资金占用及周转情况。

国有上市公司经营活动营运资金周转期、销售渠道营运资金周转期呈现逐年上升的态势,2001—2014 年两个指标分别由 63.922 天上升到 134.818天,由 74.046 天上升到 125.856 天。而民营上市公司的两个指标分别由 91.733 天上升到 134.818 天,84.735 天上升到 151.93 天。数据表明国有上市公司经营活动及销售渠道营运资金周转快于民营上市公司,经营活动占用资金较少。

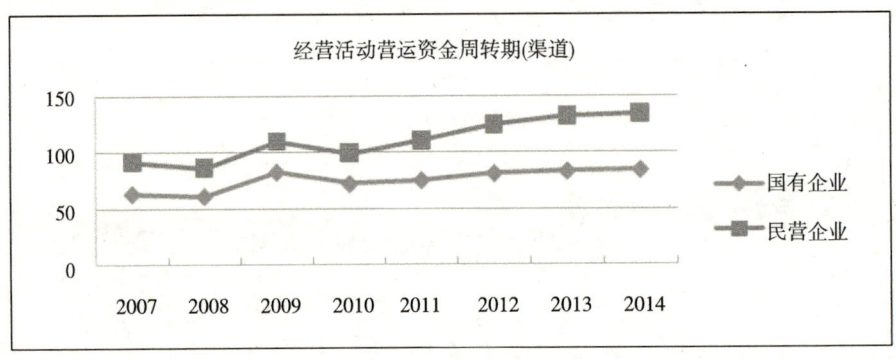

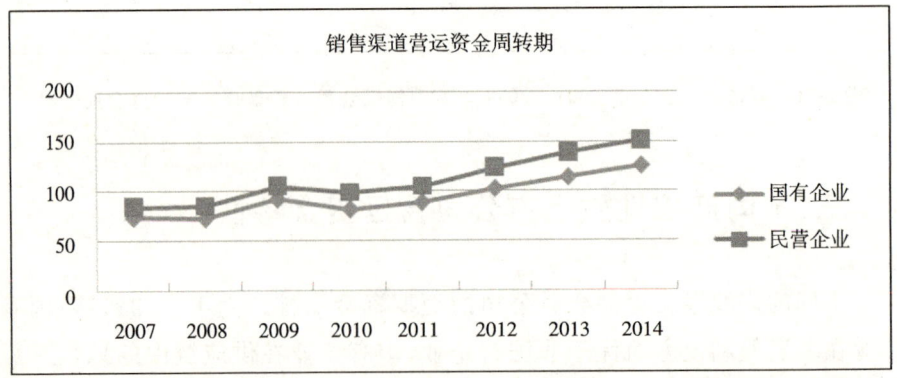

图 2-12 制造业上市公司 2001—2014 年不同所有权性质公司按渠道分类营运资金周转期

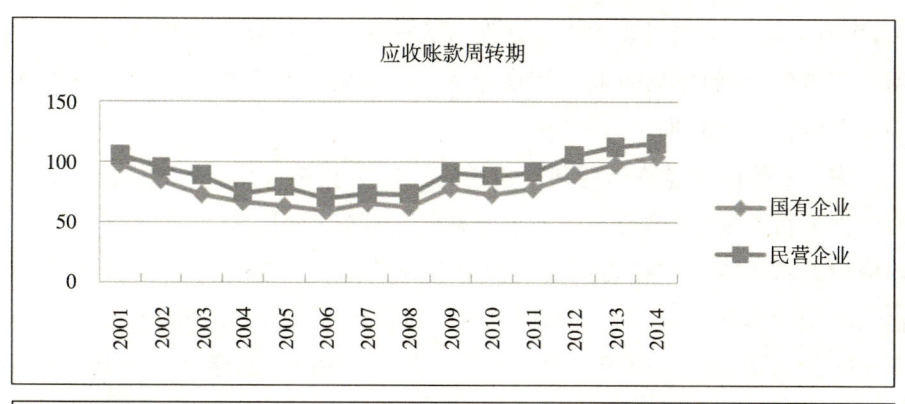

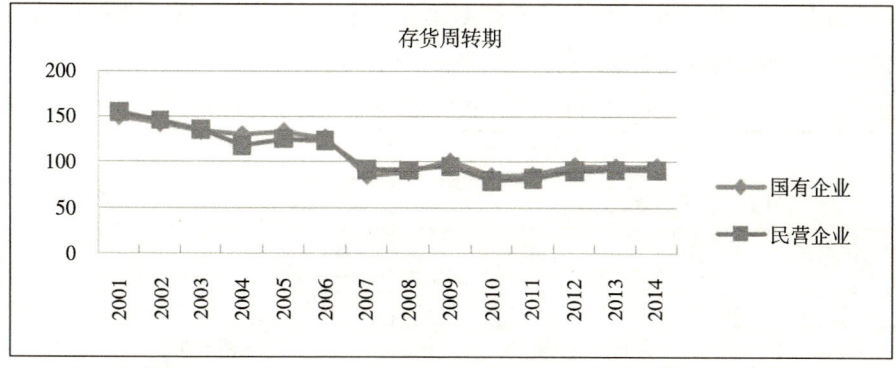

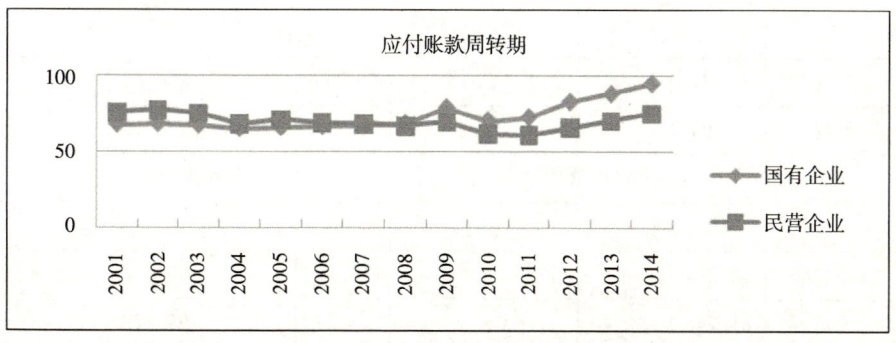

图 2-13　制造业上市公司 2001—2014 年不同所有权性质公司按要素分类营运资金周转期

国有上市公司应收账款周转期低于民营上市公司,且在经济形势较差的 2009 年,两类公司值均达到最高,之后稍微有所下降,一直到 2014 年基本保持平稳趋势;两类公司的存货周转期差别不大。

就采购活动营运资金周转而言,国有上市公司明显慢于民营上市公司,较长的周转期表明民营上市公司采购渠道付款更及时;就应付账款周转期而言,在 2008 年之前,国有上市公司和民营上市公司差别不大;2008 年之后,国有上市公司应付账款周转期明显大于民营上市公司,说明国有企业占用供应链资金,而民营企业利用商业信用获取资金难度也大于国有企业,特别是在经济下行时期。

表 2-8 是按照经济周期和产权性质二次分类统计结果,表中数据显示,在经济下行时期,两类公司的各项营运资金周转期指标均存在显著的差异,除应付账款周转期和存货周转期国有上市公司比民营上市公司稍慢外,其他周转期指标国有上市公司均比民营上市公司小,说明在经济下行时期,国有上市公司营运资金周转得更快。在经济上行时期,营运资金周转各个指标在国有与民营上市公司之间差异基本比下行期小,生产渠道营运资金周转期和应付账款周转期两类公司之间没有差异。

表 2-8 经济周期和产权性质二次分组的统计结果

	采购渠道周转期渠道				经营活动渠道			
	上行		下行		上行		下行	
国有	−23.015	−2.61***	−34.46	−9.675***	69.482	−5.409***	78.56	−16.99***
民营	−16.517		−21.24		96.587		122.95	

	营运资金/资产				销售渠道			
	上行		下行		上行		下行	
国有	0.177	−3.708***	0.155	−9.937***	79.386	−3.906***	100.44	−12.17***
民营	0.194		0.187		93.943		126.79	

	应收账款周转期				存货周转期			
	上行		下行		上行		下行	
国有	68.264	−6.48***	13.96	−2.603***	115.492	1.341*	99.044	3.055***
民营	81.748		17.08		111.372		93.425	

	应付账款周转期				盈利能力			
	上行		下行		上行		下行	
国有	67.46	−0.638	79.864	8.543***	0.0541	−0.053	0.155	−8.838***
民营	68.39		69.409		0.0539		0.187	
民营	0.192		0.108					

四、不同融资约束上市公司营运资金特性

在经济下行时期,企业如果受到融资约束,必然会过多依赖商业信用获取资金。也有学者研究发现,在经济下行时期,受约束上市公司会通过平滑(减少营运资金占用)维持固定资产投资。因此,企业营运资金配置会受到融资约束程度轻重的影响。图 2-14、2-15 列示融资约束程度不同公司营运资金周转情况。基本上无约束上市公司的营运资金周转期较短,周转效率较高。销售渠道营运资金周转期、经营活动营运资金周转期、应收账款周转期尤其明显。从趋势来看,经济形势较好的 2007 年前后营运资金周转得快。

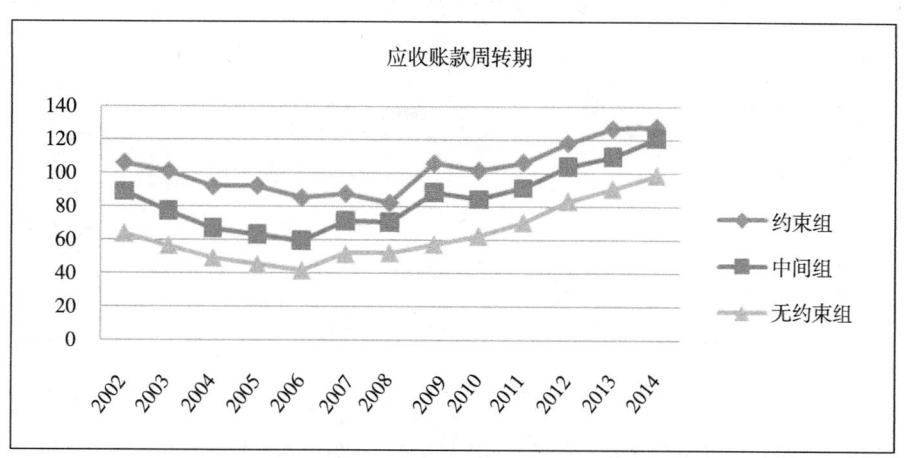

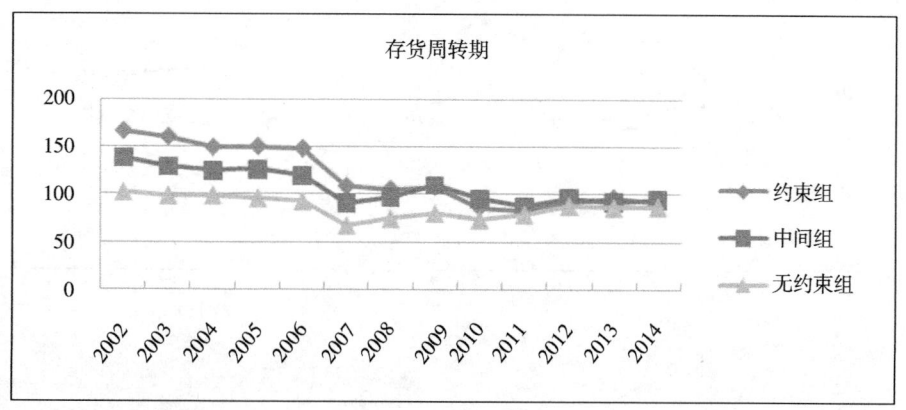

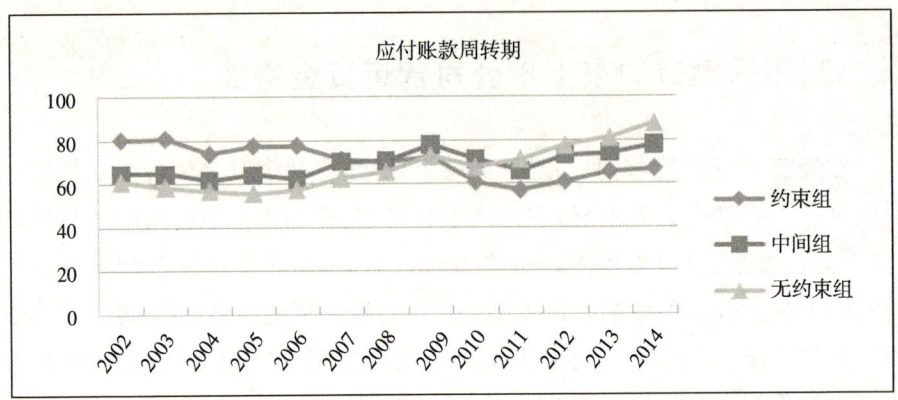

图 2-14 制造业上市公司 2001—2014 年不同融资约束公司按要素分类营运资金周转期

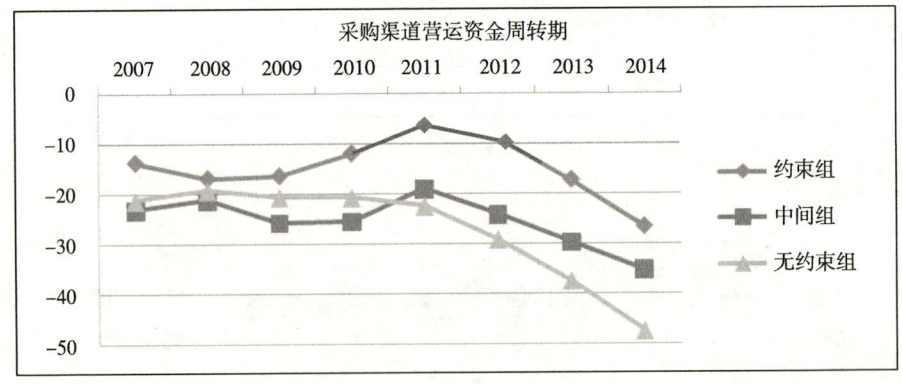

图 2-15 制造业上市公司 2001—2014 年不同融资约束公司按渠道分类营运资金周转期

本章从营运资金的构成特性、营运资金占用、营运资金周转绩效出发，从不同分组角度详细对营运资金的占用及周转周期进行了描述性统计。就总量指标来看，2001—2014 来制造业上市公司流动资产在总资产中均占到一半以上的比例，流动负债与总资产的比值最高年份接近 45%，最低年份为 30%，2001—2007 年流动资产比例下滑，而流动负债比重呈上升趋势，流动负债的增加对整个制造业流动比率的下滑起到了一定的主导作用。这与 2001—2007 年我国外围经济环境和银行信贷政策密切相关，自 2001 年以来银行的信贷政策日趋宽松，企业更容易筹集到短期借款来扩张企业规模，信贷政策的放松在客观上刺激和支持了企业流动负债的需求，促进了流动比率的降低。2008 年美国发生次贷危机对中国经济也造成了一定的负面影响，虽然 2009 年国家出台"四万亿"刺激投资政策，但经济依然出现下滑趋势，融资成本开始增加，从 2008 开始流动资产相对流动负债开始显著增加，特别是 2010、2011 和 2012 年，流动比率超过了 3，这在一定程度上说明宏观经济衰退让企业不得不提高流动比率来应付流动性风险。

营运资金在不同年度波动虽不是很大，但从趋势来看，2007—2008 年的金融危机对营运资金周转绩效产生了较大的负面影响。营运资金管理是理财的第一要务，涉及流动资产与流动负债的管理，如果管理无效，企业的风险会加大。一般说来在经济高涨时期，企业倾向于扩张的政策，减少营运资金占用，提高企业盈利能力；但在经济陷入低谷时，规避风险更是重中之重。说明经济周期性变化必将对企业的营运资金安排与有效管理造成影响。进一步按照上市公司与供应商和客户的关系、上市公司的规模、产权性质以及受到融资约束的轻重来进一步分析企业相关的营运资金占用和周转绩效情况,各自都有一定的差异。表 2-9 和表 2-10 概括了四种划分标准下的比较结果。

表 2-9 供应商和客户关系分组下的营运资金占用和绩效对比

划分标准	供应商关系			客户关系		
	一般交易	一般合作	战略合作	一般交易	一般合作	战略合作
营运资金/总资产	2009 年前最高,之后最低	居中	2009 年前最低,之后最高	最低	居中	最高
营运资金/营业收入	2009 年前最高,之后最低	居中	2009 年前最低,之后最高	最低	居中	最高
应收账款/总资产				最低	居中	最高
存货/总资产	最高	居中	最低	最高	居中	最低
应付账款/总资产	最高	居中	最低			
经营活动营运资金周转期	2011 年前最高,之后最低	居中	2011 年最低,之后最高	最低	居中	最高
采购活动营运资金周转期	居中	最低	最高			
销售活动营运资金周转期				最低	居中	最高
应收账款周转期				最低	居中	最高
存货周转期	最高	居中	最低	最高	居中	最高
应付账款周转期	居中	最高	最低			

表 2-10 不同标准下营运资金周转期比较

划分标准	产权性质		规模			融资约束		
	国有	民营	大规模	中等规模	小规模	约束	中间	无约束
经营活动营运资金周转期	低	高	最低	居中	最高	最高	居中	最低
采购活动营运资金周转期	低	高	最低	居中	最高	最高	2010 年前最低,之后居中	2010 年前居中,之后最低

续表

划分标准	产权性质		规模			融资约束		
	国有	民营	大规模	中等规模	小规模	约束	中间	无约束
销售活动营运资金周转期	低	高	最低	居中	最高	最高	居中	最低
应收账款周转期	低	高	最低	居中	最高	最高	居中	最低
存货周转期	高	低	最低	居中	最高	最高	居中	最低
应付账款周转期	2008年前最低,之后高	2008年前最高,之后低	2009年前最低,之后最高	居中	2009年前最高,之后最低	2009年前最高,之后最低	2009年最高,其他居中	2009年前最低,之后最高

第三章　经济周期、供应链合作关系对营运资金静态配置的影响

西方国家提出的"零营运资本"理论指出企业要保持流动性并不一定要很高的营运资金,只要流动资产和流动负债的数量和期限安排得当,衔接与匹配合理,营运资金周转快(缩短应收账款和存货的周转期,延期支付供应商的货款),就可以保证营运资金的盈利性和流动性。如果流动资产与流动负债在结构上搭配合理,那么将营运资金降低到零甚至为负的水平都可以。该理论固然有道理,但现实要做到"零营运资金"且又保证企业能够偿债其实很难。因此,拥有一定量的营运资金非常重要,但营运资金到底多少才是合理的呢?哪些因素影响企业营运资金静态配置呢?从企业自身的角度来看,营运资金是日常营运的结果;从供应链的角度看,营运资金是依托上下游或者"供应链"上的资金,营运资金管理应重点关注营运(业务过程),而非资金。那上下游的供应商及客户与制造企业的关系紧密程度,以及业务上的配合度必然会影响制造企业的存货、应收款项、应付款项存量、流量,即企业要保证满足销售一定量的储备存货(准确知道需要的库存量),需要供应链管理;企业需要获得及时的供货,需要延期支付货款,需要供应商配合;企业需要加速货款回收,需要客户配合。从宏观经济的角度来看,经济的衰退会冲击供应链及企业与供应商、客户的关系,经济衰退时社会需求减少,企

业的销售量下降，必然影响企业采购、生产、销售乃至该活动所占用的资金①。因此，经济下行时期，企业更应该加强供应链关系管理，从供应链上获取资金供给。

　　从产业组织理论的逻辑来看，企业与上下游的关系给营运资金提供来源、通过缩短供货周期、发货周期可以加速营运资金周转，提高营运资金管理绩效。近些年来，无论是日本的丰田汽车公司，还是国内的苏宁易购、国美电器等大型电器销售商，以及海尔、海信等大型制造商，他们能够在市场上站稳脚跟，无疑都需要持续、与稳定的资金、产品、原料供给、客户支持。然而由于各种因素，如经济环境恶化、融资约束、企业获取流动资金来源（银行借款）等因素的受限，如果此时存货、应收账款等不能及时耗用并变现，或者没有办法获取商业信用，企业在产品市场中的竞争必然受挫。因此，我们认为良好的供应链关系会影响制造企业营运资金静态配置。

　　宏观经济的不确性（波动性较大）一方面会冲击企业与上下游供应商及客户的关系；另一方面正因为经济的衰退，企业与其核心的利益相关者：供应商和客户关系更应该强化与加强，这对他们增加销售、加速营运资金的周转，防止供应链企业资金断裂的意义更加重大。鉴于此，本章结合我国特定的经济周期波动情况，从静态维度探究经济周期波动是如何影响供应链合作关系的，从而引起营运资金静态配置水平发生怎样的变化？经济周期波动、供应链合作关系与营运资金静态配置作用有两条路径（如图 3-1 所示），后续检验就是要证实当前我国制造业上市公司之间关系具体作用机理。

---

① Olayinka Olufisayo Akinlo, "Determinants of Working Capital Requirements in Selected Quoted Companies in Nigeria", *Journal of African Business* (2012), 13(1): 40—50. Miia Pirttilä, Sari Viskari, Lotta Lind and Timo Kärri, "Benchmarking Working Capital Management in the Inter-Organisational Context", *Int. J. Business Innovation and Research* (2014), 8(2): 119—134.

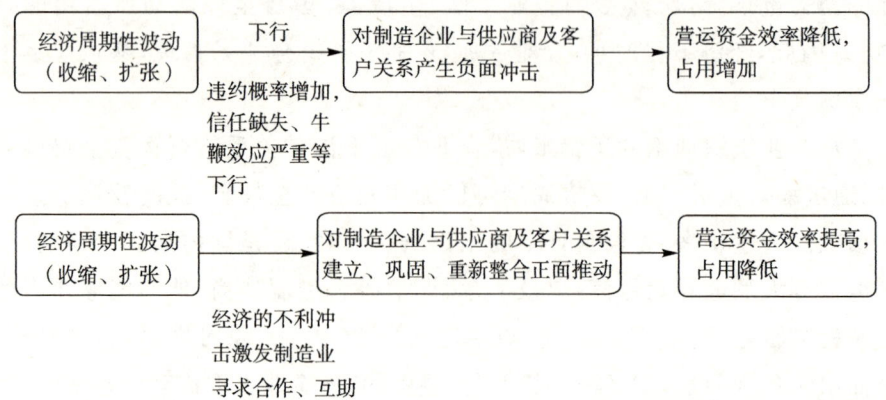

图 3-1　经济周期波动影响供应链合作关系、营运资金静态配置的传导路径

第一节　理论分析与研究假设

　　从第一章的理论分析中我们知道:宏观经济的周期性波动引起的经济时而扩张、时而收缩,这对企业营运资金构成要素影响存在明显的差别,通常在扩张(上行)时期,长期性的营运资金较多,流动性较少;而在衰退期(下行)经营性流动负债可能会增加,流动性的流动资产会增加;如果发生严重的经济危机,那么企业的营运资金管理受到的冲击更大。传统的营运资金管理,如关于存货模型、应收账款最优信用政策的制定,应付账款现金折扣的放弃与否,这些规则必然受到经济危机的冲击。而学者的研究指出,经济的下滑或者危机其实对营运资金各个项目的影响除了直接作用外,更重要的是因为经济危机的发生易导致供应链成员之间信任缺失(信任是供应链合作关系的基础①。如果企业间真正相互信任,那么交易伙伴关系会比较长久。而随着合作关系的断裂,就会导致营运资金管理出现问题。在经济危机下,由于整个社会需求减少,销售困难,产品积压严重,为了应对风险,企业也更会有意愿选择合适的供应链合作伙伴,依托供应链形成资金供给,

---

①　Robert J. Vokurka,"Supply Partnership:A Case Study",*Production and Inventory Management*(1998),39(1):30—35. 王竹泉,张欣怡:《业务流程管理对营运资金管理的影响机理研究》,载《财务与会计》理财版,2011年第5期,第15～18页。

利用供应商管理库存,进行客户关系管理等重新整合供应链,从而提高协同能力等以缓解经济危机负面影响。因此,经济周期波动对供应链关系的冲击具有两面性:一种是破坏,一种是促使建立、重构巩固与整合。

近些年来,受宏观经济因素的影响,传统的营运资金管理模式已经无法适应经济的发展,而创新的营运资金管理研究主要是围绕供应链、供应链关系、供应管理展开的。Wadhwa & Kanda 等(2006)研究发现与客户合作可以显著降低占用在存货上的资金[1]。李心合(2012)指出营运资金管理决策中纳入供应链才能恢复营运资金本来的面目[2]。金融危机的冲击对供应链合作关系的影响主要表现在:企业原有的合作伙伴倒闭导致供应链断裂,不履行合作契约在一定程度上损害企业利益。利益分配不均导致合作决裂,供应链崩溃。王竹泉、刘文静(2009)认为在出现金融危机时,通过供应链获取资金是提高营运资金管理的有效方式[3]。马新生(2000)指出与供应商关系的协调不仅可以减少制造企业的库存,还可以延长制造企业的货款支付时间;与少量的供应商建立战略伙伴关系,可减少交易费用、管理费用、库存,以降低成本,从而降低产品的价格,减少采购渠道上企业营运资金的占用。[4] 企业的供应商越集中越说明彼此相互信任,该企业可以获得较多的商业信用。从市场需求角度出发,获取商业信用(制造商向上游供应商的应付款项)具有替代性融资功能,特别是融资约束较高的企业,由于难以获得银行借款,他们主要依赖上游供应商提供的商业信用。王苑琢和王竹泉(2014)认为供应商关系对营运资金管理的影响主要体现在:供应商关系会影响企业与供应商之间的资源共享,从而影响企业的存货占用水平;供应商关系会影响企业与供应商之间的业务流程,从而影响不创造价值作业的资金占用水平;供应商关系会影响企业与供应商之间的信息传递,从而影响经

---

[1] Wadhwa S., Kanda A., Bhoon K. S., Bibhushan, "Impact of Supply Chain Collaboration on Customer Service Level and Working Capital", *Global Journal of Flexible Systems Management* (2006), 7(1-2): 27-35.

[2] 李心合:《嵌入供应链的营运资金管理》,载《会计之友》,2012 年第 12 期上,第 21~23 页。

[3] 王竹泉,刘文静等:《中国上市公司营运资金管理调查:2007-2008》,载《会计研究》,2009 年第 9 期,第 51~57 页。

[4] 马新生:《供应链合作伙伴关系与合作伙伴选择》,载《工业工程与管理》,2000 年第 4 期,第 33~36 页。

营活动资金占用。① 供应商管理库存和准时采购能最大限度地消除浪费,降低库存,从而实现零库存。海尔公司在供应链管理方面算是推行的比较好的公司,该公司推行的准时采购政策使采购周期由原来的 10 天减少到了 3 天,同时供应商可以在网上查询库存,根据订单和库存情况及时补货。因此 1998 年海尔获得了中国冰箱史上的第一块金牌,这与它实施 JIT 采购、提高订单速度是分不开的。不过公司应该及时支付货款以维护与供应商的关系。上述分析说明,宏观经济的冲击一方面会使合作关系中断,影响营运资金,一方面会因为冲击的存在,使企业更加注重建立起良好的关系,共同渡过难关。基于此,提出本文的研究假设 3.1。

假设 3.1:在其他条件相同情况下,与经济上行时期相比,下行时期制造企业的供应商集中度更高(维护与供应商的关系),从而使营运资金占用更少。

有研究认为供应链下游关系与核心企业营运资金业绩之间是负相关关系,原因是客户在市场中处于优势的地位(买方市场的形成),供应商(制造企业)得看客户脸色行事,因此两者关系如果不对等,客户集中度越高越有可能迫使制造业(卖方)给客户提供过长的信用政策,允许其延期支付货款等②,反而降低了营运资金管理绩效。张敏和马黎裙(2012)的研究也表明,客户集中度越高,企业向客户提供的商业信用就越多,应收账款占用资金也会越多,进而降低企业价值③。赵秀云和鲍群(2014)研究发现,客户集中度越高,供应商更倾向于持有更多现金以履行对客户的承诺并防范客户流失风险。④ 因此,客户较集中被认为阻碍上游企业的业绩,原因是大客户如果中止交易,或者与竞争对手联合,上游企业会因忽然失去这些客户,销售量

---

① 王苑琢,王竹泉:《供应商关系视角的资金管理策略》,载《财务与会计》(理财版),2014 年第 3 期,第 12~14 页。

② Sari Monto and Leena Tynninen, "Visualising Working Capital at the Customer Level", *Internatiool Journal of Applied Management Science*(2014),6(2):118—135.

③ 张敏,马黎裙,张胜:《供应商_客户关系与审计师选择》,载《会计研究》,2012 年第 12 期,第 81~86 页。

④ 赵秀云,鲍群:《供应商与客户关系是否影响企业现金持有水平》,载《江西财经大学学报》,2014 年第 5 期,第 41~48 页

便会急剧下降,①使企业经营活动循环中断,企业陷入资金短缺财务危机。众所周知,著名的沃尔玛创造的业绩其实是通过拼命压低供应价格而创造出来,该案例说明客户地位的强势对上游企业的制约。因此,客户比较集中的企业,固然产品有比较稳定的销售去向,但主要客户(特别垄断企业销售市场)的议价能力也很强,这可能迫使供应商企业让步,从而给企业带来较高的经营与财务风险。② 赵自强和程畅(2014)研究发现我国制造业上市公司与主要供应商的关系越密切,所持有的营运资金越少;与主要客户的关系越密切,所持有的营运资金越多。③

但与客户建立良好的关系使制造商清楚地知道客户的需求(特别是宏观经济下行时期),从而使开发新产品更具有目标性,这样有利于及时掌握客户的需求变化以减少库存、削减销售费用、降低经营风险;通过战略客户关系的建立以及有效的客户反应,可以有效降低企业产品上市及流通的时间,明显降低销售环节营运资金的占用。通常下游客户掌握更多、更准确的消费者需求、偏好信息。他们愿意与制造业分享这些信息的前提是双方之间有长期的战略合作关系,双方之间有高度的信任。制造商获得了这些信息后,通过使用能使下游客户受益。如此一来,制造商可以生产出适合客户需要的产品,客户也会及时采购相应的产品,从而加速产品流转,减少成品资金占用。企业与主要客户的关系越好,越能提高本企业资产(存货、应收款项)的利用率,资金周转回收越快,盈利能力越得到提升④。Lotta & Miia 等(2012)认为营运资金周转期过长,占用资金过多,主要原因在存货;与客

---

① Maksimovic V. Titman S, "Financial Policy and Reputation for Product Quality", *Review of Financial Studies*(1991), 4(1)175~200. Hertzel M. G, Li Z., Officer M. S., K. J. Rodgers, "Inter-Firm Linkages and the Wealth Effects of Financial Distress along the Supply Chain", *Journal of Financial Economics*(2008), 87(2): 374-387.

② Piercy, N., and N. Lane "The Underlying Vulnerabilities in Key Account Management Strategies", *European Management Journal*(2006), 24(2-3):151-162. 唐跃军:《供应商、经销商议价能力与公司业绩—来自2005—2007年中国制造业上市公司的经验证据》,载《中国工业经济》,2009年第10期,第67~76页。

③ 赵自强,程畅:《上下游企业关联度与企业营运资金、股利分配和财务风险的关系—基于中国制造业上市公司数据的实证分析》,载《技术经济》,2014年第9期,第113~118页。

④ Patatoukas, P. N, "Customer-Base Concentration: Implications for Firm Performance and Capital Markets", *The Accounting Review*(2012), 87(2):363-392.

户保持良好的关系,有利于加速存货的周转。① 基于此提出假设 3.2。

假设 3.2:在其他条件相同的情况下,与经济上行时期相比,下行时期制造企业的客户集中度更高(维护与客户的关系),从而使营运资金占用更少。

第二节 "中介效应"模型设定

一、变量选择与模型设定

1. 被解释变量

根据前文假设的分析,被解释变量为制造行业企业的营运资金,营运资金从构成来看,包括两个方面:一是营运资金占用(投入),主要指占用在应收款项、存货、预付账款等流动资产上的资金;二是营运资金提供(来源),主要指应付款项、预收账款。大多数学者对营运资金需求的选择,用应收账款与存货之和减去应付账款代替。本章中,我们将采用营运资金占用、营运资金提供、营运资金需求(营运资金占用－营运资金提供)、采购渠道占用资金、销售渠道占用资金 5 个指标来衡量营运资金静态配置情况,研究经济周期波动如何直接、间接通过供应链合作关系影响企业的营运资金静态配置情况。

2. 主要解释变量

(1)经济周期

实证研究中通常使用 GDP 的年增长率来划分经济周期。一是从各景气指标的水准出发,用某个基准线来衡量,高于基准线的是繁荣期或景气期,低于基准线的是衰退期或不景气期。如江龙和刘笑松(2011)把 2000、2001、2002、2008、2009 年 GDP 增长率低于 10% 的年份定义为衰退期;2006、2007 年 GDP 增长率较高(超过 10%)定义为扩张期。陈武超(2013)

---

① Lotta Lind, Miia Pirttil, Sari Viskari, Florian Schupp, "Working Capital Management in the Automotive Industry: Financial Value Chain Analysis", *Journal of Purchasing & Supply Management*(2012),(18):92－100.

把 2000—2002 年,2008—2009 年归为收缩期,2003—2007 年,2010—2011 年归为扩张期。张文君(2014)认为 GDP 增长率 2001、2002、2009 处于历史最低,该三年为衰退期,2005、2006、2007 三年中 GDP 增长率高于 11%,该三年为繁荣期。以上学者划分经济周期的方法都是按照设定 GDP 增长率的基准线来衡量的,高于基准定义为繁荣期,低于基准线定义为衰退期,用的是两阶段法。

二是从各景气指标的变化方向出发,从波谷到波峰的期间为上行期,从波峰到波谷的期间为下行期。波峰到波谷或波谷到波峰的期间长度为一个阶段,而两个相同的转折点之间的期间称为一个周期。刘树成(2009)把经济增长率处于上升阶段的 2000—2007 年定义为上行期,2008—2009 年经济增长率下降的阶段定义为回落期,2010—2011 年为新一轮经济周期开始(刘树成,2011)①。近年来,我国学者对经济周期的研究中,采用"谷—谷"分法的较多。②

本书中经济周期波动的度量参考第一种划分标准,以 GDP 增长率是否高于 10% 进行划分,高于 10% 的 2004—2007 年,2010 定义为上行期,其他年份为下行期,稳健性检验中用"谷—谷"划分法。

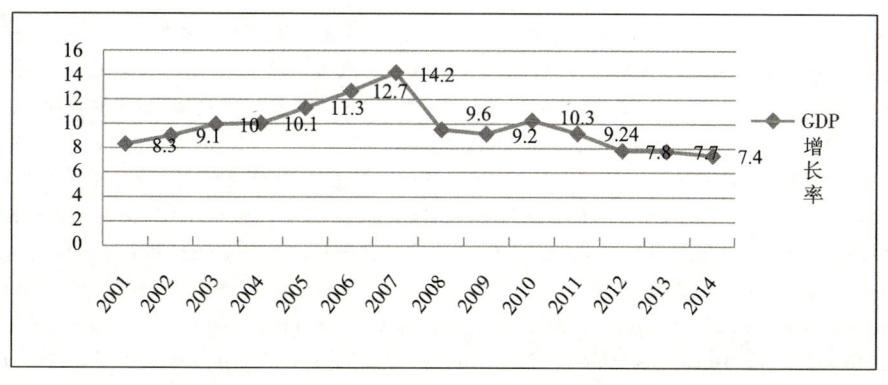

图 3-2 2001—2014 年中国实际 GDP 增长率情况

---

① 刘树成:《新中国经济增长 60 年曲线的回顾与展望——兼论新一轮经济周期》,载《经济学动态》,2009 年第 10 期,第 3~10 页。
② 刘树成:《2011 年和"十二五"时期中国经济增长与波动分析》,载《经济学动态》,2011 年第 7 期,第 20~26 页。

(2) 供应链合作关系

供应链合作关系的度量是本文中一个非常关键的问题,通常有两种方法度量该变量:一是基于问卷调查,二是基于外部数据或会计报表数据的实证研究法。第一种方法所作的研究或是采用企业的自己报告,或是通过研究者调查获取的指标来衡量企业实施供应链管理的受益程度。很多学者先给定供应链合作关系的度量维度,如信任、合作意愿和未来期许等,然后采用调查问卷打分的形式度量供应链合作关系[1]。这类衡量指标主观性较大,因此缺乏可靠性[2]。第二种方法由于原始数据的来源较为客观,因此得到比较普遍的应用,如利用年报财务数据,采用向前五大供应商采购额占比例和向前五大客户销售的占比例来说明供应链合作关系。[3] 另外还有学者采用内容分析法,根据报表报出字段打分确定供应链管理应用情况,但采用该种方式受限于报表中说明的字段,很多公司对该类字段并没有列示,所以样本量大大降低。[4]

通过查阅中国上市公司年报发现,大部分企业披露了核心供应商(前五大)的信息,考虑数据的可得性,本书采用上市公司向前五大供应商采购额

---

[1] 叶飞,李怡娜:《供应链伙伴关系、信息共享与企业运营绩效关系》,载《工业工程与管理》,2006 年第 6 期,第 89～95 页。潘文安:《供应链伙伴关系、整合能力与合作绩效的实证研究》,载《科技进步与对策》,2006 年第 5 期,第 105～108 页。曾令杰,马士华:《供应链合作关系相关因素对协同的影响研究》,载《工业工程与管理》,2010 年第 2 期,第 1～7 页。胡海青,薛萌,张琅:《供应链合作关系对中小企业营运资本的影响研究》,载《经济管理》,2014 年第 8 期,第 54～56 页。Fynes B, S. de Búrca, C. Voss, "Supply Chain Relationship Quality, the Competitive Environment and Performance", *International Journal of Production Research* (2005), 43(16): 3303—3320. VereeckeA, Muylle S, "Performance Improvement through Supply Chain Collaboration: Conventional Wisdom Versus Empirical Findings", *International Journal of Operations & Production Management* (2006), 26(11): 1176—1198.

[2] Scannell, T. V., Vickery S. K. and C. L. Droge, "Upstream Supply Chain Management and Competitive Performance in the Automotive Supply Industry", *Journal of Business Logistics* (2000), 21(1): 23—48.

[3] 陈正林,王彧:《供应链集成影响上市公司财务绩效的实证研究》,载《会计研究》,2014 年第 2 期,第 49～56 页。庄伯超,余世清,张红:《供应链集中度与资金营运和经营绩效——基于中国制造业上市公司的实证研究》,载《软科学》,2015 年第 3 期,第 9～14 页。

[4] 宋华,刘林艳,李文青:《企业国际化、供应链管理实践与企业绩效关系——基于中国上市公司面板数据的研究》,载《科学学与科学技术管理》,2011 年第 10 期,第 142～150 页。

占年度采购总额的比例作为企业与其核心供应商关系强度的替代变量,上市公司向前五大客户销售额占年度销售总额的比例作为企业与客户关系强度的替代变量。

(3)控制变量

公司层面的控制变量主要考虑与营运资金管理有关的因素,如公司的规模[1]、盈利能力[2]和成长性、市场竞争力、固定资产比重等。上述变量具体定义见表 3-1,按照变量之间的关系,基本模型设定如下:

$$WCR = \alpha + \beta_0 Macro + \beta_1 Supp + \beta_2 Lsize + \beta_3 Lev + \beta_4 Fa + \beta_5 Grow + \beta_6 Roe + \beta_7 Market + \beta_8 Cflow + \beta_9 Fcost + \sum Indu.\beta_a + \varepsilon \quad 模型(3\text{-}1)$$

$$WCR = \alpha + \beta_0 Macro + \beta_1 Custo + \beta_2 Lsize + \beta_3 Lev + \beta_4 Fa + \beta_5 Grow + \beta_6 Roe + \beta_7 Market + \beta_8 Cflow + \beta_9 Fcost + \sum Indu.\beta_a + \varepsilon \quad 模型(3\text{-}2)$$

表 3-1 主要变量计算表

变量	符号	变量定义及计算公式
被解释变量:		
营运资金需求	WCR	(应收票据+应收账款+存货+预付账款)−(应付账款+应付票据+预收账款)/营业收入
营运资金提供	WCS	(应付账款+应付票据+预收账款)/营业收入
采购渠道占用资金	Buy_WC	(原材料存货+预付账款−应付款项)/营业收入
销售渠道占用资金	Sale_WC	(产成品存货+应收款项−预收账款)/营业收入
解释变量:		
经济周期波动	Macro	2004—2007 年,2010 为上行时期取值 0,其他取值为 1

---

[1] Chiou, J. R., & Cheng, L, "The Determinants of Working Capital Management", *Journal of American Academy of Business* (2006), 10(1): 149~155. 。Nazir M. S., Afza T, "On the Factor Determining Working Capital Requirements", *Proceedings of ASBBS* (2008), 15(1): 293—301.

[2] Nazir M. S., Afza T, "On the Factor Determining Working Capital Requirements", *Proceedings of ASBBS* (2008), 15(1): 293~301. 。Hashem Valipour, Javad Moradi and Fatemeh Dehghan Farsi, "The Impact of Company Characteristics on Working Capital Management", *Journal of Applied Finance & Banking* (2012), 2(1): 105—125.

续表

变量	符号	变量定义及计算公式
供应商关系	Supp	供应商集中度:企业向前五大供应商采购额占采购总额的比
客户关系	Custo	客户集中度:企业向前五大客户销售额占主营业务收入的比
控制变量:		
公司规模	Lsize	公司总资产对数
财务杠杆	Lev	总负债/总资产
固定资产比重	Fa	固定资产/总资产
成长性	Grow	(本期营业收入－上期营业收入)/上期营业收入
市场竞争力	Market	销售费用/总资产
经营活动现金流	Cflow	经营活动现金流量/总资产
融资成本	Fcost	财务费用/(总负债－应付账款)

模型(3-1)、(3-2)中的$\sum Indu$为控制行业因素影响的哑变量,其系数β_a为影响力的参数估计,其他变量的选取依照表3-1。对于假设4.1和假设4.2的检验,我们需要考察Macro是否直接影响营运资金静态配置,是否通过Supp、Custo传导作用影响营运资金静态配置。如果影响存在,对营运资金占用和营运资金提供,采购渠道占用资金和销售渠道占用资金的影响分别是什么?因此,统计推断部分我们将借鉴"中介效应"检验方法调整模型(3-1)和模型(3-2)中的被解释变量。就基本关系而言,整个检验中我们预测Supp、Custo与Macro正相关,WCR与Supp负相关,与Custo负相关,并进一步在不同所有权性质的子样本中进行了检验。

二、样本选择与数据来源

本章选取沪深两市2001—2014年制造业上市公司作为研究样本。公司层面的财务数据均来源于国泰安数据库(CSMAR),向前五大客户销售额占年度销售总额的比重、向前五大供应商采购额占采购总额的比重是从2001—2014年各上市公司年度财务报告中手工搜集的,年报下载来源为:巨潮资讯网站、深圳证券交易所网站(http://www.szsc.cn)。宏观数据

GDP 主要来源中华人民共和国国家统计局(http://data.stats.gov.cn/)。在样本选择时,作如下处理:①剔除同时在香港或者海外上市的企业;②提出资产负债率大于100%的公司;③剔除样本缺失的企业;④剔除少于连续两年有样本的企业。据此,向前五大供应商采购额占比缺失数据较多,剔除缺失公司数据,共获得12206个观测值;披露客户信息的企业较多,向前五大客户销售额占比,剔除缺失公司数据,共获得13380个观测值。另外考虑异常值对回归结果的影响,对连续变量进行上下1%的winsorize处理。

第三节 实证结果分析

一、描述性统计

采用2001－2014年两市制造行业上市公司报告的财务数据,对经济周期不同阶段公司营运资金需求、营运资金投入、营运资金来源等指标作比较,结果如表3-3。

表3-2 主要变量描述性统计

变量	mean	sd	p50	min	Max
WCR	0.351	0.333	0.286	−0.27	1.781
WCI	0.617	0.392	0.52	0.104	2.289
WCS	0.266	0.191	0.216	0.027	1.09
Buy_WC	0.116	0.239	0.077	−0.41	1.123
Sale_WC	0.501	0.341	0.427	0.016	1.952
Supp	0.36	0.197	0.32	0.059	0.927
Custo	0.296	0.195	0.242	0.037	0.922
Lsize	21.498	1.103	21.365	19.296	24.957
Lev	0.432	0.204	0.43	0.05	0.957
Fa	0.272	0.151	0.246	0.024	0.682
Grow	0.135	0.263	0.128	−0.631	1.154
Roe	0.057	0.062	0.055	−0.191	0.244

续表

变量	mean	sd	p50	min	Max
Market	0.068	0.072	0.045	0.002	0.39
Cflow	0.047	0.07	0.045	−0.159	0.25
Fcost	0.007	0.079	0.026	−0.482	0.103

表 3-3 数据显示,经济上行时期营运资金占用(应收款项、存货、预付款项)、提供(应付款项、预收款项)、采购渠道占用的营运资金都比经济下行期大,从而净营运资金量大于下行期;从增量来看,经济上行期,营运资金占用、提供、采购渠道、销售渠道等占用的营运资金变化都是负向的,但下行时期基本都是正向的,说明经济上行期,企业营运资金占用相比收入是减少的,管理效率提高,表明经济周期波动与营运资金之间有一定的关联性。

表 3-3 经济周期不同阶段企业营运资金比较

		上行	下行	T	Z
营运资金需求	均值	0.356	0.348	1.291*	
	中位数	0.272	0.293		15.464***
营运资金占用	均值	0.625	0.613	1.691**	
	中位数	0.509	0.526		5.119**
营运资金提供	均值	0.268	0.265	0.961	
	中位数	0.219	0.214		2.3998
采购渠道占用资金	均值	0.116	0.11	4.027***	
	中位数	0.007	0.074		8.022***
销售渠道占用资金	均值	0.501	0.503	−1.206	
	中位数	0.427	0.439		22.383***
Δ营运资金需求	均值	−0.023	−0.003		
Δ营运资金占用	均值	−0.0252	0.01		
Δ营运资金提供	均值	−0.003	0.013		
Δ采购渠道占用资金	均值	−0.002	−0.013		
Δ销售渠道占用资金	均值	−0.027	0.016		

注:*、**、*** 分别表示在10%、5%和1%水平上显著;T 值为各指标均值差异显著性的检验值,Z 值为各指标中位数差异显著性检验值。

二、相关系数分析

基于 2001—2014 年的数据,主要变量之间的相关系如表 3-4 所示。

总体而言,除 WCR、与 WCI、WCS、Buy_WC、Sale_WC 之间,WCI、Sale_WC 与 Cflow 之间,WCS 与 Lev 之间,Lsize、Roe、Cost 与 Lev 之间,Roe 与 Grow 之间的相关系较高外,其他变量间的相关系数均低于 0.3,可以认为下文针对其他关键变量(Supp,Custo,Macro)进行的推断分析不会受到多重共线性的影响。解释变量中,Macro 与营运资金各个变量之间均存在显著负相关关系,即经济周期波动可能会影响企业的营运资金投入及来源,Supp 与 WCI、Sale_WC 存在显著负相关关系,Custo 与营运资金各个变量(除采购渠道占资金外)均呈正相关关系,即供应链合作关系影响营运资金占用与提供。

表 3-4　各主要变量相关系数表

	WCR	WCI	WCS	Buy_WC	Sale_WC	Macro	Supp	Custo	Lsize	Lev	FA	Grow	Roe	Market	Cflow	Fcost
WCR	1															
WCI	0.863 0	1														
WCS	0.026 0.003	0.508 0	1													
Buy_WC	0.666 0	0.530 0	0.360 0	1												
Sale_WC	0.878 0	0.928 0	−0.110 0	0.400 0	1											
Macro	0.108 0	0.130 0	−0.145 0	−0.085 0	−0.113 0	1										
Supp	0.367 0	−0.062 0	0.256 0	0.032 0.0004	−0.058 0	−0.054 0	1									
Custo	0.008 0.367	−0.122 0	−0.010 0.256	−0.019 0.025	0.147 0	0.011 0.204	0.265 0	1								
Lsize	−0.138 0	−0.196 0	0.076 0	−0.156 0	−0.217 0	0.190 0	−0.204 0	−0.190 0	1							
Lev	−0.274 0	−0.155 0	−0.095 0	−0.069 0	−0.160 0	−0.100 0	−0.008 0.425	−0.097 0	0.308 0	1						
FA	−0.194 0	0.024 0.006	0.390 0	−0.136 0	−0.257 0	−0.172 0	0.065 0	−0.082 0	0.113 0	0.251 0	1					
Grow	−0.243 0	−0.285 0	−0.148 0	−0.159 0	−0.041 0	−0.127 0	−0.090 0	−0.01 0.536	0.073 0	0.005 0.613	−0.013 0.14	1				
Roe	−0.130 0	−0.248 0	−0.284 0	−0.003 0.737	−0.237 0	0.053 0	−0.022 0.018	0.047 0	0.090 0	−0.309 0	−0.127 0	0.329 0	1			
Market	0.171 0	0.126 0	−0.040 0	0.097 0	0.140 0	0.026 0.002	−0.122 0	−0.236 0	−0.130 0	−0.176 0	−0.182 0	−0.047 0	0.065 0	1		
Cflow	−0.275 0	−0.311 0	−0.160 0	−0.131 0	−0.315 0	−0.064 0	0.0002 0.986	−0.058 0	0.081 0	−0.094 0	0.190 0	0.092 0	0.378 0	0.041 0	1	
Fcost	−0.039 0	0.004 0.665	0.078 0	−0.020 0.023	−0.006 0.515	−0.159 0	−0.033 0.000	−0.066 0	0.108 0	0.466 0	0.295 0	0.019 0.038	−0.087 0	−0.122 0	−0.017 0.054	1

三、"中介效应"基本检验

本文借鉴使用管理学研究中常使用的"中介效应"模型。国内实证研究中对中介效应检验大多数是借鉴温忠麟(2004)提出的检验方法[①]。图 3-3 中,a 是 X 对 Y 的总效应,b、c 是经过中介变量 Mediator 的中介效应,á 是直接效应。检验步骤是看 X 与 Y 之间系数 a 是否显著,如果显著再检验 b、c,b、c 都显著,检验 á,á 显著中介效应成立;á 不显著完全中介。b、c 至少一个不显著,需要做 Sobel 检验 z-value = $b * c/\mathrm{SQRT}(c^2 * s_b^2 + b^2 * s_c^2)$(具体见图 3-3)。

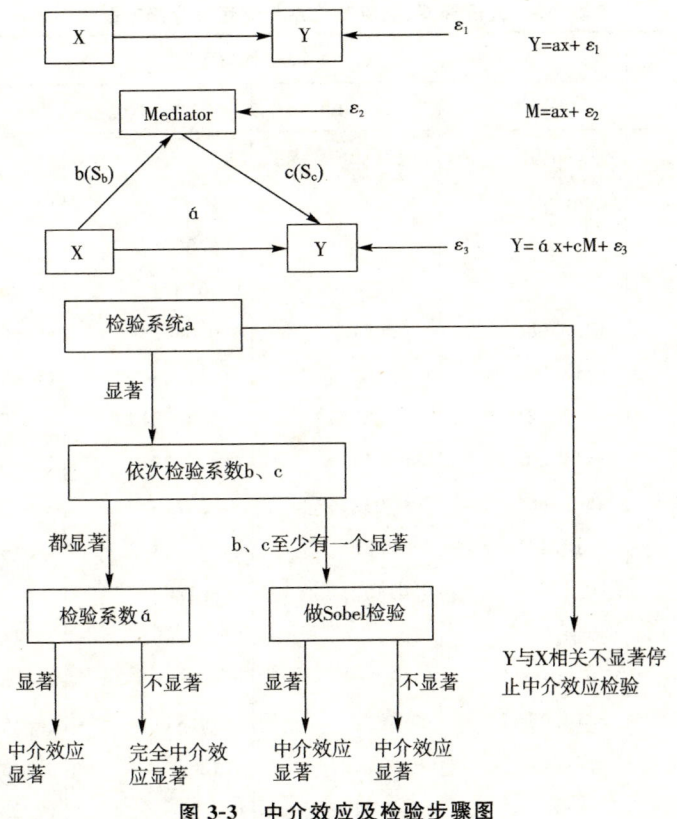

图 3-3 中介效应及检验步骤图

---

① 温忠麟:《效应检验程序及其应用》,载《心里学报》,2004 年第 36 卷第 5 期,第 614~620 页..

利用图中变量之间关系,应用到本章中,具体分析如下:宏观经济周期波动情况特别发生严重的经济危机,对企业供应链合作关系产生很大影响。如果供应链受到冲击,那么供应链断裂必然影响制造企业原材料采购、产成品的销售、应收账款的回收、获取商业信用等;如果宏观经济的冲击使企业更关注维护、整合与供应商及客户的关系,那么整个供应链上企业的营运资金管理成本必然降低。本章主要验证经济周期波动是否通过影响供应链合作关系(正面影响还是负面影响)进而引起了制造企业营运资金占用与营运资金提供的变动。

本章模型(3-1)和模型(3-2)中,采用2001—2014年度数据,供应商关系和客户关系是部分中交效应的中介变量,回归结果见表3-5、表3-6。

表3-5 经济周期、供应商关系与营运资金静态配置

变量	被解释变量			
	WCR	Supp	WCR	WCR
Macro	-0.0407***	0.0131***		-0.0400***
	(-8.00)	(4.54)		(-7.86)
Supp			-0.0606***	-0.0539***
			(-3.33)	(-2.97)
Lsize	-0.0508***	-0.0513***	-0.0642***	-0.0536***
	(-12.23)	(-21.73)	(-15.84)	(-12.59)
Lev	-0.3192***	-0.0273**	-0.3053***	-0.3206***
	(-14.20)	(-2.14)	(-13.59)	(-14.26)
Fa	-0.2868***	-0.0527***	-0.2719***	-0.2897***
	(-10.44)	(-3.38)	(-9.90)	(-10.54)
Grow	-0.1350***	0.0145***	-0.1208***	-0.1343***
	(-14.81)	(2.79)	(-13.45)	(-14.72)
Roe	-0.5076***	0.0131	-0.4955***	-0.5069***
	(-10.08)	(0.46)	(-9.81)	(-10.07)
Market	0.1828**	-0.1792***	0.1585**	0.1731**
	(2.52)	(-4.34)	(2.17)	(2.38)
Cflow	-0.6524***	0.0054	-0.6575***	-0.6521***
	(-17.20)	(0.25)	(-17.28)	(-17.20)

续表

变量	被解释变量			
	WCR	Supp	WCR	WCR
Fcost	0.3484***	−0.0499	0.3317***	0.3457***
	(6.34)	(−1.59)	(6.02)	(6.29)
Constant	1.7640***	1.4913***	2.0351***	1.8444***
	(20.05)	(29.81)	(22.86)	(20.05)
行业	控制	控制	控制	控制
F	167.1***	67.21***	160.37***	151.44***
观测值	10872	10872	10872	10872
调整 R^2	0.14	0.06	0.13	0.14

注：(1) *、**、*** 分别表示在10%、5%、1%水平上显著，括号中的为 t 值。(2) 被解释变量为营运资金需求（WCR），用"（应收款项＋存货＋预付账款－应付款系－预收账款）/营业收入"表示。

具体而言，经济周期波动直接影响营运资金静态配置，下行期，营运资金需求较少，这与经济衰退社会需求减少，企业缩减投资量有关，与前面描述性统计结果（见表3-3）及第三章理论分析的结果是一致的。经济周期波动会冲击到制造企业与供应商、制造企业与客户的关系。经济下行时期，供应商集中度更高，由于受宏观经济危机的冲击，企业更加注重建立、维护巩固与供应商的关系，充分利用供应链管理，较高的集中度引起营运资金需求反方向变动，在一定程度上减少了占用在存货等营运资本上的资金，提高了营运资金管理效率。当我们控制供应商关系对营运资金需求的影响时，经济周期对营运资金需求影响继续存在，但系数绝对值稍小，说明供应商关系部分中介效应成立，假设3.1得到验证。

表3-6 经济周期、客户关系与营运资金静态配置

变量	被解释变量			
	WCR	Custo	WCR	WCR
Macro	−0.0513***	0.0156***		−0.0524***
	(−10.46)	(6.39)		(−10.68)
Custo			0.0607***	0.0739***

续表

变量	被解释变量			
	WCR	Custo	WCR	WCR
			(3.12)	(3.82)
Lsize	−0.0413***	−0.0261***	−0.0529***	−0.0394***
	(−10.30)	(−13.07)	(−13.72)	(−9.75)
Lev	−0.3474***	−0.0400***	−0.3275***	−0.3444***
	(−16.33)	(−3.79)	(−15.35)	(−16.19)
Fa	−0.3547***	−0.0147	−0.3334***	−0.3537***
	(−13.36)	(−1.12)	(−12.52)	(−13.33)
Grow	−0.1342***	−0.0002	−0.1170***	−0.1342***
	(−15.76)	(−0.05)	(−13.90)	(−15.76)
Roe	−0.4709***	0.0414*	−0.4573***	−0.4739***
	(−10.00)	(1.77)	(−9.66)	(−10.07)
Market	0.2061***	−0.6126***	0.2196***	0.2514***
	(2.93)	(−17.52)	(3.06)	(3.52)
Cflow	−0.6055***	0.0184	−0.6137***	−0.6069***
	(−16.61)	(1.01)	(−16.75)	(−16.66)
Fcost	0.3976***	−0.0276	0.3893***	0.3996***
	(7.13)	(−1.00)	(6.95)	(7.17)
Constant	1.5864***	0.9057***	1.7659***	1.5195***
	(18.64)	(21.43)	(20.99)	(17.50)
行业	控制	控制	控制	控制
F	180.08***	61.13***	166.73***	163.74***
观测值	12304	12304	12305	12304
调整 R^2	0.13	0.05	0.12	0.13

注：(1) *、**、*** 分别表示在 10%、5%、1%水平上显著，括号中的为 t 值。(2) 被解释变量为营运资金需求（WCR），用"（应收款项＋存货＋预付账款－应付款系－预收账款）/营业收入"表示。

表 3-6 中结果显示：经济下行时期，客户集中度更高，较高的客户集中度显著增加了制造企业占用在存货、应收账款等营运资本上的资金，降低了营运资金管理效率，这与我们前面分析的原因一致。由于当前是买方市场，在客户集中度较高时，上游制造业在供应链中并没有话语权。当我们控制

客户关系对营运资金需求的影响时,经济周期对营运资金需求影响继续存在,但系数绝对值稍小,说明客户关系间中介效应成立,实证结果与假设3.2的方向相反。

四、营运资金占用与提供的推断分析[①]

企业的营运资金与"供应商集中度"负相关关系,以及与"客户集中度"的正相关关系是决定经济周期波动作用于企业营运资金静态配置的关键环节。这一相关关系是因为应收账款、存货、预付账款等流动资产占用所产生的,还是影响应付款项、预收款项等资金提供所引起的?为进一步考察制造企业营运资金占用与提供与经济周期、供应链变动的关系,继续用模型(3-1),模型(3-2),被解释变量设定为营运资金占用(WCI)、营运资金提供(WCS),回归结果见表3-7、表3-8。

表3-7中结果显示:在经济下行时期,供应商集中度提高,引起了应收款项、存货、预付账款等营运资金占用的负向变动,供应商关系满足中介效应;然而,受经济周期波动影响的应付款项、预收账款等营运资金提供与供应商的关系不大,Sobel检验中介效应不满足。表3-8中,经济周期波动与客户集中度呈负相关关系,在经济下行时期,客户关系越集中,营运资金占用、营运资金提供越多,这与第三章理论分析(经济下行时期,融资约束重,企业需要靠供应链融通资金)一致,说明经济周期波动在影响应收款项、存货等营运资金占用、预收款项等营运资金提供的过程中,客户关系都起到了中介作用。

[①] 本章营运资金占用与前文(第二章)营运资金投资指同一含义,营运资金提供与前文中营运资金来源同一含义。

表 3-7 营运资金占用与提供的基于供应商关系的相关证据

变量	被解释变量					
	WCI	Supp	WCI	WCS	Supp	WCS
Macro	−0.0539***	0.0131***	−0.0531***	−0.0134***	0.0131***	−0.0132***
	(−9.61)	(4.54)	(−9.45)	(−5.14)	(4.54)	(−5.06)
Supp			−0.0638***			−0.0148
			(−3.19)			(−1.59)
Lsize	−0.0367***	−0.0513***	−0.0400***	0.0148***	−0.0513***	0.0141***
	(−8.02)	(−21.73)	(−8.52)	(6.99)	(−21.73)	(6.47)
Lev	0.0309	−0.0273**	0.0291	0.3666***	−0.0273**	0.3662***
	(1.25)	(−2.14)	(1.18)	(31.89)	(−2.14)	(31.85)
Fa	−0.4562***	−0.0527***	−0.4596***	−0.1583***	−0.0527***	−0.1591***
	(−15.06)	(−3.38)	(−15.17)	(−11.27)	(−3.38)	(−11.32)
Grow	−0.1797***	0.0145***	−0.1787***	−0.0499***	0.0145***	−0.0497***
	(−17.86)	(2.79)	(−17.77)	(−10.70)	(2.79)	(−10.65)
Roe	−0.8728***	0.0131	−0.8720***	−0.3756***	0.0131	−0.3754***
	(−15.71)	(0.46)	(−15.70)	(−14.58)	(0.46)	(−14.58)
Market	0.4596***	−0.1792***	0.4481***	0.2910***	−0.1792***	0.2884***
	(5.74)	(−4.34)	(5.59)	(7.84)	(−4.34)	(7.76)
Cflow	−0.5411***	0.0054	−0.5408***	0.1201***	0.0054	0.1202***
	(−12.93)	(0.25)	(−12.93)	(6.19)	(0.25)	(6.20)
Fcost	0.3081***	−0.0499	0.3049***	−0.0473*	−0.0499	−0.0481*
	(5.08)	(−1.59)	(5.03)	(−1.68)	(−1.59)	(−1.71)
Constant	1.6325***	1.4913***	1.7278***	−0.1591***	1.4913***	−0.1370***
	(16.83)	(29.81)	(17.03)	(−3.54)	(29.81)	(−2.91)
行业	控制	控制	控制	控制	控制	控制
F	183.14***	67.21***	166.6***	267.2***	67.21***	240.78***
观测值	10872	10872	10872	10872	10872	10872
调整 R^2	0.15	0.06	0.15	0.20	0.06	0.20
Sobel 检验				Z=−1.502	P=0.133	

注：(1)*、**、*** 分别表示在 10%、5%、1%水平上显著，括号中的为 t 值。(2)被解释变量为营运资金占用(WCI)、营运资金提供(WCS)，分别用"(应收款项＋存货＋预付账款)/营业收入"及"(应付款项＋预收账款)/营业收入"表示。

表 3-8　营运资金占用与提供的基于客户关系的相关证据

变量	被解释变量					
	WCI	Custo	WCI	WCS	Custo	WCS
Macro	−0.0674***	0.0156***	−0.0693***	−0.0158***	0.0156***	−0.0163***
	(−12.44)	(6.39)	(−12.78)	(−6.30)	(6.39)	(−6.53)
Custo			0.1203***			0.0371***
			(5.62)			(3.76)
Lsize	−0.0250***	−0.0261***	−0.0219***	0.0167***	−0.0261***	0.0177***
	(−5.63)	(−13.07)	(−4.90)	(8.15)	(−13.07)	(8.56)
Lev	−0.0021	−0.0400***	0.0027	0.3575***	−0.0400***	0.3589***
	(−0.09)	(−3.79)	(0.12)	(32.92)	(−3.79)	(33.06)
Fa	−0.5042***	−0.0147	−0.5025***	−0.1458***	−0.0147	−0.1452***
	(−17.16)	(−1.12)	(−17.13)	(−10.76)	(−1.12)	(−10.72)
Grow	−0.1808***	−0.0002	−0.1808***	−0.0512***	−0.0002	−0.0512***
	(−19.18)	(−0.05)	(−19.21)	(−11.78)	(−0.05)	(−11.78)
Roe	−0.8294***	0.0414*	−0.8344***	−0.3520***	0.0414*	−0.3535***
	(−15.92)	(1.77)	(−16.03)	(−14.64)	(1.77)	(−14.71)
Market	0.5336***	−0.6126***	0.6073***	0.3317***	−0.6126***	0.3545***
	(6.85)	(−17.52)	(7.70)	(9.24)	(−17.52)	(9.74)
Cflow	−0.4961***	0.0184	−0.4983***	0.1080***	0.0184	0.1073***
	(−12.30)	(1.01)	(−12.37)	(5.80)	(1.01)	(5.77)
Fcost	0.3358***	−0.0276	0.3392***	−0.0683**	−0.0276	−0.0673**
	(5.44)	(−1.00)	(5.51)	(−2.40)	(−1.00)	(−2.36)
Constant	1.4004***	0.9057***	1.2914***	−0.2021***	0.9057***	−0.2357***
	(14.87)	(21.43)	(13.45)	(−4.65)	(21.43)	(−5.32)
行业	控制	控制	控制	控制	控制	控制
F	197.27***	61.13***	181.21***	286.76***	61.13***	259.81***
观测值	12304	12304	12304	12304	12304	12304
调整 R^2	0.14	0.05	0.14	0.19	0.05	0.19

注：(1) *、**、*** 分别表示在10%、5%、1%水平上显著，括号中的为t值。(2) 被解释变量为营运资金占用（WCI）、营运资金提供（WCS），分别用"(应收款项＋存货＋预付账款)/营业收入"及"(应付款项＋预收账款)/营业收入"表示。

五、影响采购渠道还是销售渠道资金占用的推断

以下为了进一步考察制造企业采购渠道所占资金、销售渠道所占资金与经济周期、供应链变动的关系。我们用模型(3-1)、模型(3-2)、被解释变量设定为采购渠道占用资金(Buy_WC)、销售渠道占用资金(Sale_WC),据表 3-9 中结果显示:经济周期波动影响了企业与供应商的关系,从而引起了采购渠道营运资金占用负向变动,供应商关系满足中介效应;经济周期影响了企业与客户的关系,从而引起了销售渠道营运资金占用正向变动,客户关系满足中介效应,但方向与假设方向相反。

表 3-9 影响采购与销售渠道营运资金的相关证据

变量	被解释变量					
	Buy_WC	Supp	Buy_WC	Sale_WC	Custo	Sale_WC
Macro	−0.0114***	0.0131***	−0.0109***	−0.0464***	0.0156***	−0.0484***
	(−3.35)	(4.54)	(−3.22)	(−9.44)	(6.39)	(−9.85)
Supp			−0.0340***			
			(−2.82)			
Custo						0.1289***
						(6.65)
Lsize	−0.0406***	−0.0513***	−0.0424***	−0.0189***	−0.0261***	−0.0156***
	(−14.69)	(−21.73)	(−14.96)	(−4.70)	(−13.07)	(−3.84)
Lev	−0.1731***	−0.0273**	−0.1740***	−0.1083***	−0.0400***	−0.1031***
	(−11.57)	(−2.14)	(−11.63)	(−5.08)	(−3.79)	(−4.84)
Fa	−0.1415***	−0.0527***	−0.1432***	−0.3055***	−0.0147	−0.3036***
	(−7.74)	(−3.38)	(−7.83)	(−11.47)	(−1.12)	(−11.43)
Grow	−0.0454***	0.0145***	−0.0449***	−0.1561***	−0.0002	−0.1561***
	(−7.48)	(2.79)	(−7.40)	(−18.28)	(−0.05)	(−18.32)
Roe	0.0465	0.0131	0.0469	−0.7501***	0.0414*	−0.7555***
	(1.39)	(0.46)	(1.40)	(−15.88)	(1.77)	(−16.03)
Market	0.0675	−0.1792***	0.0614	0.4764***	−0.6126***	0.5554***
	(1.40)	(−4.34)	(1.27)	(6.75)	(−17.52)	(7.78)

续表

变量	被解释变量					
	Buy_WC	Supp	Buy_WC	Sale_WC	Custo	Sale_WC
Cflow	−0.3272***	0.0054	−0.3270***	−0.5273***	0.0184	−0.5297***
	(−12.96)	(0.25)	(−12.95)	(−14.43)	(1.01)	(−14.52)
Fcost	0.1003***	−0.0499	0.0986***	0.3947***	−0.0276	0.3982***
	(2.74)	(−1.59)	(2.70)	(7.06)	(−1.00)	(7.14)
Constant	1.1258***	1.4913***	1.1766***	1.1270***	0.9057***	1.0102***
	(19.23)	(29.81)	(19.21)	(13.21)	(21.43)	(11.62)
行业	控制	控制	控制	控制	控制	控制
F	91.99***	67.21***	83.64***	178.46***	61.13***	165.58***
观测值	10872	10872	10872	12304	12304	12304
调整 R^2	0.08	0.06	0.08	0.13	0.05	0.13

注:(1)*、**、***分别表示在 10%、5%、1%水平上显著,括号中的为 t 值。(2)被解释变量为采购渠道占用资金(Buy_WC)、销售渠道占用资金(Sale_WC),分别用"(原材料存货＋预付账款－应付款项)/营业收入"及"(产成品存货＋应收款项－预收账款)/营业收入"表示。

六、稳健性检验

上述检验中,鉴于 Macro 变量分组标准在不同实证研究中有所差异,我们用"谷—谷"分类法①重新定义了宏观经济周期 $Macro_1$(见表 3-10—表 3-13 回归结果),另外被解释变量我们选择营运资金与总资产之比(见表 3-14)替换原来被解释变量(WCR)重新进行了回归检验,结果发现上述研究结论基本保持不变。

---

① 按照"谷—谷"对经济周期的分组方法,在本文样本区间内,2001—2007 年定义为上行(繁荣或者扩张)时期,取值为 0;2008—2014 年定义为经济下行(衰退或者收缩)时期,取值为 1。

表 3-10　经济周期、供应链合作关系与营运资金静态配置(稳健性检验)

变量	被解释变量					
	WCR	Supp	WCR	WCR	Custo	WCR
$Macro_1$	−0.1965***	0.0053	−0.1963***	−0.2045***	0.0098***	−0.2053***
	(−33.06)	(1.47)	(−33.03)	(−37.05)	(3.37)	(−37.21)
Supp			−0.0519***			
			(−3.02)			
Custo						0.0833***
						(4.56)
Lsize	0.0211***	−0.0502***	0.0185***	0.0300***	−0.0261***	0.0322***
	(4.70)	(−18.61)	(4.05)	(7.03)	(−11.65)	(7.50)
Lev	−0.3019***	−0.0325**	−0.3036***	−0.3120***	−0.0462***	−0.3081***
	(−14.20)	(−2.55)	(−14.28)	(−15.53)	(−4.38)	(−15.34)
Fa	−0.3423***	−0.0567***	−0.3452***	−0.4097***	−0.0174	−0.4083***
	(−13.12)	(−3.63)	(−13.23)	(−16.29)	(−1.32)	(−16.25)
Grow	−0.1686***	0.0113**	−0.1680***	−0.1674***	−0.0028	−0.1672***
	(−19.55)	(2.19)	(−19.48)	(−20.83)	(−0.67)	(−20.82)
Roe	−0.4300***	0.0077	−0.4296***	−0.3822***	0.0329	−0.3849***
	(−8.98)	(0.27)	(−8.98)	(−8.57)	(1.40)	(−8.64)
Market	0.2451***	−0.1768***	0.2359***	0.2765***	−0.6113***	0.3275***
	(3.55)	(−4.28)	(3.42)	(4.15)	(−17.46)	(4.85)
Cflow	−0.6583***	0.0072	−0.6579***	−0.6121***	0.0210	−0.6139***
	(−18.28)	(0.33)	(−18.27)	(−17.74)	(1.16)	(−17.81)
Fcost	0.2819***	−0.0440	0.2796***	0.3245***	−0.0200	0.3262***
	(5.40)	(−1.41)	(5.36)	(6.15)	(−0.72)	(6.18)
Constant	0.3184***	1.4754***	0.3950***	0.1460	0.9150***	0.0697
	(3.37)	(26.04)	(4.04)	(1.62)	(19.37)	(0.76)
行业	控制	控制	控制	控制	控制	控制
F	298.93***	65.03***	270.18***	339.86***	57.71***	308.51***
观测值	10872	10872	10872	12304	12304	12304
调整 R^2	0.22	0.06	0.22	0.22	0.05	0.22
Sobel 检验		Z=−1.323	P=0.186			

注:(1)*、**、*** 分别表示在 10%、5%、1% 水平上显著,括号中的为 t 值。(2)被解释变量为营运资金需求(WCR),用"(应收款项+存货+预付账款−应付款系−预收账款)/营业收入"表示。

表 3-11 营运资金占用与提供的基于供应商关系的相关证据(稳健性检验)

变量	营运资金占用			营运资金提供		
	WCI	Supp	WCI	WCS	Supp	WCS
$Macro_1$	−0.2221***	0.0053	−0.2218***	−0.0269***	0.0053	−0.0269***
	(−33.92)	(1.47)	(−33.89)	(−8.44)	(1.47)	(−8.41)
Supp			−0.0629***			−0.0158*
			(−3.32)			(−1.71)
Lsize	0.0426***	−0.0502***	0.0394***	0.0227***	−0.0502***	0.0219***
	(8.59)	(−18.61)	(7.82)	(9.40)	(−18.61)	(8.91)
Lev	0.0534**	−0.0325**	0.0514**	0.3720***	−0.0325**	0.3715***
	(2.28)	(−2.55)	(2.19)	(32.57)	(−2.55)	(32.52)
Fa	−0.5153***	−0.0567***	−0.5189***	−0.1623***	−0.0567***	−0.1632***
	(−17.93)	(−3.63)	(−18.06)	(−11.59)	(−3.63)	(−11.64)
Grow	−0.2150***	0.0113**	−0.2143***	−0.0519***	0.0113**	−0.0517***
	(−22.63)	(2.19)	(−22.56)	(−11.20)	(2.19)	(−11.16)
Roe	−0.7829***	0.0077	−0.7824***	−0.3627***	0.0077	−0.3626***
	(−14.85)	(0.27)	(−14.85)	(−14.11)	(0.27)	(−14.11)
Market	0.5273***	−0.1768***	0.5162***	0.2969***	−0.1768***	0.2941***
	(6.94)	(−4.28)	(6.79)	(8.02)	(−4.28)	(7.93)
Cflow	−0.5489***	0.0072	−0.5484***	0.1182***	0.0072	0.1183***
	(−13.83)	(0.33)	(−13.83)	(6.11)	(0.33)	(6.12)
Fcost	0.2302***	−0.0440	0.2275***	−0.0591**	−0.0440	−0.0598**
	(4.00)	(−1.41)	(3.96)	(−2.11)	(−1.41)	(−2.13)
Constant	0.0345	1.4754***	0.1274	−0.3221***	1.4754***	−0.2988***
	(0.33)	(26.04)	(1.18)	(−6.35)	(26.04)	(−5.68)
行业	控制	控制	控制	控制	控制	控制
F	320.06***	65.03***	289.46***	273.45***	65.03***	246.44***
观测值	10872	10872	10872	10872	10872	10872
调整 R^2	0.23	0.06	0.24	0.21	0.06	0.21

注:(1)*、**、*** 分别表示在 10%、5%、1%水平上显著,括号中的为 t 值。(2)被解释变量为营运资金占用(WCI)、营运资金提供(WCS),分别用"(应收款项+存货+预付账款)/营业收入"及"(应付款项+预收账款)/营业收入"表示。

表 3-12 营运资金占用与提供的基于客户关系的相关证据(稳健性检验)

变量	营运资金占用			营运资金提供		
	WCI	Custo	WCI	Custo	WCI	Custo
$Macro_1$	−0.2339***	0.0098***	−0.2352***	−0.0323***	0.0098***	−0.0327***
	(−38.38)	(3.37)	(−38.64)	(−10.90)	(3.37)	(−11.03)
Custo			0.1288***			0.0367***
			(6.38)			(3.73)
Lsize	0.0543***	−0.0261***	0.0577***	0.0260***	−0.0261***	0.0270***
	(11.52)	(−11.65)	(12.18)	(11.34)	(−11.65)	(11.69)
Lev	0.0415*	−0.0462***	0.0474**	0.3657***	−0.0462***	0.3674***
	(1.87)	(−4.38)	(2.14)	(33.91)	(−4.38)	(34.05)
Fa	−0.5636***	−0.0174	−0.5613***	−0.1514***	−0.0174	−0.1507***
	(−20.29)	(−1.32)	(−20.25)	(−11.21)	(−1.32)	(−11.16)
Grow	−0.2159***	−0.0028	−0.2156***	−0.0540***	−0.0028	−0.0539***
	(−24.33)	(−0.67)	(−24.34)	(−12.50)	(−0.67)	(−12.49)
Roe	−0.7251***	0.0329	−0.7294***	−0.3354***	0.0329	−0.3366***
	(−14.72)	(1.40)	(−14.84)	(−14.00)	(1.40)	(−14.06)
Market	0.6111***	−0.6113***	0.6898***	0.3401***	−0.6113***	0.3625***
	(8.30)	(−17.46)	(9.26)	(9.50)	(−17.46)	(9.99)
Cflow	−0.5052***	0.0210	−0.5079***	0.1056***	0.0210	0.1048***
	(−13.26)	(1.16)	(−13.36)	(5.70)	(1.16)	(5.66)
Fcost	0.2496***	−0.0200	0.2521***	−0.0822***	−0.0200	−0.0815***
	(4.28)	(−0.72)	(4.33)	(−2.90)	(−0.72)	(−2.88)
Constant	−0.2072**	0.9150***	−0.3251***	−0.3950***	0.9150***	−0.4285***
	(−2.09)	(19.37)	(−3.22)	(−8.18)	(19.37)	(−8.73)
行业	控制	控制	控制	控制	控制	控制
F	365.42***	57.71***	334.16***	297.62***	57.71***	269.57***
观测值	12304	12304	12304	12304	12304	12304
调整 R^2	0.23	0.05	0.24	0.20	0.05	0.20

注:(1)*、**、***分别表示在10%、5%、1%水平上显著,括号中的为 t 值。(2)被解释变量为营运资金占用(WCI)、营运资金提供(WCS),分别用"(应收款项+存货+预付账款)/营业收入"及"(应付款项+预收账款)/营业收入"表示。

表 3-13 影响采购与销售渠道营运资金的相关证据(稳健性检验)

变量	采购渠道占用资金			销售渠道占用资金		
	Buy_WC	Supp	Buy_WC	Sale_WC	Custo	Sale_WC
$Macro_1$	−0.0380***	0.0053	−0.0378***	−0.2112***	0.0098***	−0.2126***
	(−9.16)	(1.47)	(−9.11)	(−38.35)	(3.37)	(−38.68)
Supp			−0.0342***			
			(−2.84)			
Custo						0.1401***
						(7.69)
Lsize	−0.0276***	−0.0502***	−0.0293***	0.0564***	−0.0261***	0.0601***
	(−8.79)	(−18.61)	(−9.17)	(13.25)	(−11.65)	(14.06)
Lev	−0.1684***	−0.0325**	−0.1695***	−0.0740***	−0.0462***	−0.0675***
	(−11.34)	(−2.55)	(−11.42)	(−3.69)	(−4.38)	(−3.37)
Fa	−0.1506***	−0.0567***	−0.1525***	−0.3650***	−0.0174	−0.3625***
	(−8.27)	(−3.63)	(−8.37)	(−14.54)	(−1.32)	(−14.48)
Grow	−0.0507***	0.0113**	−0.0503***	−0.1925***	−0.0028	−0.1921***
	(−8.42)	(2.19)	(−8.36)	(−24.01)	(−0.67)	(−24.03)
Roe	0.0625*	0.0077	0.0627*	−0.6607***	0.0329	−0.6653***
	(1.87)	(0.27)	(1.88)	(−14.85)	(1.40)	(−14.99)
Market	0.0784	−0.1768***	0.0723	0.5516***	−0.6113***	0.6372***
	(1.63)	(−4.28)	(1.50)	(8.29)	(−17.46)	(9.47)
Cflow	−0.3288***	0.0072	−0.3285***	−0.5330***	0.0210	−0.5359***
	(−13.07)	(0.33)	(−13.07)	(−15.48)	(1.16)	(−15.61)
Fcost	0.0862**	−0.0440	0.0847**	0.3213***	−0.0200	0.3241***
	(2.37)	(−1.41)	(2.33)	(6.10)	(−0.72)	(6.17)
Constant	0.8621***	1.4754***	0.9125***	−0.3905***	0.9150***	−0.5186***
	(13.06)	(26.04)	(13.36)	(−4.35)	(19.37)	(−5.70)
行业	控制	控制	控制	控制	控制	控制
F	100.75***	65.03***	91.55***	353.34***	57.71***	325.62***
观测值	10872	10872	10872	12304	12304	12304
调整 R^2	0.09	0.06	0.09	0.23	0.05	0.23

注:(1)*、**、***分别表示在10%、5%、1%水平上显著,括号中的为t值。(2)被解释变量为采购渠道占用资金(Buy_WC)、销售渠道占用资金(Sale_WC),分别用"(原材料存货+预付账款−应付款项)/营业收入"及"(产成品存货+应收款项−预收账款)/营业收入"表示。

表 3-14　经济周期、供应链合作关系与营运资金静态配置(稳健性检验)

变量	被解释变量					
	WCRA	Supp	WCRA	WCRA	Custo	WCRA
Macro	−0.0085***	0.0131***	−0.0083***	−0.0109***	0.0156***	−0.0109***
	(−4.46)	(4.54)	(−4.37)	(−6.03)	(6.39)	(−6.03)
Supp			−0.0124*			
			(−1.83)			
Custo					0.0023	
					(0.32)	
Lsize	−0.0234***	−0.0513***	−0.0240***	−0.0211***	−0.0261***	−0.0210***
	(−15.06)	(−21.73)	(−15.10)	(−14.24)	(−13.07)	(−14.09)
Lev	−0.1268***	−0.0273**	−0.1272***	−0.1305***	−0.0400***	−0.1304***
	(−15.11)	(−2.14)	(−15.15)	(−16.65)	(−3.79)	(−16.63)
Fa	−0.0988***	−0.0527***	−0.0995***	−0.1231***	−0.0147	−0.1230***
	(−9.64)	(−3.38)	(−9.70)	(−12.58)	(−1.12)	(−12.57)
Grow	−0.0029	0.0145***	−0.0027	−0.0033	−0.0002	−0.0033
	(−0.85)	(2.79)	(−0.80)	(−1.05)	(−0.05)	(−1.05)
Roe	0.0829***	0.0131	0.0831***	0.0947***	0.0414*	0.0946***
	(4.41)	(0.46)	(4.42)	(5.46)	(1.77)	(5.45)
Market	−0.0321	−0.1792***	−0.0343	−0.0154	−0.6126***	−0.0140
	(−1.18)	(−4.34)	(−1.26)	(−0.59)	(−17.52)	(−0.53)
Cflow	−0.3536***	0.0054	−0.3536***	−0.3285***	0.0184	−0.3286***
	(−24.97)	(0.25)	(−24.97)	(−24.46)	(1.01)	(−24.46)
Fcost	0.2526***	−0.0499	0.2520***	0.2778***	−0.0276	0.2779***
	−12.31	(−1.59)	(12.28)	(13.52)	(−1.00)	(13.52)
Constant	0.7902***	1.4913***	0.8087***	0.7457***	0.9057***	0.7437***
	(24.06)	(29.81)	(23.54)	(23.79)	(21.43)	(23.23)
行业	控制	控制	控制	控制	控制	控制
F	159.22***	67.21***	143.67***	173.15***	61.13***	155.83***
观测值	10872	10872	10872	12304	12304	12304
调整 R^2	0.13	0.06	0.13	0.13	0.05	0.13

注:(1)*、**、***分别表示在10%、5%、1%水平上显著,括号中的为t值。(2)被解释变量为营运资金需求(WCRA),用"(应收款项＋存货＋预付账款－应付款系－预收账款)/总资产"表示。

七、进一步检验

1. 不同所有权性质的公司①经济周期、供应链合作关系与营运资金静态配置

不同所有权性质的公司在社会关系方面存在显著差异,导致企业与重要利益相关者:供应商和客户的关系在国有企业与民营企业的作用机制也存在不同。国有企业的政府控股属性表明了企业具有先天继承关系,而企业与供应商和客户的关系则属于后天形成的关系。众多学者的研究表明,先天继承关系会影响企业对后天关系的依赖程度②。但笔者认为先天继承关系也会给企业带来一种权利,让国有企业在供应链中处于强势地位,掠夺链上其他企业的利益等。与国有企业相比,民营企业对商业信用(从上游供应商获取)的使用更多是基于融资目的,③但由于民营企业资金较少,规模较小,技术设备不够优越雄厚,生产产品种类不够齐全,因此获取商业信用能力较弱。

综上所述,我们认为供应商关系和客户关系对不同所有制企业的营运资金的影响应该是不同的。因此,本章利用前述模型对国有企业和民营企业子样本进行了回归,表 3-15 到表 3-22 为回归结果。

表 3-15 中,不管是国有企业还是民营企业,供应商关系在经济周期影响营运资金静态配置的过程中都起到部分中介效应。但当我们把被解释变量继续分解,用营运资金占用和营运资金提供分别作被解释变量时,国有企业和民营企业的差异就显现出来,表 3-16 与表 3-17 民营企业的样本中,供应商关系对经济周期影响营运资金占用和提供都发挥了显著的中介效应,

---

① 所有制性质数据来自于色诺芬数据库。所有制形态有6种,包括:0为国有控股;1为民营控股;2外资控股;3为集体控股;4社会团体控股;5职工持股会控股。本章对国有控股和民营控股进行了对比分析。

② 罗党论,唐清泉:《政治关系、社会资本与政策资源获取:来自中国民营上市公司的经验证据》,载于《世界经济》,2009年第7期,第84~96页。刘凤委,李琳,薛云奎:《信任、交易成本与商业信用模式》,载于经济研究,2009年第8期,第60~72页。

③ Ge Ying, Qiu Jiaping, "Financial Development, Bank Discrimination and Trade Credit", *Journal of Banking & finance*(2007), 31(2):513~530.

即宏观经济周期的波动很大程度上是通过影响了民营制造企业与供应商的关系从而引起营运资金占用和营运资金来源发生变动,即民营企业随着供应商集中度增加,获取商业信用更少。表 3-21 中,随着供应商集中度增加,国有企业采购渠道上预付账款减少,应付款项增多,而民营企业这种关系不成立,这是由于民营企业在供应链中处于弱势地位导致的。而经济周期通过客户关系中介传导作用显著引起国有企业营运资金一致的变动,对民营企业影响不显著。从表 3-17 到表 3-20 及表 3-22 的回归中,客户关系中介作用的发挥均发生在国有企业样本中,随着客户集中度增加,国有企业样本营运资金需求与销售渠道占用的资金需求随之增加,这说明国有企业样本中,经济周期波动通过影响客户关系引起营运资金配置变动。

表 3-15 不同所有制公司经济周期、供应商关系与营运资金静态配置

变量	国有				民营	
	WCR	Supp	WCR	Supp	WCR	Supp
Macro	−0.0265***	0.0077*	−0.0262***	−0.0559***	0.0184***	−0.0547***
	(−3.33)	(1.73)	(−3.28)	(−8.13)	(4.70)	(−7.94)
Supp			−0.0515*			−0.0659***
			(−1.72)			(−2.79)
Lsize	−0.0478***	−0.0517***	−0.0504***	−0.0474***	−0.0543***	−0.0510***
	(−7.34)	(−14.31)	(−7.54)	(−8.13)	(−16.34)	(−8.54)
Lev	−0.4821***	−0.0531**	−0.4848***	−0.2045***	0.0001	−0.2045***
	(−12.40)	(−2.46)	(−12.46)	(−7.08)	(0.01)	(−7.09)
Fa	−0.3412***	0.0038	−0.3410***	−0.2783***	−0.0980***	−0.2848***
	(−7.33)	(0.15)	(−7.33)	(−7.96)	(−4.92)	(−8.13)
Grow	−0.1149***	−0.0007	−0.1150***	−0.1487***	0.0247***	−0.1471***
	(−7.45)	(−0.08)	(−7.45)	(−12.80)	(3.73)	(−12.65)
Roe	−0.6708***	−0.0081	−0.6712***	−0.4261***	0.0369	−0.4237***
	(−7.75)	(−0.17)	(−7.76)	(−6.70)	(1.02)	(−6.66)
Market	0.1329	−0.2676***	0.1191	0.2797***	−0.1103**	0.2725***
	(1.01)	(−3.67)	(0.91)	(3.13)	(−2.16)	(3.05)
Cflow	−0.6581***	0.0146	−0.6573***	−0.6665***	−0.0085	−0.6671***
	(−10.13)	(0.40)	(−10.12)	(−13.93)	(−0.31)	(−13.95)

续表

变量	国有			民营		
	WCR	Supp	WCR	Supp	WCR	Supp
Fcost	0.6291***	0.0365	0.6310***	0.2826***	−0.0637*	0.2784***
	(4.01)	(0.42)	(4.02)	(4.82)	(−1.91)	(4.75)
Constant	1.7749***	1.5182***	1.8531***	1.6494***	1.5338***	1.7505***
	(12.98)	(19.99)	(12.86)	(13.32)	(21.75)	(13.57)
行业	控制	控制	控制	控制	控制	控制
F	74.68***	37.84***	67.55***	95.21***	35.75***	86.57***
观测值	4002	4002	4002	6580	6580	6580
调整 R^2	0.16	0.09	0.16	0.13	0.06	0.14

注：(1)*、**、***分别表示在10%、5%、1%水平上显著,括号中的为 t 值。(2)被解释变量为营运资金需求(WCR),用"(应收款项＋存货＋预付账款－应付款系－预收账款)/营业收入"表示。

表 3-16　不同所有制公司经济周期、供应商关系与营运资金占用静态配置

变量	国有			民营		
	WCI	Supp	WCI	Supp	Supp	WCI
Macro	−0.0368***	0.0077*	−0.0366***	−0.0693***	0.0184***	−0.0674***
	(−4.17)	(1.73)	(−4.15)	(−9.21)	(4.70)	(−8.95)
Supp			−0.0239			−0.1025***
			(−0.72)			(−3.97)
Lsize	−0.0311***	−0.0517***	−0.0323***	−0.0391***	−0.0543***	−0.0446***
	(−4.33)	(−14.31)	(−4.38)	(−6.12)	(−16.34)	(−6.84)
Lev	−0.1060**	−0.0531**	−0.1073**	0.1344***	0.0001	0.1344***
	(−2.47)	(−2.46)	(−2.49)	(4.25)	(0.01)	(4.26)
Fa	−0.5218***	0.0038	−0.5217***	−0.4313***	−0.0980***	−0.4414***
	(−10.14)	(0.15)	(−10.14)	(−11.26)	(−4.92)	(−11.52)
Grow	−0.1628***	−0.0007	−0.1628***	−0.1908***	0.0247***	−0.1883***
	(−9.54)	(−0.08)	(−9.54)	(−15.01)	(3.73)	(−14.81)
Roe	−1.0376***	−0.0081	−1.0378***	−0.7904***	0.0369	−0.7866***
	(−10.85)	(−0.17)	(−10.85)	(−11.35)	(1.02)	(−11.31)
Market	0.3967***	−0.2676***	0.3903***	0.5497***	−0.1103**	0.5384***

续表

变量	国有			民营		
	WCI	Supp	WCI	WCI	Supp	WCI
	(2.74)	(−3.67)	(2.69)	(5.61)	(−2.16)	(5.50)
Cflow	−0.5523***	0.0146	−0.5519***	−0.5558***	−0.0085	−0.5567***
	(−7.69)	(0.40)	(−7.68)	(−10.61)	(−0.31)	(−10.64)
Fcost	0.2102	0.0365	0.2110	0.3087***	−0.0637*	0.3022***
	(1.21)	(0.42)	(1.22)	(4.81)	(−1.91)	(4.71)
Constant	1.5864***	1.5182***	1.6227***	1.6425***	1.5338***	1.7997***
	(10.50)	(19.99)	(10.19)	(12.11)	(21.75)	(12.76)
行业	控制	控制	控制	控制	控制	控制
F	67.74***	37.84***	61.01***	120.54***	35.75***	110.35***
观测值	4002	4002	4002	6580	6580	6580
调整 R^2	0.15	0.09	0.15	0.16	0.06	0.17
Sobel 检验	Z=0.665	P=0.506				

注:(1)*、**、***分别表示在 10%、5%、1%水平上显著,括号中的为 t 值。(2)被解释变量为营运资金占用(WCI),用"(应收款项+存货+预付账款)/营业收入"表示。

表 3-17 不同所有制公司经济周期、供应商关系与营运资金提供静态配置

变量	国有			民营		
	WCS	Supp	WCS	WCS	Supp	WCS
Macro	−0.0115***	0.0077*	−0.0116***	−0.0130***	0.0184***	−0.0124***
	(−2.91)	(1.73)	(−2.93)	(−3.66)	(4.70)	(−3.48)
Supp			0.0085			−0.0334***
			(0.57)			(−2.74)
Lsize	0.0192***	−0.0517***	0.0196***	0.0079***	−0.0543***	0.0061**
	(5.96)	(−14.31)	(5.93)	(2.63)	(−16.34)	(1.98)
Lev	0.3749***	−0.0531**	0.3753***	0.3652***	0.0001	0.3652***
	(19.48)	(−2.46)	(19.48)	(24.51)	(0.01)	(24.53)
Fa	−0.1571***	0.0038	−0.1572***	−0.1516***	−0.0980***	−0.1549***
	(−6.82)	(0.15)	(−6.82)	(−8.40)	(−4.92)	(−8.57)
Grow	−0.0480***	−0.0007	−0.0480***	−0.0502***	0.0247***	−0.0494***
	(−6.29)	(−0.08)	(−6.29)	(−8.38)	(3.73)	(−8.24)

续表

变量	国有			民营		
	WCS	Supp	WCS	WCS	Supp	WCS
Roe	−0.4314***	−0.0081	−0.4313***	−0.3432***	0.0369	−0.3420***
	(−10.07)	(−0.17)	(−10.07)	(−10.46)	(1.02)	(−10.42)
Market	0.1787***	−0.2676***	0.1810***	0.3332***	−0.1103**	0.3295***
	(2.75)	(−3.67)	(2.78)	(7.22)	(−2.16)	(7.14)
Cflow	0.0879***	0.0146	0.0878***	0.1369***	−0.0085	0.1366***
	(2.73)	(0.40)	(2.73)	(5.54)	(−0.31)	(5.54)
Fcost	−0.3686***	0.0365	−0.3689***	0.0097	−0.0637*	0.0076
	(−4.75)	(0.42)	(−4.75)	(0.32)	(−1.91)	(0.25)
Constant	−0.2442***	1.5182***	−0.2572***	−0.0155	1.5338***	0.0357
	(−3.61)	(19.99)	(−3.61)	(−0.24)	(21.75)	(0.54)
行业	控制	控制	控制	控制	控制	控制
F	127.59***	37.84***	114.84***	139.43***	35.75***	126.38***
观测值	4002	4002	4002	6580	6580	6580
调整 R²	0.24	0.09	0.24	0.19	0.06	0.19
Sobel 检验	Z=0.541 P=0.588					

注:(1)*、**、*** 分别表示在 10%、5%、1% 水平上显著,括号中的为 t 值。(2)被解释变量为营运资金提供(WCS),用"(应付款项+预收账款)/营业收入"表示。

表 3-18 不同所有制公司经济周期、客户关系与营运资金静态配置

变量	国有			民营		
	WCR	Custo	WCR	WCR	Custo	WCR
Macro	−0.0400***	0.0136***	−0.0426***	−0.0629***	0.0186***	−0.0628***
	(−5.36)	(3.74)	(−5.72)	(−9.33)	(5.52)	(−9.28)
Custo			0.1881***			−0.0083
			(5.98)			(−0.33)
Lsize	−0.0403***	−0.0286***	−0.0349***	−0.0360***	−0.0295***	−0.0362***
	(−6.55)	(−9.57)	(−5.64)	(−6.34)	(−10.42)	(−6.32)
Lev	−0.5182***	−0.0274	−0.5130***	−0.2262***	−0.0291**	−0.2265***
	(−14.62)	(−1.59)	(−14.53)	(−8.09)	(−2.09)	(−8.09)

续表

变量	国有			民营		
	WCR	Custo	WCR	WCR	Custo	WCR
Fa	−0.4121***	0.0221	−0.4163***	−0.3521***	−0.0526***	−0.3525***
	(−9.44)	(1.04)	(−9.57)	(−10.21)	(−3.06)	(−10.22)
Grow	−0.1091***	−0.0022	−0.1087***	−0.1519***	−0.0008	−0.1519***
	(−7.80)	(−0.32)	(−7.80)	(−13.72)	(−0.15)	(−13.72)
Roe	−0.6470***	0.0452	−0.6555***	−0.3518***	0.0544*	−0.3514***
	(−8.20)	(1.18)	(−8.34)	(−5.81)	(1.80)	(−5.80)
Market	0.0562	−0.5747***	0.1643	0.3509***	−0.6142***	0.3458***
	(0.47)	(−9.83)	(1.35)	(3.93)	(−13.80)	(3.82)
Cflow	−0.5801***	0.0014	−0.5804***	−0.6364***	0.0180	−0.6362***
	(−9.57)	(0.05)	(−9.61)	(−13.57)	(0.77)	(−13.56)
Fcost	0.8702***	−0.1594**	0.9002***	0.2926***	−0.0052	0.2925***
	(5.78)	(−2.18)	(6.00)	(4.83)	(−0.17)	(4.83)
Constant	1.6449***	0.9450***	1.5195***	1.4246***	0.9843***	1.4328***
	(12.66)	(14.97)	(17.50)	(11.83)	(16.40)	(11.65)
行业	控制	控制	控制	控制	控制	控制
F	26.98***	84.65***	80.82***	99.14***	36.11***	89.22***
观测值	4661	4661	4661	7314	7314	7314
调整 R^2	0.15	0.05	0.16	0.12	0.05	0.13
Sobel 检验	Z=0.329 P=0.742					

注:(1)*、**、*** 分别表示在 10%、5%、1% 水平上显著,括号中的为 t 值。(2)被解释变量为营运资金需求(WCR),用"(应收款项+存货+预付账款−应付款系−预收账款)/营业收入"表示。

表3-19 不同所有制公司经济周期、客户关系与营运资金占用静态配置

变量	国有			民营		
	WCI	Custo	WCI	WCI	Custo	WCI
Macro	−0.0532***	0.0136***	−0.0570***	−0.0805***	0.0186***	−0.0808***
	(−6.46)	(3.74)	(−6.95)	(−10.80)	(5.52)	(−10.81)
Custo			0.2758***			0.0131
			(7.96)			(0.47)
Lsize	−0.0230***	−0.0286***	−0.0151**	−0.0239***	−0.0295***	−0.0235***
	(−3.38)	(−9.57)	(−2.22)	(−3.81)	(−10.42)	(−3.72)
Lev	−0.1429***	−0.0274	−0.1353***	0.0984***	−0.0291**	0.0987***
	(−3.65)	(−1.59)	(−3.48)	(3.18)	(−2.09)	(3.19)
Fa	−0.5847***	0.0221	−0.5908***	−0.4787***	−0.0526***	−0.4780***
	(−12.12)	(1.04)	(−12.33)	(−12.57)	(−3.06)	(−12.54)
Grow	−0.1585***	−0.0022	−0.1579***	−0.1971***	−0.0008	−0.1971***
	(−10.25)	(−0.32)	(−10.29)	(−16.12)	(−0.15)	(−16.12)
Roe	−1.0118***	0.0452	−1.0243***	−0.7015***	0.0544*	−0.7022***
	(−11.60)	(1.18)	(−11.83)	(−10.49)	(1.80)	(−10.49)
Market	0.5508***	−0.5747***	0.7093***	0.5733***	−0.6142***	0.5814***
	(4.14)	(−9.83)	(5.31)	(5.81)	(−13.80)	(5.81)
Cflow	−0.5002***	0.0014	−0.5006***	−0.5077***	0.0180	−0.5080***
	(−7.47)	(0.05)	(−7.53)	(−9.80)	(0.77)	(−9.80)
Fcost	0.5599***	−0.1594**	0.6039***	0.2804***	−0.0052	0.2804***
	(3.37)	(−2.18)	(3.66)	(4.19)	(−0.17)	(4.19)
Constant	1.4258***	0.9450***	1.1651***	1.3392***	0.9843***	1.3263***
	(9.93)	(14.97)	(7.97)	(10.07)	(16.40)	(9.77)
行业	控制	控制	控制	控制	控制	控制
F	78.51***	26.98***	78.03***	119.54***	36.11***	107.6***
观测值	4661	4661	4661	7314	7314	7314
调整 R^2	0.14	0.05	0.16	0.15	0.05	0.15
Sobel检验	Z=0.468	P=0.640				

注:(1) *、**、*** 分别表示在10%、5%、1%水平上显著,括号中的为t值。(2)被解释营运资金占用(WCI),用"(应收款项+存货+预付账款)/营业收入"表示。

表 3-20 不同所有制公司经济周期、客户关系与营运资金提供静态配置

变量	国有			民营		
	WCS	Custo	WCS	WCS	Custo	WCS
Macro	−0.0119***	0.0136***	−0.0126***	−0.0179***	0.0186***	−0.0185***
	(−3.19)	(3.74)	(−3.36)	(−5.17)	(5.52)	(−5.32)
Custo			0.0498***			0.0307**
			(3.15)			(2.36)
Lsize	0.0188***	−0.0286***	0.0203***	0.0117***	−0.0295***	0.0126***
	(6.10)	(−9.57)	(6.50)	(4.01)	(−10.42)	(4.28)
Lev	0.3760***	−0.0274	0.3774***	0.3460***	−0.0291**	0.3469***
	(21.17)	(−1.59)	(21.26)	(24.09)	(−2.09)	(24.16)
Fa	−0.1556***	0.0221	−0.1567***	−0.1320***	−0.0526***	−0.1304***
	(−7.11)	(1.04)	(−7.16)	(−7.46)	(−3.06)	(−7.37)
Grow	−0.0457***	−0.0022	−0.0456***	−0.0550***	−0.0008	−0.0550***
	(−6.51)	(−0.32)	(−6.50)	(−9.68)	(−0.15)	(−9.67)
Roe	−0.4024***	0.0452	−0.4047***	−0.3160***	0.0544*	−0.3177***
	(−10.17)	(1.18)	(−10.24)	(−10.16)	(1.80)	(−10.22)
Market	0.3321***	−0.5747***	0.3608***	0.3196***	−0.6142***	0.3385***
	(5.50)	(−9.83)	(5.91)	(6.98)	(−13.80)	(7.28)
Cflow	0.0768**	0.0014	0.0768**	0.1268***	0.0180	0.1262***
	(2.53)	(0.05)	(2.53)	(5.27)	(0.77)	(5.24)
Fcost	−0.3093***	−0.1594**	−0.3013***	−0.0199	−0.0052	−0.0198
	(−4.10)	(−2.18)	(−4.00)	(−0.64)	(−0.17)	(−0.64)
Constant	−0.2494***	0.9450***	−0.2964***	−0.0925	0.9843***	−0.1228*
	(−3.83)	(14.97)	(−4.44)	(−1.50)	(16.40)	(−1.95)
行业	控制	控制	控制	控制	控制	控制
F	142.56***	26.98***	129.56***	140.73***	36.11***	127.3***
观测值	4661	4661	4661	7314	7314	7314
调整 R^2	0.23	0.05	0.23	0.17	0.05	0.17

注:(1)*、**、***分别表示在10%、5%、1%水平上显著,括号中的为t值。(2)被解释变量为营运资金提供(WCS),用"(应付款项+预收账款)/营业收入"表示。

表 3-21　不同所有制公司经济周期、供应商关系与采购渠道占用资金

变量	国有			民营		
	Puy_WC	Supp	Puy_WC	Puy_WC	Supp	Puy_WC
Macro	−0.0070	0.0077*	−0.0066	−0.0173***	0.0184***	−0.0170***
	(−1.38)	(1.73)	(−1.30)	(−3.69)	(4.70)	(−3.61)
Supp			−0.0545***			−0.0179
			(−2.86)			(−1.11)
Lsize	−0.0420***	−0.0517***	−0.0449***	−0.0319***	−0.0543***	−0.0329***
	(−10.15)	(−14.31)	(−10.55)	(−8.02)	(−16.34)	(−8.07)
Lev	−0.2373***	−0.0531**	−0.2402***	−0.1292***	0.0001	−0.1292***
	(−9.59)	(−2.46)	(−9.70)	(−6.57)	(0.01)	(−6.57)
Fa	−0.1139***	0.0038	−0.1137***	−0.1758***	−0.0980***	−0.1775***
	(−3.84)	(0.15)	(−3.84)	(−7.37)	(−4.92)	(−7.43)
Grow	−0.0243**	−0.0007	−0.0243**	−0.0571***	0.0247***	−0.0567***
	(−2.47)	(−0.08)	(−2.48)	(−7.21)	(3.73)	(−7.15)
Roe	−0.0120	−0.0081	−0.0124	0.0618	0.0369	0.0625
	(−0.22)	(−0.17)	(−0.23)	(1.43)	(1.02)	(1.44)
Market	0.0842	−0.2676***	0.0696	0.0442	−0.1103**	0.0422
	(1.01)	(−3.67)	(0.83)	(0.72)	(−2.16)	(0.69)
Cflow	−0.2874***	0.0146	−0.2866***	−0.3563***	−0.0085	−0.3565***
	(−6.95)	(0.40)	(−6.93)	(−10.93)	(−0.31)	(−10.93)
Fcost	0.2698***	0.0365	0.2718***	0.0632	−0.0637*	0.0621
	(2.70)	(0.42)	(2.72)	(1.58)	(−1.91)	(1.55)
Constant	1.1800***	1.5182***	1.2628***	0.9302***	1.5338***	0.9576***
	(13.56)	(19.99)	(13.78)	(11.02)	(21.75)	(10.89)
行业	控制	控制	控制	控制	控制	控制
F	47.12***	37.84***	43.3***	45.52***	35.75***	41.09***
观测值	4002	4002	4002	6580	6580	6580
调整 R^2	0.11	0.09	0.11	0.07	0.06	0.07
Sobel 检验	Z=1.080 P=0.280					

注:(1)*、**、*** 分别表示在 10%、5%、1% 水平上显著,括号中的为 t 值。(2)被解释变量为采购渠道占用资金(Puy_WC),用"(原材料存货+预付账款−应付款项)/营业收入"表示。

表 3-22　不同所有制公司经济周期、客户关系与销售渠道占用资金

变量	国有			民营		
	Sale_WC	Custo	Sale_WC	Sale_WC	Custo	Sale_WC
Macro	−0.0367***	0.0136***	−0.0405***	−0.0556***	0.0186***	−0.0560***
	(−4.84)	(3.74)	(−5.38)	(−8.32)	(5.52)	(−8.36)
Custo			0.2800***			0.0232
			(8.81)			(0.92)
Lsize	−0.0160**	−0.0286***	−0.0080	−0.0188***	−0.0295***	−0.0181***
	(−2.57)	(−9.57)	(−1.28)	(−3.35)	(−10.42)	(−3.20)
Lev	−0.2443***	−0.0274	−0.2366***	−0.0176	−0.0291**	−0.0169
	(−6.79)	(−1.59)	(−6.64)	(−0.63)	(−2.09)	(−0.61)
Fa	−0.3855***	0.0221	−0.3917***	−0.2746***	−0.0526***	−0.2734***
	(−8.69)	(1.04)	(−8.91)	(−8.04)	(−3.06)	(−8.00)
Grow	−0.1454***	−0.0022	−0.1448***	−0.1647***	−0.0008	−0.1647***
	(−10.24)	(−0.32)	(−10.28)	(−15.03)	(−0.15)	(−15.02)
Roe	−0.9263***	0.0452	−0.9389***	−0.6248***	0.0544*	−0.6261***
	(−11.56)	(1.18)	(−11.82)	(−10.42)	(1.80)	(−10.44)
Market	0.4777***	−0.5747***	0.6386***	0.5473***	−0.6142***	0.5615***
	(3.91)	(−9.83)	(5.21)	(6.19)	(−13.80)	(6.26)
Cflow	−0.5337***	0.0014	−0.5341***	−0.5340***	0.0180	−0.5344***
	(−8.67)	(0.05)	(−8.75)	(−11.50)	(0.77)	(−11.50)
Fcost	0.6690***	−0.1594**	0.7136***	0.3296***	−0.0052	0.3297***
	(4.38)	(−2.18)	(4.71)	(5.49)	(−0.17)	(5.49)
Constant	1.1339***	0.9450***	0.8693***	1.0839***	0.9843***	1.0611***
	(8.60)	(14.97)	(6.48)	(9.09)	(16.40)	(8.72)
行业	控制	控制	控制	控制	控制	控制
F	74.63***	26.98***	76.14***	104.59***	36.11***	94.22***
观测值	4661	4661	4661	7314	7314	7314
调整 R^2	0.14	0.05	0.15	0.13	0.05	0.13
Sobel 检验	Z=0.907　P=0.304					

注：(1) *、**、*** 分别表示在 10%、5%、1% 水平上显著，括号中的为 t 值。(2) 被解释变量为销售渠道占用资金 (Sale_WC)，用 "(产成品存货 + 应收款项 − 预收账款)/营业收入" 表示。

2. 不同融资约束公司经济周期、供应链合作关系与营运资金静态配置

宏观经济环境周期性变化使企业在不同时期面临不同的融资约束,融资约束的存在直接影响营运资金融资与投资政策;融资约束越严重,企业通过减少营运资本平滑固定资产投资作用越突出[①]。另外由于企业面临融资约束,对通过供应链伙伴获取资金的依赖性可能更大。因此,我们认为在不同融资约束下,企业与供应商、客户的关系对营运资金投入、来源有不同的影响。本章分别对融资约束组和非融资约束组子样本[②]进行了回归,表3-23 和表3-30 为回归结果。

表3-23 不同融资约束公司经济周期、供应商关系与营运资金静态配置

变量	约束			无约束		
	WCR	Supp	WCR	WCR	Supp	WCR
Macro	−0.0652***	0.0179***	−0.0649***	−0.0141**	0.0111**	−0.0144**
	(−6.01)	(3.24)	(−5.96)	(−2.00)	(2.20)	(−2.04)
Supp			−0.0190			0.0274
			(−0.49)			(1.08)
Lsize	0.0262	−0.0753***	0.0248	−0.0180***	−0.0501***	−0.0166**
	(1.23)	(−6.94)	(1.15)	(−2.78)	(−10.87)	(−2.52)
Lev	−0.4470***	0.0034	−0.4469***	−0.3702***	−0.1416***	−0.3663***
	(−8.83)	(0.13)	(−8.83)	(−10.39)	(−5.58)	(−10.23)
Fa	−0.3115***	−0.0619**	−0.3127***	−0.2124***	−0.0041	−0.2123***
	(−5.16)	(−2.02)	(−5.18)	(−5.40)	(−0.14)	(−5.40)
Grow	−0.2211***	0.0158	−0.2208***	−0.0817***	−0.0023	−0.0817***
	(−11.66)	(1.64)	(−11.64)	(−6.60)	(−0.26)	(−6.60)
Roe	−0.2577***	−0.0141	−0.2580***	−0.2411***	−0.0373	−0.2400***
	(−2.79)	(−0.30)	(−2.79)	(−3.05)	(−0.66)	(−3.04)

---

① 鞠晓生,卢荻,虞义华:《融资约束、营运资本管理与企业创新可持续性》,载于《经济研究》,2013年第1期,第4~16页。

② 融资约束度量:根据相关数据计算了 SA 指数:SA = −0.737Size + 0.043Size2 + 0.04Age,其中 Size 为公司总资产,Age 为公司成立时间。SA 按照公司取平均后,等分成三组,小于33%分位数为融资约束组,大于66%分位数为无融资约束组。

续表

变量	约束			无约束		
	WCR	Supp	WCR	WCR	Supp	WCR
Market	0.5831***	−0.2097***	0.5791***	−0.1509	−0.2375**	−0.1444
	(4.22)	(−2.98)	(4.18)	(−0.98)	(−2.16)	(−0.93)
Cflow	−0.7934***	0.0119	−0.7932***	−0.4909***	−0.0042	−0.4908***
	(−10.12)	(0.30)	(−10.12)	(−9.73)	(−0.12)	(−9.73)
Fcost	0.2506**	−0.0227	0.2501**	0.5657***	0.0680	0.5638***
	(2.53)	(−0.45)	(2.52)	(4.01)	(0.68)	(3.99)
Constant	0.2449	1.9569***	0.2821	0.9783***	1.5401***	0.9360***
	(0.56)	(8.82)	(0.64)	(6.85)	(15.14)	(6.32)
行业	控制	控制	控制	控制	控制	控制
F	51.81***	8.17***	46.64***	40.32***	27.19***	36.4***
观测值	3341	3341	3341	3817	3817	3817
调整 R^2	0.16	0.03	0.16	0.11	0.07	0.11
Sobel 检验	Z=0.484 P=0.628			Z=0.969 P=0.332		

注:(1)*、**、***分别表示在10%、5%、1%水平上显著,括号中的为 t 值。(2)被解释变量为营运资金需求(WCR),用"(应收款项+存货+预付账款−应付账款−预收账款)/营业收入"表示。

表 3-24　不同融资约束公司经济周期、供应商关系与营运资金占用静态配置

变量	约束			无约束		
	WCI	Supp	WCI	WCI	Supp	WCI
Macro	−0.0673***	0.0179***	−0.0670***	−0.0329***	0.0111**	−0.0330***
	(−5.57)	(3.24)	(−5.54)	(−4.17)	(2.20)	(−4.17)
Supp			−0.0129			0.0031
			(−0.30)			(0.11)
Lsize	0.0390	−0.0753***	0.0381	−0.0002	−0.0501***	−0.0000
	(1.64)	(−6.94)	(1.59)	(−0.02)	(−10.87)	(−0.00)
Lev	−0.0830	0.0034	−0.0830	−0.0727*	−0.1416***	−0.0723*
	(−1.48)	(0.13)	(−1.47)	(−1.82)	(−5.58)	(−1.80)
Fa	−0.5008***	−0.0619**	−0.5016***	−0.3894***	−0.0041	−0.3894***

续表

变量	约束			无约束		
	WCI	Supp	WCI	WCI	Supp	WCI
Grow	(−7.47)	(−2.02)	(−7.47)	(−8.85)	(−0.14)	(−8.84)
	−0.2803***	0.0158	−0.2801***	−0.1226***	−0.0023	−0.1226***
Roe	(−13.30)	(1.64)	(−13.28)	(−8.85)	(−0.26)	(−8.85)
	−0.3939***	−0.0141	−0.3941***	−0.6888***	−0.0373	−0.6886***
Market	(−3.83)	(−0.30)	(−3.83)	(−7.80)	(−0.66)	(−7.79)
	0.9859***	−0.2097***	0.9832***	0.3922**	−0.2375**	0.3930**
Cflow	(6.41)	(−2.98)	(6.38)	(2.27)	(−2.16)	(2.27)
	−0.7301***	0.0119	−0.7300***	−0.3513***	−0.0042	−0.3513***
Fcost	(−8.37)	(0.30)	(−8.37)	(−6.22)	(−0.12)	(−6.22)
	0.2970***	−0.0227	0.2967***	0.2674*	0.0680	0.2672*
Constant	(2.70)	(−0.45)	(2.69)	(1.69)	(0.68)	(1.69)
	0.1307	1.9569***	0.1559	0.7695***	1.5401***	0.7647***
	(0.27)	(8.82)	(0.32)	(4.82)	(15.14)	(4.62)
行业	控制	控制	控制	控制	控制	控制
F	56.87***	8.17***	51.17***	45.11***	27.19***	40.59***
观测值	3341	3341	3341	3817	3817	3817
调整 R^2	0.17	0.03	0.17	0.12	0.07	0.12
Sobel 检验	Z=−0.299 P=0.765			Z=0.110 P=0.913		

注:(1)*、**、***分别表示在10%、5%、1%水平上显著,括号中的为 t 值。(2)被解释营运资金占用(WCI),用"(应收款项+存货+预付账款)/营业收入"表示。

表 3-25 不同融资约束公司经济周期、供应商关系与营运资金提供静态配置

变量	约束			无约束		
	WCS	Supp	WCS	WCS	Supp	WCS
Macro	−0.0069	0.0179***	−0.0067	−0.0176***	0.0111**	−0.0172***
	(−1.41)	(3.24)	(−1.35)	(−4.07)	(2.20)	(−3.99)
Supp			−0.0152			−0.0307**
			(−0.86)			(−1.98)
Lsize	0.0161*	−0.0753***	0.0150	0.0193***	−0.0501***	0.0178***

续表

变量	约束			无约束		
	WCS	Supp	WCS	WCS	Supp	WCS
Lev	(1.66) 0.3939***	(−6.94) 0.0034	(1.53) 0.3940***	(4.87) 0.2989***	(−10.87) −0.1416***	(4.40) 0.2945***
Fa	(17.18) −0.1629***	(0.13) −0.0619**	(17.18) −0.1638***	(13.72) −0.1544***	(−5.58) −0.0041	(13.46) −0.1546***
Grow	(−5.96) −0.0800***	(−2.02) 0.0158	(−5.99) −0.0797***	(−6.42) −0.0384***	(−0.14) −0.0023	(−6.43) −0.0385***
Roe	(−9.31) −0.1784***	(1.64) −0.0141	(−9.28) −0.1786***	(−5.07) −0.4456***	(−0.26) −0.0373	(−5.09) −0.4467***
Market	(−4.26) 0.3795***	(−0.30) −0.2097***	(−4.27) 0.3763***	(−9.23) 0.5627***	(−0.66) −0.2375**	(−9.26) 0.5554***
Cflow	(6.06) 0.0953***	(−2.98) 0.0119	(6.00) 0.0955***	(5.96) 0.1306***	(−2.16) −0.0042	(5.88) 0.1304***
Fcost	(2.68) 0.0229	(0.30) −0.0227	(2.69) 0.0225	(4.23) −0.3069***	(−0.12) 0.0680	(4.23) −0.3048***
Constant	(0.51) −0.1940	(−0.45) 1.9569***	(0.50) −0.1642	(−3.56) −0.2535***	(0.68) 1.5401***	(−3.53) −0.2062**
	(−0.98)	(8.82)	(−0.82)	(−2.90)	(15.14)	(−2.28)
行业	控制	控制	控制	控制	控制	控制
F	70.06***	8.17***	63.12***	81.69***	27.19***	73.98***
观测值	3341	3341	3341	3817	3817	3817
调整 R^2	0.20	0.03	0.20	0.19	0.07	0.19
Sobel 检验	Z=−0.831 P=0.406					

注：(1)*、**、***分别表示在10%、5%、1%水平上显著,括号中的为 t 值。(2)被解释变量为营运资金提供(WCS),用"(应付款项+预收账款)/营业收入"表示。

表 3-26　不同融资约束公司经济周期、供应商关系与采购渠道占用资金静态配置

变量	约束			无约束		
	Buy_WC	Supp	Buy_WC	Buy_WC	Supp	Buy_WC
Macro	−0.0185***	0.0179***	−0.0180***	−0.0083*	0.0111**	−0.0081
	(−2.84)	(3.24)	(−2.77)	(−1.65)	(2.20)	(−1.61)
Supp			−0.0254			−0.0198
			(−1.09)			(−1.11)
Lsize	0.0291**	−0.0753***	0.0272**	−0.0440***	−0.0501***	−0.0450***
	(2.27)	(−6.94)	(2.10)	(−9.58)	(−10.87)	(−9.62)
Lev	−0.2699***	0.0034	−0.2698***	−0.1338***	−0.1416***	−0.1366***
	(−8.89)	(0.13)	(−8.89)	(−5.30)	(−5.58)	(−5.38)
Fa	−0.0941***	−0.0619**	−0.0957***	−0.1807***	−0.0041	−0.1807***
	(−2.60)	(−2.02)	(−2.64)	(−6.48)	(−0.14)	(−6.48)
Grow	−0.0604***	0.0158	−0.0600***	−0.0336***	−0.0023	−0.0336***
	(−5.32)	(1.64)	(−5.28)	(−3.83)	(−0.26)	(−3.83)
Roe	0.0842	−0.0141	0.0838	0.1186**	−0.0373	0.1179**
	(1.52)	(−0.30)	(1.51)	(2.12)	(−0.66)	(2.11)
Market	0.1954**	−0.2097***	0.1901**	0.1188	−0.2375**	0.1141
	(2.36)	(−2.98)	(2.29)	(1.08)	(−2.16)	(1.04)
Cflow	−0.3289***	0.0119	−0.3286***	−0.2585***	−0.0042	−0.2586***
	(−7.00)	(0.30)	(−6.99)	(−7.22)	(−0.12)	(−7.23)
Fcost	0.0643	−0.0227	0.0638	0.1641	0.0680	0.1654*
	(1.08)	(−0.45)	(1.07)	(1.64)	(0.68)	(1.65)
Constant	−0.3026	1.9569***	−0.2528	1.2008***	1.5401***	1.2313***
	(−1.16)	(8.82)	(−0.95)	(11.86)	(15.14)	(11.73)
行业	控制	控制	控制	控制	控制	控制
F	21.08***	8.17***	19.09***	34.1***	27.19***	30.82***
观测值	3341	3341	3341	3817	3817	3817
调整 R^2	0.07	0.03	0.07	0.09	0.07	0.09
Sobel 检验	Z=−1.033　P=0.302			Z=−0.986　P=0.324		

注:(1) *、**、*** 分别表示在10%、5%、1%水平上显著,括号中的为t值。(2)被解释变量为采购渠道占用资金(Puy_WC),用"(原材料存货＋预付账款－应付款项)/营业收入"表示。

表 3-27　不同融资约束公司经济周期、客户关系与营运资金静态配置

变量	约束			无约束		
	WCR	Custo	WCR	WCR	Custo	WCR
Macro	−0.1234***	0.0226***	−0.1255***	0.0067	0.0106***	0.0053
	(−12.45)	(5.02)	(−12.63)	(0.98)	(2.65)	(0.78)
Custo			0.0941**			0.1334***
			(2.49)			(4.78)
Lsize	0.0318**	−0.0488***	0.0364***	−0.0531***	−0.0189***	−0.0506***
	(2.49)	(−8.40)	(2.82)	(−11.65)	(−7.14)	(−11.06)
Lev	−0.4095***	0.0295	−0.4122***	−0.2688***	−0.1055***	−0.2547***
	(−10.19)	(1.62)	(−10.26)	(−8.25)	(−5.58)	(−7.81)
Fa	−0.2904***	−0.0696***	−0.2839***	−0.3820***	0.0383*	−0.3871***
	(−5.51)	(−2.91)	(−5.38)	(−10.02)	(1.73)	(−10.18)
Grow	−0.2174***	−0.0013	−0.2173***	−0.0543***	0.0122	−0.0560***
	(−12.88)	(−0.17)	(−12.88)	(−4.34)	(1.68)	(−4.48)
Roe	−0.3402***	0.0499	−0.3449***	−0.4091***	0.0215	−0.4120***
	(−4.29)	(1.38)	(−4.35)	(−5.14)	(0.46)	(−5.19)
Market	0.0180	−0.5812***	0.0727	0.9023***	−0.7849***	1.0070***
	(0.16)	(−11.10)	(0.62)	(6.86)	(−10.29)	(7.57)
Cflow	−0.6813***	0.0010	−0.6814***	−0.5069***	0.0432	−0.5126***
	(−9.68)	(0.03)	(−9.69)	(−9.55)	(1.40)	(−9.68)
Fcost	0.3108***	−0.0218	0.3128***	0.8940***	0.0693	0.8847***
	(3.86)	(−0.60)	(3.89)	(5.98)	(0.80)	(5.93)
Constant	0.1579	1.3623***	0.0297	1.6985***	0.7599***	1.5971***
	(0.60)	(11.36)	(0.11)	(17.10)	(13.20)	(15.77)
行业	控制	控制	控制	控制	控制	控制
F	64.27***	23.49***	58.55***	75.57***	29.53***	70.09***
观测值	3970	3970	3970	4220	4220	4220
调整 R^2	0.15	0.06	0.15	0.15	0.07	0.16

注：(1)*、**、***分别表示在10%、5%、1%水平上显著,括号中的为t值。(2)被解释变量为营运资金需求(WCR),用"(应收款项+存货+预付账款−应付账款系−预收账款)/营业收入"表示。

表3-28 不同融资约束公司经济周期、客户关系与营运资金占用静态配置

变量	约束			无约束		
	WCI	Custo	WCI	WCI	Custo	WCI
Macro	−0.1299***	0.0226***	−0.1329***	−0.0081	0.0106***	−0.0103
	(−11.94)	(5.02)	(−12.18)	(−1.08)	(2.65)	(−1.39)
Custo			0.1312***			0.2134***
			(3.16)			(7.08)
Lsize	0.0550***	−0.0488***	0.0614***	−0.0364***	−0.0189***	−0.0324***
	(3.92)	(−8.40)	(4.34)	(−7.36)	(−7.14)	(−6.55)
Lev	−0.0197	0.0295	−0.0235	0.0631*	−0.1055***	0.0857**
	(−0.45)	(1.62)	(−0.53)	(1.79)	(−5.58)	(2.43)
Fa	−0.4180***	−0.0696***	−0.4088***	−0.5260***	0.0383*	−0.5342***
	(−7.22)	(−2.91)	(−7.06)	(−12.73)	(1.73)	(−13.00)
Grow	−0.2752***	−0.0013	−0.2750***	−0.0807***	0.0122*	−0.0833***
	(−14.85)	(−0.17)	(−14.86)	(−5.95)	(1.68)	(−6.18)
Roe	−0.5454***	0.0499	−0.5519***	−0.8932***	0.0215	−0.8978***
	(−6.26)	(1.38)	(−6.34)	(−10.34)	(0.46)	(−10.46)
Market	0.1504	−0.5812***	0.2266*	1.4790***	−0.7849***	1.6465***
	(1.19)	(−11.10)	(1.76)	(10.37)	(−10.29)	(11.46)
Cflow	−0.5612***	0.0010	−0.5613***	−0.3584***	0.0432	−0.3676***
	(−7.26)	(0.03)	(−7.27)	(−6.23)	(1.40)	(−6.43)
Fcost	0.2991***	−0.0218	0.3019***	0.5231***	0.0693	0.5083***
	(3.39)	(−0.60)	(3.42)	(3.23)	(0.80)	(3.15)
Constant	−0.1718	1.3623***	−0.3505	1.4795***	0.7599***	1.3173***
	(−0.59)	(11.36)	(−1.19)	(13.74)	(13.20)	(12.04)
行业	控制	控制	控制	控制	控制	控制
F	64.25***	23.49***	58.98***	85.61***	29.53***	83.05***
观测值	3970	3970	3970	4220	4220	4220
调整 R^2	0.15	0.06	0.15	0.17	0.07	0.18

注:(1)*、**、***分别表示在10%、5%、1%水平上显著,括号中的为 t 值。(2)被解释营运资金占用(WCI),用"(应收款项+存货+预付账款)/营业收入"表示。

表 3-29　不同融资约束公司经济周期、客户关系与营运资金提供静态配置

变量	约束			无约束		
	WCS	Custo	WCS	WCS	Custo	WCS
Macro	−0.0105**	0.0226***	−0.0111**	−0.0151***	0.0106***	−0.0162***
	(−2.30)	(5.02)	(−2.40)	(−3.64)	(2.65)	(−3.92)
Custo			0.0236			0.1019***
			(1.34)			(6.09)
Lsize	0.0260***	−0.0488***	0.0271***	0.0179***	−0.0189***	0.0198***
	(4.39)	(−8.40)	(4.54)	(6.53)	(−7.14)	(7.22)
Lev	0.3800***	0.0295	0.3793***	0.3299***	−0.1055***	0.3407***
	(20.40)	(1.62)	(20.36)	(16.85)	(−5.58)	(17.41)
Fa	−0.1173***	−0.0696***	−0.1157***	−0.1349***	0.0383*	−0.1388***
	(−4.80)	(−2.91)	(−4.73)	(−5.89)	(1.73)	(−6.08)
Grow	−0.0703***	−0.0013	−0.0703***	−0.0301***	0.0122*	−0.0314***
	(−8.99)	(−0.17)	(−8.98)	(−4.01)	(1.68)	(−4.19)
Roe	−0.2490***	0.0499	−0.2502***	−0.4928***	0.0215	−0.4950***
	(−6.77)	(1.38)	(−6.80)	(−10.29)	(0.46)	(−10.39)
Market	0.1611***	−0.5812***	0.1749***	0.5842***	−0.7849***	0.6642***
	(3.02)	(−11.10)	(3.22)	(7.39)	(−10.29)	(8.32)
Cflow	0.0798**	0.0010	0.0798**	0.1553***	0.0432	0.1509***
	(2.45)	(0.03)	(2.45)	(4.87)	(1.40)	(4.75)
Fcost	−0.0146	−0.0218	−0.0141	−0.3939***	0.0693	−0.4010***
	(−0.39)	(−0.60)	(−0.38)	(−4.38)	(0.80)	(−4.48)
Constant	−0.3822***	1.3623***	−0.4144***	−0.2468***	0.7599***	−0.3243***
	(−3.12)	(11.36)	(−3.32)	(−4.14)	(13.20)	(−5.34)
行业	控制	控制	控制	控制	控制	控制
F	84.68***	23.49***	76.41***	110.08***	29.53***	103.72***
观测值	3970	3970	3970	4220	4220	4220
调整 R^2	0.18	0.06	0.18	0.21	0.07	0.21
Sobel 检验		Z=1.295　P=0.195				

注:(1)*、**、***分别表示在10%、5%、1%水平上显著,括号中的为 t 值。(2)被解释变量为营运资金提供(WCS),用"(应付款项+预收账款)/营业收入"表示。

表 3-30　不同融资约束公司经济周期、客户关系与销售渠道占用资金静态配置

变量	约束			无约束		
	Sale_WC	Custo	Sale_WC	Sale_WC	Custo	Sale_WC
Macro	−0.1005***	0.0226***	−0.1030***	0.0063	0.0106***	0.0043
	(−10.26)	(5.02)	(−10.49)	(0.91)	(2.65)	(0.62)
Custo			0.1131***			0.1900***
			(3.02)			(6.83)
Lsize	0.0580***	−0.0488***	0.0635***	−0.0300***	−0.0189***	−0.0264***
	(4.59)	(−8.40)	(4.98)	(−6.59)	(−7.14)	(−5.79)
Lev	−0.1301***	0.0295	−0.1335***	−0.0627*	−0.1055***	−0.0426
	(−3.27)	(1.62)	(−3.36)	(−1.92)	(−5.58)	(−1.31)
Fa	−0.2726***	−0.0696***	−0.2647***	−0.2782***	0.0383*	−0.2855***
	(−5.23)	(−2.91)	(−5.08)	(−7.30)	(1.73)	(−7.53)
Grow	−0.2251***	−0.0013	−0.2249***	−0.0745***	0.0122*	−0.0768***
	(−13.49)	(−0.17)	(−13.50)	(−5.96)	(1.68)	(−6.18)
Roe	−0.5053***	0.0499	−0.5109***	−0.8136***	0.0215	−0.8177***
	(−6.44)	(1.38)	(−6.52)	(−10.22)	(0.46)	(−10.33)
Market	0.1823	−0.5812***	0.2481**	1.2353***	−0.7849***	1.3845***
	(1.60)	(−11.10)	(2.14)	(9.39)	(−10.29)	(10.45)
Cflow	−0.6217***	0.0010	−0.6218***	−0.3926***	0.0432	−0.4008***
	(−8.93)	(0.03)	(−8.94)	(−7.40)	(1.40)	(−7.60)
Fcost	0.3263***	−0.0218	0.3287***	0.6939***	0.0693	0.6807***
	(4.10)	(−0.60)	(4.14)	(4.64)	(0.80)	(4.58)
Constant	−0.3767	1.3623***	−0.5309**	1.2064***	0.7599***	1.0620***
	(−1.44)	(11.36)	(−2.00)	(12.15)	(13.20)	(10.52)
行业	控制	控制	控制	控制	控制	控制
F	58.93***	23.49***	54.08***	72.24***	29.53***	70.46***
观测值	3970	3970	3970	4220	4220	4220
调整 R^2	0.14	0.06	0.14	0.15	0.07	0.16

注:(1)*、**、*** 分别表示在 10%、5%、1%水平上显著,括号中的为 t 值。(2)被解释变量为销售渠道占用资金(Sale_WC),用"(产成品存货+应收款项−预收账款)/营业收入"表示。

宏观经济周期波动对供应链伙伴合作的冲击,以及供应链关系对营运资金管理的影响是当前营运资金决策中被忽视的问题。现有的国内外的文献鲜有论证它们之间的作用机理与传导机制并加以实证检验的。其实营运资金不管是占用部分,还是提供来源的资金都离不开上、下游企业的关系。因此,制造企业与供应商的合作、与客户的合作在一定程度上对本企业的营运资金管理绩效是有正面影响的[1]。但近些年频繁发生的经济金融危机,导致企业之间信用丧失,在整个社会经济滑坡的情况下,违约概率明显增加,供应链中断现象时有发生;当然某些企业也会充分利用机会,在经济不利的冲击下,更加注重寻求供应链的合作,以便更好地应付危机。本书正是在这样一个前提下,对三者的关系进行了梳理与实证检验。

经济周期波动除直接影响营运资金静态配置外,还通过冲击到制造企业与供应商的关系引起营运资金变动。经济下行时时期,供应商集中度更高,且引起营运资金需求、采购渠道占用资金反方向变动,一定程度上减少了营运资金的占用,供应商关系在经济周期波动与营运资金配置中起到了部分中介的作用,而且这种中介作用在民营企业中显得更明显,说明民营企业更依赖于供应商。

经济周期对营运资金占用、提供、销售渠道占用的资金除有直接影响外,还通过客户关系引起营运资金变动。经济下行期,客户集中度增加,引起营运资金占用同方向变动,即客户集中度在经济周期波动与营运资金管理中起到部分中介作用,这种作用在国有企业中更明显。

当前国内已有学者提出金融危机时期,企业的营运资金管理决策应该转向渠道与供应链上来,但实证的检验还很缺乏。本章的研究丰富了经济周期传导机制,以及供应链合作关系传导机制研究的内容。显然,这有助于企业根据宏观经济环境的变化寻求合适的合作伙伴,以及制定相应的财务管理决策。

同时,本章提供了营运资金管理研究的新路径:将企业内部决策与企业利益相关者(供应商及客户)及外部环境相结合,重点考察经济下行时期企

---

[1] 陈正林,王彧:《供应链集成影响上市公司财务绩效的实证研究》,载《会计研究》,2014年第2期,第49~56页。张先敏:《供应链管理与经营性营运资金管理绩效研究》,中国海洋大学博士论文,2013年,第9页。

业应该如何从供应链视角进行营运资金管理决策,补充了阴态经济[①]下如何进行短期财务管理决策的研究。

近些年来,我国民营企业相比国有企业普遍资金短缺问题严重,除了自身相对于大企业的异质性外,主要原因便是政府扶持方面的区别对待,以及证券市场的歧视,其受到融资约束严重。因此,提高民营企业在供应链中地位,从供应链中获取融资对解决民营等中小企业资金不足问题具有一定的帮助。本章从静态配置的视角研究了宏观经济周期性波动对制造企业所在的供应链关系产生的冲击,进而影响到了该行业企业营运资金静态需求。

---

① 李心合:《制度财务学研究》,大连:大连出版社,2012年,第62~63页。该书中指出:经济周期从阳台经济转向阴态经济,冲击的不仅仅是经济学理论,主流的财务学理论也受到挑战。

第四章　经济周期、供应链合作关系对营运资金动态调整的影响

"企业可以没有利润，但不能没有现金"，一句话道出了现金的重要性。即便是高利润的企业，也会因为资金的缺失而使企业陷入财务危机，甚至破产。因此，加强企业流动性项目的管理，对企业抵御风险以及提升企业价值具有重要意义，持有流动性资产降低了企业陷入财务危机的可能性。大量的流动性资产会给企业带来高的机会成本，且流动性资产大都靠流动负债来获取，高的流动负债导致企业偿付利息费用增加。流动性项目并不是越高越好，理性的企业需要根据自身特点，权衡流动性资产及流动性负债持有的收益与成本，选择一个最优的目标营运资金持有水平。可现实中一个企业的营运资金需求量[①]并不一定处在最佳水平，有很多原因导致营运资金持有水平偏离最优。其一，产品供给市场的不确定性使任何企业都无法精确地估计它的销售量，那么采购量也无法精确预计[②]。因此，企业需要备有一定的库存。其二，企业没有办法合计预计客户违约概率以及坏账损失比率；其三，微观的企业总是离不开国家的宏观经济环境，经济环境的变化无法准确预测。因此，企业无法准确预期国家会颁布什么样的货币政策、税收政策等。以上种种原因，企业可能会因为受到这些冲击偏离目标营运资金需求量，营运资金管理目标就是要确定一个相对最优的营运资金持有量，平

[①] 该营运资金需求与第三章中的界定一致。

[②] Nadiri, M. I, "The Determinants of Trade Credit in the U. S. Total Manufacturing Sector", *Econometrica*(1969), 37(3):8—23.

衡收益与成本的关系,提高企业的价值。

前面我们分析宏观经济的周期波动引起的经济繁荣与衰退对营运资金的影响是通过冲击到供应链关系而产生的,而供应链断裂又是营运资金出现问题最重要的原因,第二章我们对经济周期、供应链合作关系对营运资金静态配置影响进行了检验。本章我们要探讨的是在经济周期不同阶段,供应链合作关系对企业存货、商业信用(包括提供应收账款、获取应付账款)动态调整的影响。经济繁荣时期,整个社会摩擦少,对企业不良冲击少,交易可以顺畅有序进行,此时对供应链依赖作用不强烈;经济衰退时期,由于宏观经济的不良冲击,企业销售能力下降,资金短缺严重(从外界融资困难),企业更关心营运资金生产资金能力,避免资金流断裂,使企业陷入危机。因此,经济下行时期,更需要供应商和客户的配合,对良好的供应链关系需求动机更强,更关心供应链关系的建立。

然而,现有的研究尚未考虑企业核心利益相关者一供应商和客户因素对营运资金需求动态调整的影响,对于企业营运资金需求动态调整宏观影响机制的探究也有待深入,本书拟通过实证检验对此予以补充与完善。通过研究,本书试图解决以下问题:公司营运资金动态调整受经济周期波动的影响吗?受企业间的供应链关系的影响吗?这些问题的回答不仅有助于我们深入理解营运资金需求动态调整的作用机理,以便提高营运资金管理效率,而且可以揭示供应链关系的价值所在及其实现的宏观经济条件,既丰富和深化了供应链关系与公司财务决策的研究文献,又对企业营运资金管理和供应链关系培育具有重要的实践指导意义。

第一节 理论分析与研究假设

较多的营运资金能给企业带来一些优势(库存多不仅降低采购成本,还能减少原材料价格波动带来的损失,防止供应中断;较多的应收账款能够增加销售),但也给企业带来较低的收益(存货、应收款项增加占用资金,使企业利息费用、机会成本增加)。众多的研究发现:缩减营运资金可以提高公司的盈利能力[1]。营运资金太少意味着公司流动性缺失,甚至导致公司破产[2]。因此,收益与成本之间的权衡,意味着营运资金水平与公司业绩之间不是直线关系,两者可能为正相关关系;过度投资净营运资本的公司两者是负相关关系,有效的营运资本管理是流动性与盈利能力之间的平衡[3],或者说是权衡。企业为提高营运资金管理效率方法应该是其如何确定最优的营运资金量以规避风险与增加价值。已有文献研究证明公司的现金、应收账款、存货等存在最佳持有量[4];部分文献研究证实营运资金存在目标需求量[5]。

从资本市场的角度来看,营运资金目标需求亦有其存在的理论依据。经典的 MM 理论假设资本市场是完美的,企业投资所需资金可以从资本市

---

[1] Jose Manuel L., Carol Lancaster, Jerry L. Stevens, "Corporate Returns and Cash Conversion 3Cycles", *Journal of Economics and Finance* (1996), (20):33-46. Shin H. H. and Soenen L.. Efficiency of Working Capital Management and Corporate Profitability, *Financial Practice and Education*, 1998, 8(1):37-45. Deloof M, "Does Working Capital Management Affect Profitability of Belgian Firms?", *Journal of Business Finance k Accounting* (2003), 4(5): 573-587. Garcia-Teruel, P. J., and P. Martinez-Solano, "Effects of Working Capital Management on SME Profitability", *International Journal of Managerial Finance* (2007a), 3(2): 164-177. Raheman A. and Nasr M., "Working capital management and profitability-case of Pakistani Firms", *International Review of Business Research Papers* (2007), 3(1): 279-300.

[2] Samiloglo F, Dermirgunes K, "The Effect of Working Capital Management on Frm Profitability: Evidence from Turkey", *International Journal of Applled Economics Finance* (2008), 2(1):44-50.

[3] Faulkender M, Wang R, "Corporate Financial Policy and the Value of Cash",. *The Journal of Finance*, (2006). 61(4):1957-1990. Filbeck G, Krueger T, Preece DC, "CFO Magazine's Working Capital Survey: Do Selected firms Work for Share-Holders?", *Quart J Bus Econ* (2007), 46(2):3-22.

[4] Pedro J. García-Teruel and Pedro Martínez-Solano, "On the Determinants of some Cash Holdings: Evidence from Spain", *Journal of Business Finance & Accounting* (2008), 35(1-2):127-149. 连玉君,苏治:《上市公司现金持有:静态权衡还是动态权衡》,载《世界经济》,2008年第10期,第84~96页。

[5] Sonia Baños-Caballero, Pedro J. García-Teruel and Pedro Martínez-Solano, "The Speed of Adjustment in Working Capital Requirement", *The European Journal of Finance* (2013),(10):978-992. 吴娜:《经济周期、融资约束与营运资本的动态协同选择》,载《会计研究》,2013年第8期,第54~61页。张淑英:《宏观经济形势与企业营运资金需求动态调整研究》,载《产经评论》,2015年第4期,第133~147页。

场上获取,投资不再依赖于筹资决策,不再受融资约束的影响[1]。但资本市场并不完美,因此,外源融资要比内部资金成本高,投资决策与融资决策成相互依赖关系,此时企业可能需要最优的营运资金量来平衡收益与成本的关系。因为流动资产过多盈利能力下降,过少风险增大,这必然要求公司维持一个最优(目标)的流动资产比例[2],并在偏离目标值时进行调整[3]。Baños&Garcia等(2010)选择西班牙中小上市公司2001—2005年数据为样本,研究发现公司存在目标的现金周转期(CCC),在偏离目标值时会迅速作出调整[4];2013年几位学者继续对西班牙公司1997—2004年数据进行研究,结果显示:外部融资能力强,议价能力强的公司超目标值调整营运资金的速度更快。García & Martínez(2010)研究表明应收账款在偏离目标值也会积极进行调整[5]。吴娜(2013)对经济周期、融资约束与营运资金需求动态调整关系进行了检验,结果发现经济周期对营运资金需求调整负向影响,融资约束对营运资金需求调整速度会随着经济周期的变化而变化,在经济上行时期,受到融资约束公司调整得快,在经济下行时期,非融资约束公司调整得快[6]。经济周期是宏观经济环境出现的一种周期性变化,学者们研

---

[1] Modigliani Franco; Miller, Merton. H, "The Cost of Capital, Corporation Finance and the Theory of Investment", *The American Economic Review* (1958), 48(3):261—297.

[2] Lee Cheng. F, Chunchi. Wu, "Expectation Formation and Financial Ratio Adjustment Processes ", *The Accounting Review*(1988), 63(2): 292—306. Peles, Y. C. and M. I. Schneller, "The Duration of the Adjustment Process of Financial Ratios", *The Review of Economics and Statistics*(1989), 71(30):527—532.

[3] 连玉君,彭方平,苏治:《融资约束与流动性管理行为,载《金融研究》,2010年第10期,第158~170页。

[4] Sonia Baños-Caballero, Pedro J. García-Teruel and Pedro Martínez-Solano, "Working Capital management in SMEs", Accounting And Finance(2010),50(3):511—527.

[5] Pedro J. García-Teruel and Pedro Martínez-Solano, "A Dynamic Approach to Accounts Receivable: a Study of Spanish SMEs", *European Financial Management* (2010), 16(3): 400—421.

[6] 吴娜:《经济周期、融资约束与营运资本的动态协同选择》,载《会计研究》,2013年第8期,第54~61页。

究发现,GDP 增长率影响公司的应收账款[①]、存货[②]及应付账款[③]。通常在经济上行时期,整个经济系统性风险较低,企业即使持有较少的营运资金,也因为宏观经济的繁荣、融资约束较轻不容易陷入财务危机;相反在经济下行时期,整个经济系统性风险较高,此时企业的主要目标是规避风险,因此,应该保留较多的营运资金。在经济上行期,融资渠道、方式手段较多,企业的营运资金偏离目标值时,由于调整成本较低,调整相对较容易,调整速度快。基于以上分析,我们提出以下假设。

假设 4.1:上市公司存在目标营运资金需求量,并且与经济周期波动呈正相关关系。

假设 4.2:经济周期性波动会对企业的营运资金需求调整速度产生差异化的影响,经济上行时期营运资金需求调整速度较快。

营运资金如果出现偏离有两种状况,不足和过度持有。两种状况在不同的经济周期下对企业的影响是不同的,调整收益和调整成本出现较大的差异。通常在经济下行时期,流动性风险较大,如果企业营运资金偏低,生存与防范财务危机比发展和盈利更重要。因此,我们认为经济下行时期,下偏(不足)的营运资金上调的速度更快;而经济上行时期,企业更关系盈利能力或者企业价值最大化,营运资金是盈利能力较差的资产。因此,经济上行时期如果企业营运资金较多通常向下调整动机更强,调整速度会更快。我们提出假设 5.3。

假设 4.3:营运资金需求调整速度具有非对称性,经济上行时期,"上偏组"(过度持有)的调整速度快于"下偏组"(不足);经济下行时期,"下偏组"

---

① Smith, J. K., "Trade Credit and Informational Asymmetry", *The Journal of Finance*(1987),(4):863—872. Walker, David A,"An Empirical Analysis on Financing the Small Firm", *Advances in Small Business Finance*(1991),21:47—61.

② Blinder, A. S., LJ Maccini, "The Resurgence of Inventory Research: What Have we learned?", *Journal of Economic Surveys*(1991), 5(4):291—328. Carpenter, R. E., S. M. Fazzari, and B. C. Petersen," Inventory investment internal-finance fluctuations and businesscycle", *Brooking Papers on Economic Activity*(1994), 25(2):75—138. Kashyap, Anil K.,Owen A. Lamont,and Jereny C. Stein,""Credit conditions and the Cyclical Behavior of Inventories", *Quarterly Journal of Economics*(1994),109(3):565—592.

③ Nilsen, J. H, "Trade Credit and the Bank Lending Channel. Journal of Money", *Credit and Banking*, 2002, 37(1): 226—253.

的调整速度快于"上偏组"的调整速度。

供应链融资的有效的应用可以为供应商提供营运资金来源并加速现金向供应商流动；能促使供应链上核心企业的资金流转更加顺畅，推动银行、企业和商品供应链向着良性互动、互利共存的方向发展，从而解决企业营运资金筹集的问题。供应商关系可以帮助制造企业利用商业信用，获取资金供给；帮助制造企业降低存货周转天数，提高采购环节营运资金管理效率，并且随着交易关系强度的增加，双方之间的信用额度也会加大[1]。当企业与供应商关系紧密程度增加时，双方企业出于对自身专有资产的保护，都具有较强的动机帮助对方缓解外界环境的冲击。因此，制造企业可以借助供应商的力量，降低自身所受的冲击[2]。然而，由交易成本理论，双方关系的加强意味着都投入较多的专有资产，所受的牵制也就越多，当离开特定的供应链关系时，其价值将会遭受较大的贬值。因此，关系专有资产投入会导致企业的经营风险和财务危机成本增加[3]，如果专有资产是无形资产，那么无形资产缺乏流动性，抵押或出售获取资金较难，这就加大了企业面临的融资约束。综上所述，供应商关系对企业营运资金影响具有双重性。

但总的来说，我们认为良好的供应商关系有利于下游企业在恰当时间获取供给，缩短供货周期[4]，紧密的合作关系使战略采购、供应商管理库存、即时制、获取商业信用等方式更容易贯彻执行与灵活运行，双方之间的摩擦

---

[1] Cunat V, "Trade Credit: Suppliers as Debt Collectors and Insurance Providers", *Review of Financial Studies* (2007), 20(2): 491—527. Giannetti M., Burkart M., Ellingsen T, "What you sell is What You Lend? Explaining Trade Credit Contracts",. *Review of Financial Studies* (2011), 24(4):1261—1298.

[2] Kong X, "Why is Social Network Transactions Important? Evidence Based on the Concentration of Key Suppliers and Customers in China", *China Journal of Accounting Research* (2011), (3):121—133.

[3] Banerjee S., Dasgupta S., Kim Y, "Buyer-Supplier Relationships and the Stakeholder Theory of Capital Structure", *The Journal of Finance* (2008), 63(5):2507—2552. Kale Jayant R., Husayn Shahrur, "Corporate Capital Structure and the Characteristics of Supplier and Customer Markets", *Journal of Financial Economics* (2007), 83(2):321—365. Titman S, "The Effect of Capital Structure on a Firms Liquidation Decision", *Journal of Financial Economics* (1984), (13):137—151.

[4] 柴跃廷、刘义：《敏捷供需链管理》，北京：清华大学出版社、施普林格出版社，2001年，第9页。

较少,不仅可以降低交易成本,也可以降低存货、应付账款等的调整成本,加快调整速度。因此我们提出假设 4.4。

假设 4.4:供应链上游合作关系(供应商集中度)与营运资金需求动态调整速度成正相关关系。

有学者的研究发现宏观经济处于衰退期时,银行的信贷风险增加[①],因此,经济下行时期,商业银行的信贷表现出紧缩特征,而经济上行时期,刚好相反。而股票资本市场也往往因为经济的衰退风险增加,导致企业获取资金的难度加大,融资成本上行,商业信用(对供应链资金的占用)融资将会受到企业的青睐[②]。伴随着宏观经济从衰退走向繁荣,各个地区内的金融发展水平提高,股票市场、债券市场也相对活跃,企业获取资金的来源、渠道较多,融资约束程度低,此时企业对供应商的依赖作用相对减弱。因此,经济扩张时期,供应商的重要性相对降低,供应商关系对制造业企业营运资金需求的调整影响不明显甚至起弱化作用。

假设 4.4a:经济下行时期,供应链上游合作关系(供应商集中度)与营运资金需求调整速度呈正相关关系。

假设 4.4b:经济上行时期,供应链上游合作关系(供应商集中度)对营运资金需求调整速度影响不明显甚至产生弱化作用。

与客户建立密切的关系,及时收集分销商、客户信息,与他们进行更好的信息共享,及时感知下游客户需求的变化,甚至"客户的客户"的需求变化,制造业企业就可以快速地根据客户需求变化情况进行生产调整、采购调整,最大限度地减少了原材料库存。在客户的配合下,上游制造企业生产出的产成品也可及时销售出去,减少产成品的库存,因为紧密的合作,信息的共享,沟通更加便利,货款回收及时。维护固定客户关系的成本远小于开发一个新的客户,且无需太多的关心,错误也较少,购买更快,从而减少了交易成本。因此,我们认为与客户建立战略关系可以提高存货、应收账款的调整速度。但近十几年来,我国产品市场的实际情况是:供大于求情况较严重

---

① Iulia Andreea Bucur, Simona Elena Dragomirescu, "The Influence of Macroeconomic Conditons on Credit Risk: Case of Romanian Banking System", *Studies and Scientific Researches*, *Economics Edition*(2014),(19):84—94.

② Pastor L., P. Veronesi., "Political Uncertainty and Risk Premia", *Journal of Financial Economics*(2013),110(3):520—545.

(买方市场),且制造业上市公司间商品同质性较强,这导致了供应链上下游企业间权力的不均衡,制造业生产什么、销售什么,客户说了算,因此拥有稀缺渠道资源的下游客户,讨价还价能力明显优于产品供应商。结果,客户越集中,其谈判优势就越强,上游制造商为了保留住客户,就不得不妥协、让步,宽松的商业信用、应收账款的增加是制造业企业(供应商)一种非自愿的行为(partially involuntary)。如此不利于制造商的一面,可能阻碍其对库存、应收项目的积极调整。基于这样的考虑,我们提出假设 4.5。

假设 4.5:供应链下游合作关系(客户集中度)与营运资金需求调整速度关系不明确。

郑军和林钟高等(2013)研究发现,在法制环境较差的地区,企业间建立商业关系网络对降低交易成本和提升价值效应更大,这说明环境的冲击使供应链关系的作用更明显[①]。因此,我们预期,当经济环境和金融环境变得更加具有挑战性的时候,营运资金管理重要性开始显现,而要顺畅顺利地变成资金,提高营运资金周转效率离不开的供应商和客户的配合,所以,此时要充分发挥营运资金管理的作用,供应链关系更加重要。

笔者认为经济下行时期,抱团取火比单枪匹马更好,如果与下游客户建立良好的供应链合作关系,对制造业顺利销售,以及企业尽快回笼资金有积极的作用,客户也明白如果此时上游供应商的资金断裂,自己也是受害者,所以在经济下行时期客户与制造商相互支持与帮助更容易应付宏观经济的不利冲击。因此我们提出:

假设 4.5a:经济下行时期,客户集中度越高,企业的营运资金调整速度越快。

经济上行时期,宏观经济状况良好,大部分企业经营业绩、财务状况都处于较好的状态,营运资金来源相对容易,此时供应链关系的相对重要性下降。

假设 4.5b:经济上行时期,客户集中度对制造业企业营运资金调整速度产生作用较弱。

[①] 郑军,林钟高,彭琳:《地区市场化进程相对谈判能力与商业信用—来自中国制造业上市公司的经验证据》,载《财经论丛》,2013 年第 5 期,第 81~87 页。

第二节　样本、变量与模型设计

一、变量定义与样本数据[①]

1. 被解释变量

营运资金需求（Working Capital Requirement，WCR）主要包括应收账款、存货、预付账款、应付账款、预提费用，即把现金、短期投资、短期借款等要素去掉（这些项目属于投资或融资决策中的营运资金，与供应链上下游企业的关系不大）。同时，严格地讲，现金和短期投资，它是一个营业周期形成的资金结余而不是该周期占用的资金。同样，短期借款是公司筹资决策的一部分，虽然它也为营运资本提供资金，但不是营业周期的一部分。因此，本节以下的研究被解释变量主要是与供应商及客户关联大的经营性营运资金，为表述方便，有时也简称"营运资金"。

2. 解释变量

本节经济周期的划分、供应链合作关系的度量与第五章相同。另外本节根据关系亲疏程度把供应链合作关系分为一般交易关系、一般合作关系、战略伙伴关系。一般交易关系指供应链上向前五大供应商采购（向前五大客户销售）占比为20%以下，一般合作关系是指供应链上向前五大供应商采购（向前五大客户销售额）占比为20%～50%，战略伙伴关系是指供应链上向前五大供应商采购（向前五大客户销售）占比为50%以上[②]。根据关系紧密层次进行划分，有利于进行分组检验，明确不同的关系中营运资金需求

---

① 本章样本数据与第三章相同，详见第三章说明。
② 主要参考乔艳芬2012年的分类。一般交易关系指供应链上制造商与供应商之间的关系融合度20%以下，一般合作关系是指供应链上制造商与供应商之间的关系融合度为20%～50%，战略伙伴关系是指供应链上制造商与供应商之间的关系融合度为50%以上（乔艳芬：《供应链上制造商与供应商关系的影响因素探讨》，载《工业技术经济》，2012年第8期，第93～98页。）

调整速度情况。各变量的具体定义见表 4-1。

表 4-1　主要变量定义表

变量	变量名称	变量定义
被解释变量	WCR	[(应收账款＋应收票据＋预付账款＋存货)(－应付票据＋应付账款＋预收账款)]/营业收入
解释变量	Macro	2001—2014 年间，GDP 增长率低于 10% 的定义为 1，否则定义为 0
	GDP	GDP 增长率，是从中国统计年鉴直接下载的
	Supp	向前五大供应商采购额占年度采购总额的比
	Custo	向前五大客户销售额占年度销售总额的比
控制变量	lsize	公司规模，总资产的对数
	Lev	财务杠杆，资产负债率＝总负债/总资产
	Fa	固定资产比例＝固定资产/总资产
	Grow	成长性＝(当年营业收入－上年营业收入)/上年营业收入
	Roe	资产收益率＝息税前利润/总资产
	Market	市场竞争力＝销售费用/营业收入
	Cflow	现金流＝经营活动现金流量净额/总资产
	Fcost	融资成本＝(财务费用)/(总负债－应付账款)

二、模型设计

公司的目标（最优）营运资金通常是无法直接观测的，研究中我们参照其他学者对目标资本结构的拟合方法用一些公司特征变量来近似拟合目标营运资金需要量。其基本模型为：

$$WCR_{it}^* = \theta + \sum_{j=1}^{L} \alpha_j \cdot x_{ijt} + \mu_{it} \qquad 模型(4\text{-}1)\,^{①}$$

---

① 模型(4-1)借鉴 Baños-Caballero 等(2010)的目标营运资本需求模型，考虑宏观经济冲击后，加入宏观经济变量，并结合中国公司实际情况，考虑诸多对公司营运资金需求影响的因素后，对模型进行了适当调整。Sonia Baños-Caballero, Pedro J. García-Teruel and Pedro Martínez-Solano, "Working Capital management in SMEs", *Accounting And Finance*, (2010), 50(3): 511—527.

目标营运资金需求（WCR_{it}^*）受公司特征变量的影响，因此可以用一组一组线性函数表示，模型(4-1)中，x 是诸如公司规模、经营现金流、财务杠杆等反映公司特征的解释变量，μ_{it} 是随机误差项，α_j 是未知的待估参数。

为了验证经济周期对目标营运资金需求的影响，在模型(4-1)的基础上加入宏观经济周期变量，形成模型(2)。

$$WCR_{it}^* = \theta + \sum_{j=1}^{L} \alpha_j \cdot x_{jit} + \beta \cdot Macro_t + \mu_{it} \qquad 模型(4\text{-}2)$$

利用(4-2)式采用固定效应法对企业的目标营运资金需求量进行估计，并用考虑企业固定效应的拟合值作为其目标营运资金需求的估计值。

如果外部市场完全有效，无任何摩擦，i 公司第 t 年的实际营运资金量应该等于目标需求量 $WCR_{it} = WCR_{it}^*$。但现实中资本市场存在交易摩擦，大部分公司的营运资金需求量不可能等于目标值，但我们有理由认为公司会朝着目标营运资金需求量去调整自己当期的值，但由于调整成本的存在，调整不可能非常迅速，不可能完全调整，因此建立部分调整模型如下：

$$WCR_{it} - WCR_{it-1} = \rho(WCR_{it}^* - WCR_{it-1}) \qquad 模型(4\text{-}3)$$

模型(4-3)中：WCR_{it} 和 WCR_{it-1} 分别表示公司在 t 期和 $t-1$ 期实际的营运资金需求，ρ 反映了公司从 $t-1$ 期到 t 期的营运资金需求调整速度，ρ 值越大表示调整速度越快。由于调整存在成本，所以 ρ 值在 $0-1$ 之间，$\rho=1$ 表示公司朝着目标营运资金需求调整迅速；$\rho=0$，表明公司当期没有调整营运资金。借鉴很多学者的做法[①]，把模型(4-1)带入模型(4-3)中并变形得到模型(4-4)。

$$WCR_{it} = \rho\theta + (1-\rho)WCR_{it-1} + \sum_{j=1}^{L} \rho\alpha_j \cdot x_{jit} + \rho\mu_{it} \qquad 模型(4\text{-}4)$$

把模型(5-4)重新改写成：

$$WCR_{it} = \gamma + \delta \cdot WCR_{it-1} + \sum_{j=1}^{L} \pi \cdot x_{jit} + \varepsilon_{it} \qquad 模型(4\text{-}5)$$

模型(4-5)中，$\gamma = \rho\theta$；$\delta = (1-\rho)$；$\alpha = \rho\delta$；$\pi = \rho\alpha_j$，$\varepsilon_{it} = \rho\mu_{it}$

该模型中系数 δ 是反映公司营运资金需求的调整速度，越大，表示公司

---

① 吴娜：《经济周期、融资约束与营运资本的动态协同选择》，载《会计研究》，2013 年第 8 期，第 54～61 页。张淑英：《宏观经济形势与企业营运资金需求动态调整研究》，载《产经评论》，2015 年第 4 期，第 133～147 页。Sonia Baños-Caballero, Pedro J. García-Teruel and Pedro Martínez-Solano, "The Speed of Adjustment in Working Capital Requirement", *The European Journal of Finance* (2013), (10): 978—992.

营运资金超目标值调整越慢,反之,越小,表示公司营运资金超目标值调整越快。

为了考察经济周期对营运资金需求调整速度影响,我们在模型(4-5)右边加了经济周期哑变量与滞后一期的营运资金需求的 WCR_{it-1} 的乘积项 $WCR_{it-1} \times Macro_t$,得到扩展的营运资金需求调整模型如下:

$$WCR_{it-1} = \gamma = \delta \cdot WCR_{it-1} + \pi_1 InSize_{it} + \pi_2 Grow_{it} + \pi_3 CfLOW_{it} + \pi_4 Lev_{i,t} + \pi_5 Fa_{it} + \pi_6 Roa_{it} + \pi_7 Re_{it} + \pi_8 Fcost_{it} + \pi_9 Macro_t + \pi_{10} Macro_t \times WCR_{it-1} + \eta_i + \pi_i + \mu_{i,t}$$
模型(4-6)

由于 $\delta = (1-\rho)$,ρ 为营运资金需求调整速度量,因此模型(4-6)中公司营运资金需求的调整速度可以表示为 $\rho* = \rho - \pi_{10} Macro_t$。如果 π_{10} 显著为正,$Macro_t = 1$,说明下行时期公司营运资金需求调整速度慢。

为了考察供应链上下游合作关系在不同经济周期下对企业营运资金需求动态调整的影响,对模型(4-7)和模型(4-8)分别按照经济上行和下行分组检验。

$$WCR_{it} = \gamma + \delta WCR_{it-1} + \pi_1 InSize_{it} + \pi_2 Grow_{it} + \pi_3 Cflow_{it} \pi_4 Lev_{i,t} + \pi_5 Fa_{it} + \pi_6 Roa_{it} + \pi_7 Re_{it} + \pi_8 Fcost_{it} + \pi_9 Supp_{it} + \pi_{10} Supp_{it} \times WCR_{it-1} + \eta_i + \pi_i + \mu_{i,t}$$
模型(4-7)

$$WCR_{it} = \gamma + \delta WCR_{it-1} + \pi_1 InSize_{it} + \pi_2 Grow_{it} + \pi_3 Cflow_{it} + \pi_4 Lev_{it} + \pi_5 Fa_{it} + \pi_6 Roa_{it} + \pi_7 Re_{it} + \pi_8 Fcost_{it} + \pi_9 Custo_{it} + \pi_{10} Custo_{it} \times WCR_{it-1} + \eta_1 + \pi_i + \mu_{i,t}$$
模型(4-8)

模型(4-7)中,营运资金需求的调整速度为 $\rho* = \rho - \pi_{10} Supp_{it}$,$\pi_{10}$ 显著为正,说明供应商集中度越高,调整速度越慢;模型(4-8)中为 $\rho* = \rho - \pi_{10} Custo_{it}$,$\pi_{10}$ 显著为正,说明客户集中度越高,调整速度越慢。

为了检验假设 4.3,我们将样本公司分成两个区间:2001—2003 年为观测期,2004—2014 年为检验期。检验步骤如下:(a)定义营运资金需求偏离程度为 $DIFF_{it} = WCR* - WCR_{it-1}$,其中 $WCR*$ 为模型(2)的线性拟合值;(b)根据公司在观测期的平均偏离程度的大小将样本公司等分为三组,分别称为"上偏组"、"中间组"、"下偏组";(c)在检验期内,分别针对上偏和下偏两个子样本估计模型(4-3),并比较它们的调整速度是否存在差异。

第三节 实证结果的分析

一、基本变量的描述性统计

表 4-2 列示了基本变量的描述性统计,表 4-3 列示了不同营运资金区间各变量的均值(中位数)分组的 T 检验结果,目的是初步判断不同营运资金水平下公司特征的差异。在表 4-3 中,我们参照 Opler & Pinkowitz et al.[①](1999)和连玉君,苏治(2008)[②]对于现金持有的处理方式,根据公司的营运资金水平的多寡将样本分成四个区间,进而统计各变量的均值,并采用 T 统计量检验第 1 四分位和第 4 四分位上各变量均值的差异。

表 4-2 主要变量描述性统计

variable	mean	sd	p50	min	max
WCR	0.355	0.333	0.29	−0.229	1.856
Supp	0.36	0.197	0.32	0.059	0.927
Custo	0.296	0.195	0.242	0.037	0.922
Lsize	21.498	1.103	21.365	19.296	24.957
Lev	0.432	0.204	0.43	0.05	0.957
Fa	0.272	0.151	0.246	0.024	0.682
Grow	0.135	0.263	0.128	−0.631	1.154
Roe	0.057	0.062	0.055	−0.191	0.244
Market	0.068	0.072	0.045	0.002	0.39
Cflow	0.047	0.07	0.045	−0.159	0.25
Fcost	0.007	0.079	0.026	−0.482	0.103
Macro	0.661	0.473	1	0	1

---

① Opler T, Pinkowitz L, Stulz R, et al., "The Determinants and Implications of Corporate Cash Holdings", *Journal of Financial Economics*(1999), 52(1):3~46.

② 连玉君,苏治:《上市公司现金持有:静态权衡还是动态权衡》,载《世界经济》,2008年第10期,第84~96页。

表4-3 不同营运资金需求区间各变量的均值(中位数)

	第1四分位		第2四分位		第3四分位		第4四分位		T值
	均值	中位数	均值	中位数	均值	中位数	均值	中位数	
WCR	0.03	0.05	0.21	0.21	0.38	0.38	0.8	0.69	−130***
Supp	0.37	0.32	0.36	0.32	0.36	0.32	0.36	0.32	2.2**
Custo	0.27	0.22	0.28	0.23	0.3	0.25	0.3	0.24	−10.7***
Lsize	22.03	21.89	21.55	21.42	21.29	21.19	21.12	21.06	31.81***
Lev	0.53	0.54	0.43	0.43	0.4	0.39	0.38	0.37	28.77***
Fa	0.33	0.32	0.28	0.26	0.25	0.23	0.22	0.21	28.64***
Grow	0.15	0.13	0.14	0.14	0.14	0.13	0.09	0.1	8.2***
Roe	0.06	0.05	0.07	0.06	0.06	0.06	0.04	0.04	8.44***
Market	0.05	0.07	0.04	0.07	0.05	0.07	0.04	0.06	−21.15***
Cflow	0.07	0.07	0.06	0.06	0.04	0.04	0.02	0.02	2.98***
Fcost	0.01	0.03	0.01	0.03	0.002	0.03	0.007	0.03	6.48***

注:**、***分别表示在5%和1%的水平上显著;T值为第1四分位与第4四分位差异显著性的检验值。

整体而言,营运资金持有水平最高(第4四分位)和最低(第1四分位)组的平均营运资金需求量占营业收入的比例分别为80%和3%,且两者的差异在1%水平上显著。同时,两类公司的其他各项财务指标也都存在显著差异。前者的资产规模、资产负债率、固定资产占比、增长能力、资产收益率、经营现金流和融资成本均在1%水平上显著高于后者;向前五大供应商采购占比在5%的水平上高于后者,初步说明供应商集中度与营运资金占用呈负相关关系,即供应商越集中,制造业营运资金周转期越短,绩效越高;向前五大客户销售额占比在1%水平下显著低于后者,说明客户集中度与营运资金占用呈正相关关系;市场竞争力在1%水平上显著低于后者。上述差异表明不同类型的公司在营运资金需求方面的选择存在很大的差异。

二、实证结果分析

1. 目标营运资金及经济周期对调整速度的影响

对假设4.1和假设4.2的检验结果见表4-4。表4-4中,A栏和B栏分别列出了静态模型(4-2)和动态模型(4-6)的估计结果。A栏中第(1)栏为对静态模型(4-2)的检验,宏观经济周期变量用 GDP 增长率执行回归结果,第(2)栏中用分组变量 Macro 执行回归估计;B 栏中呈现了动态模型得到的估计结果。静态模型下变量的符号和显著性与动态模型中大部分变量一致,如财务杠杆(Lev)、固定资产投资(Fa)、成长能力(Grow)、现金流量(Cflow)等在各种设定下都与营运资金需求量显著负相关,而市场竞争能力(Market)、融资成本(Fcost)等都与营运资金需求量正相关。如果考虑经济周期的影响,在全样本回归结果中,Macro * WCR_{it-1} 的系数为在正值,在 5%的水平上显著,表明经济上行期营运资金调整速度明显快于经济下行期。分组检验中,经济上行时期,调整速度为 0.528(1-0.472)明显快于经济下行期的调整速度(0.374=1-0.626)。

从国际对比的角度来看,Baños & García et al.(2010)[①]采用与本文相似的方法估计得到调整速度分别 0.86,国内吴娜(2013)[②]考虑融资约束对调整速度的影响,得到无融资约束组公司调整速度为 0.281,融资约束组公司为 0.548,这说明,国外市场相对成熟,而中国上市公司面临较高的调整成本,调整速度自然较慢。

综上所述,我们无法拒绝假设 4.1 和 4.2。这表明我国上市公司在确定其营运资金需求量时,会权衡营运资金持有的成本与效益,维持一个相对最优的持有水平,并在实际营运资金量发生偏离后积极进行调整。相比较而言,公司完成一个新的均衡态的一半,调整时间(在下行期)约需要 1.85 年,在上行时期约需要 1.31 年时间。营运资金需求在经济上行时期多,经济下行时期少,企业生产经营活动活跃时,流动资产和流动负债都会有所增加,而企业的生产经营活动萎缩时,流动资产和流动负债也会相应减少,环境和经营状况对营运资金需求产生的影响。

---

① Sonia Baños—Caballero, Pedro J. García—Teruel and Pedro Martínez—Solano, "Working Capital management in SMEs", Accounting And Finance(2010),50(3):511 – 527.

② 吴娜:《经济周期、融资约束与营运资本的动态协同选择》,载《会计研究》,2013 年第 8 期,第 54~61 页。

表4-4 经济周期与营运资金需求动态调整

变量	A栏:静态模型		B栏:动态模型		
	上行	下行	全样本	上行	下行
WCR_{it-1}			0.604***	0.472***	0.626***
			(61.85)	(27.52)	(65.86)
Macro			−0.049***		
			(−8.64)		
Macro* WCR_{it-1}			0.022**		
			(2.11)		
Lsize	−0.053***	−0.042***	−0.003	0.001	−0.007*
	(−12.66)	(−10.22)	(−0.87)	(0.09)	(−1.78)
Lev	−0.334***	−0.348***	−0.189***	−0.244***	−0.208***
	(−15.32)	(−16.08)	(−10.59)	(−5.69)	(−9.59)
Fa	−0.345***	−0.364***	−0.105***	−0.089*	−0.129***
	(−12.73)	(−13.48)	(−4.81)	(−1.83)	(−4.81)
Grow	−0.123***	−0.138***	−0.238***	−0.257***	−0.208***
	(−14.26)	(−15.92)	(−32.61)	(−16.51)	(−23.67)
Roe	−0.472***	−0.482***	0.488***	0.487***	0.409***
	(−9.78)	(−10.07)	(11.70)	(5.73)	(7.84)
Market	0.189***	0.202***	0.068	0.621***	−0.050
	(2.63)	(2.83)	(1.19)	(4.52)	(−0.73)
Cflow	−0.615***	−0.608***	−1.005***	−1.085***	−0.931***
	(−16.51)	(−16.40)	(−33.24)	(−16.99)	(−25.56)
Fcost	0.387***	0.401***	0.007	−0.112	−0.028
	(6.79)	(7.07)	(0.17)	(−0.55)	(−0.62)
Macro		−0.052***			
		(−10.53)			
GDP	0.230*				
	(1.82)				
Constant	1.764***	1.600***	0.388***	0.354*	0.447***
	(18.89)	(18.50)	(5.41)	(1.84)	(5.25)
行业	控制	控制	控制	控制	控制
调整半周期				1.31	1.85
观测值	12303	12304	10872	3587	7285
调整 R^2	0.12	0.13	0.49	0.33	0.52

注:(1)*、**、***分别表示在10%、5%、1%水平上显著,括号中的为t值;(2)调整半周期=ln2/(1−b),b为WCR_{it-1}的系数估计值。

2. 调整速度的非对称性

假设 4.3 的检验结果见表 4-5,为了使结果更加稳健,同时考虑偏离幅度的大小对调整速度的影响,表中同时呈现了按偏离程度等分为五组(A 栏)和等分为三组(B 栏)两种情况下的估计结果。无论我们将样本公司等分为三组还是五组,结果都基本支持假设 5.3。以 A 栏中列示的结果为例,经济上行期,上偏组调整的半周期为 0.92 年,下偏组调整半周期为 1.64 年。说明经济上行时期,上偏组调减营运资金的速度较快,因为繁荣时期,整个社会系统性风险较低,企业追求价值最大化(相对关注风险较少),不会保留较多的营运资金(流动性资金获利能力是较差的)。经济下行时期,下偏组调整的半周期为 1.34 年,上偏组为 1.6 年,说明下行期间,企业更关心偿债能力,在营运资金需求不够时会积极向上调整。

表 4-5 营运资金需求调整速度的非对称性及与经济周期的关系

变量	A栏:根据偏离程度①等分为五组				B栏:根据偏离程度等分为三组			
	上行		下行		上行		下行	
	下偏组	上偏组	下偏组	上偏组	下偏组	上偏组	下偏组	上偏组
WCR_{it-1}	0.578***	0.245***	0.483***	0.568***	0.588***	0.382***	0.488***	0.486***
	(14.49)	(5.46)	(13.15)	(15.04)	(18.82)	(11.62)	(16.48)	(15.39)
Lsize	0.046	0.015	−0.041***	0.014	0.048**	0.020	−0.026**	0.018**
	(1.62)	(0.86)	(−2.96)	(1.62)	(2.39)	(1.50)	(−2.58)	(2.00)
Lev	−0.204	−0.355***	−0.119*	−0.250**	−0.183*	−0.356***	−0.176**	−0.165***
	(−1.43)	(−4.25)	(−1.81)	(−5.98)	(−1.88)	(−5.73)	(−3.40)	(−3.98)
Fa	−0.319*	−0.026	−0.261***	−0.283***	−0.220	−0.041	−0.209***	−0.173***
	(−1.90)	(−0.25)	(−2.60)	(−5.22)	(−1.87)	(−0.56)	(−2.80)	(−3.45)
Grow	−0.452***	−0.047	−0.217***	−0.043**	−0.431***	−0.095**	−0.171***	−0.047***
	(−10.01)	(−1.60)	(−8.66)	(−2.81)	(−12.41)	(−4.23)	(−9.47)	(−3.07)
Roe	0.489**	0.467***	0.509***	0.493***	0.538***	0.415***	0.316***	0.255***
	(2.24)	(2.61)	(3.54)	(5.47)	(3.23)	(3.38)	(2.93)	(3.14)
Market	0.035	0.847***	0.035	0.522**	−0.007	0.907***	0.092	−0.014
	(0.10)	(2.96)	(0.17)	(2.27)	(−0.03)	(4.11)	(0.59)	(−0.07)

---

① 具体而言,在 A 栏中,上偏组定义为 $DIFF_{it}$ 大于其第 80 百分位的样本公司,下偏组定义为 $DIFF_{it}$ 小于其第 20 百分位的样本公司。而在 B 栏中,我们以 $DIFF_{it}$ 的第 33 和 66 百分位来定义三个子样本组。

续表

变量	A栏:根据偏离程度等分为五组				B栏:根据偏离程度等分为三组			
	上行		下行		上行		下行	
	下偏组	上偏组	下偏组	上偏组	下偏组	上偏组	下偏组	上偏组
Cflow	−0.877***	−0.732***	−0.881***	−0.607***	−0.963***	−0.786***	−0.774***	−0.606***
	(−4.12)	(−5.94)	(−7.60)	(−9.75)	(−6.17)	(−8.53)	(−8.97)	(−9.88)
Fcost	0.318	0.730**	0.098	0.120	−0.098	0.620***	0.075	−0.224
	(0.35)	(2.54)	(0.22)	(0.76)	(−0.15)	(2.73)	(0.24)	(−1.32)
Constant	−0.483	−0.086	1.213***	−0.081	−0.565	−0.180	0.903***	−0.171
	(−0.79)	(−0.21)	(3.96)	(−0.42)	(−1.31)	(−0.60)	(4.01)	(−0.86)
行业	控制	控制	控制	控制	控制	控制	控制	控制
调整半周期	1.64	0.92	1.34	1.6	1.68	1.12	1.358	1.355
观测值	540	547	663	668	898	918	1103	1114
调整 R^2	0.45	0.17	0.39	0.48	0.43	0.25	0.36	0.31

注:(1)*、**、***分别表示在10%、5%、1%水平上显著,括号中的为 t 值;(2)调整半周期=$\ln 2/(1-b)$,b 为 WCR_{it-1} 的系数估计值。

上市企业在经济下行时期,企业营运资金较低时(下偏组)他们的调整行为更加积极,说明其风险意识逐渐提高;上偏组中在经济下行中调整行为明显怠慢于经济上行时期,这也说明企业风险意识的增强,但在经济上行时期,为了增加盈利能力,公司会积极超目标营运资金调整,减少营运资金以便提高企业盈利能力。

3. 经济周期、供应链合作关系对营运资金动态调整速度影响

我们用模型(4-7)、模型(4-8)对经济周期不同阶段:供应链合作关系对营运资金动态调整速度影响进行了全样本及分组样本的检验,结果见表 4-6。

表 4-6 经济周期、供应链合作关系与营运资金需求动态调整

变量	客户关系与营运资金需求调整			供应商关系与营运资金需求调整		
	全样本	上行	下行	全样本	上行	下行
WCR_{it-1}	0.624***	0.498***	0.764***	0.627***	0.405***	0.671***
	(32.89)	(14.56)	(29.92)	(46.05)	(14.38)	(39.54)
Supp				−0.023	−0.058	0.004
				(−1.21)	(−1.48)	(0.17)
Supp* WCR_{it-1}				−0.026	0.173***	−0.115***
				(−0.92)	(3.00)	(−3.21)

续表

变量	客户关系与营运资金需求调整			供应商关系与营运资金需求调整		
	全样本	上行	下行	全样本	上行	下行
Custo	0.056	0.229*	0.191**			
	(0.93)	(1.86)	(2.54)			
Custo*WCR$_{it-1}$	−0.012	−0.188	−0.512***			
	(−0.12)	(−1.05)	(−3.83)			
Lsize	−0.008***	0.004	−0.000	−0.015***	0.0003	−0.008**
	(−2.58)	(0.50)	(−0.06)	(−4.67)	(0.04)	(−2.11)
Lev	−0.184***	−0.161***	−0.191***	−0.175***	−0.253***	−0.207***
	(−10.97)	(−4.08)	(−9.19)	(−9.78)	(−5.90)	(−9.53)
Fa	−0.124***	−0.103**	−0.163***	−0.089***	−0.086*	−0.134***
	(−5.94)	(−2.33)	(−6.50)	(−4.06)	(−1.77)	(−4.98)
Grow	−0.214***	−0.258***	−0.203***	−0.224***	−0.254***	−0.207***
	(−32.21)	(−18.28)	(−25.48)	(−31.01)	(−16.33)	(−23.60)
Roe	0.484***	0.258***	0.431***	0.504***	0.472***	0.410***
	(12.56)	(3.21)	(8.91)	(12.02)	(5.56)	(7.87)
Market	0.069	0.566***	−0.036	0.051	0.625***	−0.048
	(1.24)	(4.59)	(−0.54)	(0.88)	(4.55)	(−0.69)
Cflow	−0.970***	−1.044***	−0.948***	−1.011***	−1.078***	−0.927***
	(−33.59)	(−17.67)	(−27.90)	(−33.28)	(−16.89)	(−25.48)
Fcost	0.011	0.077	−0.048	−0.006	−0.131	−0.034
	(0.26)	(0.42)	(−1.08)	(−0.14)	(−0.65)	(−0.75)
Constant	0.441***	0.203	0.247***	0.618***	0.391*	0.478***
	(6.36)	(1.15)	(2.91)	(8.44)	(1.96)	(5.33)
行业	控制	控制	控制	控制	控制	控制
调整半周期		1.38	2.94		1.17	2.1
观测值	12305	4113	8191	10872	3587	7285
调整 R^2	0.48	0.34	0.51	0.48	0.34	0.52

注:(1)*、**、***分别表示在10%、5%、1%水平上显著,括号中的为 t 值;(2)调整半周期=ln2/(1−b),b 为 WCR$_{it-1}$ 的系数估计值。

表 4-6 的结果显示无论是供应链上游关系(供应商集中度)还是供应链下游关系(客户集中度),它们在与营运资金需求的回归结果中,交互项系数均为负值,与假设方向一致,但均没有通过显著性检验。当我们按照经济周期进行分组进行回归时,结果发现在经济上行时期,供应链上游关系中交互项(Supp * WCR_{it-1})系数为 0.173,在 1% 的水平上显著,调整速度可表示为 0.595−0.173Supp(1−0.405−0.173Supp),客户关系中交互项(Custo * WCR_{it-1})系数为 0.182,在 1% 水平上显著,调整速度表示为 0.574−0.182Custo(1−0.426−0.182Custo)。因此在经济上行时期,供应链合作关系强度与调整速度呈负相关关系,即随着供应商集中度、客户集中度的加强,调整速度会下降。但在经济下行时期,供应链上游关系中交互项(Supp * WCR_{it-1})系数为 −0.115,供应链下游关系中交互项(Custo * WCR_{it-1})系数为 −0.209,均在 1% 水平上显著,说明供应商越集中,客户越集中,营运资金需求动态调整速度越快。这一结论告诉我们在宏观经济状况不乐观时,良好的供应链上下游关系对营运资金需求偏离目标值时是否会超目标值调整有更积极的影响,更应该加强供应链关系管理。

三、稳健性检验

我们进一步从以下几个方面检验了本书研究结论的稳健性:

我们用"(流动资产−流动负债)/营业收入"即 WCR_2 作为被解释变量,供应链合作关系使用虚拟变量,具体划分标准:根据制造业与上下游供应商和客户关系亲疏程度分为一般交易关系、一般合作关系、战略伙伴关系(该章前文变量解释中有详细说明)。其稳健性回归的结果见表 4-7—表 4-9。

表 4-7 的回归结果,一个微小的变化,采用"(流动资产−流动负债)/营业收入"作为被解释变量时,各个调整速度系数变小,调整半周期上行时 0.93 年,下行时 1.00 年,调整速度更快,但这并不影响本书的基本结论。其他稳健性检验,虽然在某个回归系数置信水平上有所变化,但结论基本都不变。

表 4-7　经济周期对营运资金需求动态调整影响(稳健性检验)

变量	全样本	上行	下行
WCR_{2it-1}	0.296***	0.254***	0.307***
	(37.07)	(16.81)	(31.08)
Macro	−0.060***		
	(−7.49)		
Macro* WCR_{2it-1}	0.082***		
	(6.15)		
Lsize	0.050***	0.073***	0.045***
	(9.62)	(6.45)	(6.97)
Lev	−1.373***	−1.393***	−1.424***
	(−45.58)	(−23.72)	(−36.11)
Fa	−0.832***	−0.621***	−0.881***
	(−23.86)	(−10.01)	(−19.04)
Grow	−0.146***	−0.099***	−0.159***
	(−12.68)	(−5.06)	(−10.71)
Roe	0.480***	0.440***	0.373***
	(7.42)	(4.17)	(4.30)
Market	−0.298***	−0.145	−0.239**
	(−3.30)	(−0.83)	(−2.04)
Cflow	−0.276***	−0.274***	−0.223***
	(−5.84)	(−3.41)	(−3.67)
Fcost	−0.837***	−0.701***	−0.746***
	(−12.03)	(−2.71)	(−9.54)
Constant	0.046	−0.506**	0.171
	(0.41)	(−2.09)	(1.22)
行业	控制	控制	控制
调整半周期		0.930	1.00
观测值	10872	3587	7285
调整 R^2	0.51	0.41	0.51

注：(1)*、**、***分别表示在10%、5%、1%水平上显著，括号中的为 t 值；(2)调整半周期＝$\ln2/(1-b)$，b 为 WCR_{2it-1} 的系数估计值。

表 4-8 经济周期、供应链合作关系与营运资金需求动态调整(稳健性检验)

变量	供应商关系			客户关系		
	全样本	上行	下行	全样本	上行	下行
WCR_{2it-1}	0.288***	0.155***	0.320***	0.284***	0.168***	0.323***
	(21.32)	(6.02)	(18.69)	(24.22)	(7.84)	(21.59)
Supp	−0.027	−0.056	0.028			
	(−1.13)	(−1.42)	(0.85)			
Supp*WCR_{2it-1}	0.048*	0.252***	−0.033			
	(1.76)	(4.80)	(−0.95)			
Custo				0.060**	0.172***	0.084**
				(2.35)	(3.81)	(2.44)
Custo*WCR_{it-1}				0.066***	0.333***	−0.063**
				(2.61)	(7.26)	(−1.97)
Lsize	0.037***	0.072***	0.046***	0.049***	0.092***	0.053***
	(7.31)	(6.31)	(6.96)	(10.06)	(8.30)	(8.47)
Lev	−1.361***	−1.403***	−1.422***	−1.371***	−1.451***	−1.400***
	(−45.13)	(−23.97)	(−36.07)	(−47.22)	(−25.72)	(−37.45)
Fa	−0.823***	−0.621***	−0.880***	−0.833***	−0.716***	−0.887***
	(−23.59)	(−10.03)	(−19.01)	(−24.32)	(−11.47)	(−19.95)
Grow	−0.128***	−0.091***	−0.160***	−0.103***	−0.061***	−0.139***
	(−11.30)	(−4.68)	(−10.75)	(−9.67)	(−3.17)	(−10.00)
Roe	0.442***	0.410***	0.374***	0.505***	0.515***	0.455***
	(6.84)	(3.89)	(4.31)	(8.27)	(4.99)	(5.65)
Market	−0.293***	−0.096	−0.240**	−0.190**	−0.083	−0.059
	(−3.24)	(−0.55)	(−2.05)	(−2.11)	(−0.49)	(−0.51)
Cflow	−0.257***	−0.270***	−0.224***	−0.221***	−0.239***	−0.201***
	(−5.45)	(−3.37)	(−3.68)	(−4.81)	(−2.95)	(−3.44)
Fcost	−0.791***	−0.700***	−0.749***	−0.816***	−0.414	−0.832***
	(−11.42)	(−2.72)	(−9.56)	(−11.48)	(−1.59)	(−10.52)
Constant	0.313***	−0.472*	0.135	0.015	−0.936***	−0.054
	(2.79)	(−1.90)	(0.92)	(0.14)	(−3.92)	(−0.39)
行业	控制	控制	控制	控制	控制	控制
调整半周期		0.82	1.02		0.83	1.02
观测值	3587	7285	12305	4113	8191	10872
调整 R^2	0.50	0.42	0.51	0.49	0.44	0.50

注:(1)*、**、***分别表示在10%、5%、1%水平上显著,括号中的为 t 值;(2)调整半周期=ln2/(1−b),b 为 WCR_{2it-1} 的系数估计值。

表 4-9 经济周期、供应链合作关系与营运资金需求动态调整(稳健性检验)

变量	供应商关系(分组变量)			客户关系(分组变量)		
	全样本	上行	下行	全样本	上行	下行
WCR_{2it-1}	0.611***	0.510***	0.697***	0.685***	0.426***	0.769***
	(15.30)	(5.39)	(14.28)	(18.10)	(5.32)	(16.35)
$Supp^* WCR_{2it-1}$	0.003	−0.017	−0.032			
	(0.16)	(−0.40)	(−1.47)			
$Custo^* WCR_{2it-1}$				−0.031*	0.029	−0.068***
				(−1.78)	(0.80)	(−3.12)
Lsize	−0.014***	0.001	−0.007*	−0.009***	0.014*	−0.005
	(−4.33)	(0.10)	(−1.68)	(−3.01)	(1.74)	(−1.46)
Lev	−0.174***	−0.245***	−0.209***	−0.185***	−0.314***	−0.186***
	(−9.75)	(−5.70)	(−9.63)	(−11.04)	(−8.03)	(−9.23)
Fa	−0.086***	−0.088*	−0.130***	−0.124***	−0.124***	−0.175***
	(−3.96)	(−1.81)	(−4.82)	(−5.92)	(−2.69)	(−6.88)
Grow	−0.224***	−0.257***	−0.208***	−0.215***	−0.250***	−0.202***
	(−31.05)	(−16.50)	(−23.69)	(−32.26)	(−17.28)	(−25.15)
Roe	0.503***	0.487***	0.411***	0.489***	0.355***	0.446***
	(11.99)	(5.73)	(7.88)	(12.68)	(4.53)	(9.44)
Market	0.056	0.621***	−0.052	0.036	0.357***	−0.035
	(0.97)	(4.52)	(−0.75)	(0.65)	(2.83)	(−0.53)
Cflow	−1.012***	−1.084***	−0.929***	−0.969***	−1.031***	−0.914***
	(−33.27)	(−16.96)	(−25.48)	(−33.53)	(−16.85)	(−26.77)
Fcost	−0.004	−0.108	−0.028	0.009	0.202	−0.044
	(−0.09)	(−0.53)	(−0.62)	(0.20)	(1.04)	(−0.97)
Constant	0.578***	0.352*	0.439***	0.476***	0.120	0.364***
	(8.29)	(1.83)	(5.15)	(6.87)	(0.66)	(4.35)
行业	控制	控制	控制	控制	控制	控制
调整半周期		1.41	2.29		1.04	2.3
观测值	10872	3587	7285	12305	4113	8191
调整 R^2	0.48	0.33	0.52	0.48	0.34	0.51

注:(1)*、**、***分别表示在10%、5%、1%水平上显著,括号中的为 t 值;(2)调整半周期=ln2/(1−b),b 为 WCR_{2it-1} 的系数估计值。

四、进一步的检验

本章主要考察经济周期、供应链合作关系对营运资金需求调整速度的影响,进一步将样本分别按照控股股东性质、行业进行分组,分析和检验在不同所有权性质、不同行业的情况下,经济周期及供应链合作关系对营运资金需求动态调整速度的影响。

1. 经济周期、供应链合作关系对不同所有制公司营运资金调整速度影响

不同所有制的企业在社会关系方面存在显著差异,它们有不同的战略类型,从而组成了不同的战略集团,因此,导致企业与重要利益相关者—供应商和客户的关系在国有企业与民营企业的作用机制也存在不同。国有企业由于先天的优势,它们在供应链中处于强势地位,掠夺链上其他企业的利益等;国有企业势力雄厚,规模庞大,其产品更容易受到消费者的信赖,它们通过政治关联更易获得订单[①];而当市场竞争比较激烈时,市场位势不高的企业提供商业信用的可能性较大。不同产权性质的企业,营运资金管理采取的策略也有差异,通常非国有企业比国有企业采取更稳健的营运资金投资与筹资政策。通过以上分析我们认为不同性质的企业,会组成不同的供应链合作链条,供应链管理程度也不一样,所有制性质亦会对营运资金管理产生影响。本章使用模型(4-6)、(4-7)和(4-8)别对国有、私营企业的子样本分别进行了回归,表4-10至表4-12为回归结果。

表4-10结果表明,国有企业中,WCR_{it-1}、WCR_{2it-1}的系数分别为0.641和0.341,在1%水平上显著正相关;民营企业的WCR_{it-1}、WCR_{2it-1}的系数分别为0.581和0.319,在1%水平下显著正相关,数据说明无论是国有企业还是民营企业,营运资金都存在向目标值的调整行为。进一步对比发现,两类企业的营运资金调整速度存在显著差异,民营企业营运资金需求调整速度更快。国有企业中交互项Macro * WCR_{it-1}的系数为0.039,在5%水平上显著,民营企业该项系数没有通过显著性检验,数据说明经济周期对营运资金调整的正向影响只在国营企业中发挥作用。

---

① 余明桂,潘红波.《金融发展、商业信用与产品市场竞争》,载《管理世界》,2010年8期,第117~129页。

表 4-11 中,第 1 栏和第 3 栏的结果显示,国有企业营运资金调整速度相比民营企业较慢。国有企业中交互项 Supp * WCR_{it-1} 的系数为 -0.114,在 5% 水平上显著,民营企业该项系数没有通过显著性检验,说明制造企业与供应商关系(供应商集中度)对营运资金调整的正向影响只在国有企业中发挥作用。第 2 栏和第 4 栏的结果表明,民营企业中交互项 Supp * WCR_{2it-1} 的系数为 0.081,在 5% 置信水平上显著,国有企业中该项系数不显著,说明民营企业中供应商集中度对营运资金调整速度有负向作用。

表 4-12 中,1 栏、3 栏的结果表明,国有企业营运资金需求调整速度相比民营企业较慢。国有企业中交互项 Custo * WCR_{it-1} 和 Custo * WCR_{2it-1} 系数分别为 -0.091 和 -0.132,分别在 5%、1% 水平上显著,民营企业该项系数没有通过显著性检验,说明制造企业与客户关系(客户集中度)对营运资金需求调整的正向影响只在国有企业中发挥作用。上述结论说明当前我国国有控股上市公司在供应链中处于强势地位,供应链上下游关系对该类公司营运资金动态调整产生显著的正向影响,中小的民营公司在供应链关系中处于弱势地位,因此依赖供应商关系或者客户关系调整营运资金较难,这也是国企垄断和政策歧视造成的结果。

表 4-10 经济周期对不同所有制公司营运资金调整速度影响

变量	国有		民营	
	WCR	WCR_2	WCR	WCR_2
WCR_{it-1}	0.641***		0.581***	
	(43.17)		(43.57)	
Macro	-0.043***	-0.014	-0.055***	-0.033***
	(-5.33)	(-1.41)	(-6.73)	(-3.25)
Macro * WCR_{it-1}	0.039**		0.008	
	(2.52)		(0.57)	
WCR_{2it-1}		0.341***		0.319***
		(20.78)		(23.92)
Macro* WCR_{2it-1}		0.001		-0.038***
		(0.06)		(-2.92)
Lsize	0.002	0.051***	-0.006	0.042***

续表

变量	国有		民营	
	WCR	WCR$_2$	WCR	WCR$_2$
	(0.40)	(7.09)	(−1.21)	(5.37)
Lev	−0.190***	−1.313***	−0.173***	−1.395***
	(−6.53)	(−28.22)	(−7.28)	(−34.07)
Fa	−0.089***	−0.717***	−0.114***	−0.903***
	(−2.58)	(−13.64)	(−3.95)	(−18.98)
Grow	−0.211***	−0.052***	−0.255***	−0.194***
	(−18.37)	(−3.03)	(−26.21)	(−12.38)
Roe	0.540***	0.246**	0.478***	0.568***
	(8.03)	(2.52)	(8.71)	(6.51)
Market	0.109	−0.218	0.070	−0.358***
	(1.13)	(−1.51)	(0.95)	(−3.02)
Cflow	−1.045***	−0.112	−0.979***	−0.318***
	(−21.62)	(−1.57)	(−24.64)	(−5.02)
Fcost	−0.111	−0.677***	0.031	−0.797***
	(−0.95)	(−3.87)	(0.64)	(−10.11)
Constant	0.247**	−0.095	0.469***	0.283*
	(2.37)	(−0.61)	(4.51)	(1.70)
行业	控制	控制	控制	控制
调整半周期	1.93	1.05	1.66	1.02
观测值	4002	4002	6580	6580
调整 R^2	0.56	0.52	0.45	0.50

注:(1)*、**、***分别表示在10%、5%、1%水平上显著,括号中的为t值;(2)调整半周期=ln2/(1−b),b 为 WCR$_{it-1}$、WCR$_{2it-1}$ 的系数估计值。

表 4-11 供应商关系对不同所有制公司营运资金调整速度影响

变量	国有		民营	
	WCR	WCR₂	WCR	WCR₂
WCR_{it-1}	0.706***		0.574***	
	(35.18)		(30.13)	
Supp	0.013	-0.028	-0.058**	-0.020
	(0.48)	(-0.81)	(-2.25)	(-0.60)
Supp* WCR_{it-1}	-0.114**		0.034	
	(-2.52)		(0.88)	
WCR_{2it-1}		0.353***		0.257***
		(16.59)		(14.44)
Supp * WCR_{2it-1}		-0.034		0.081**
		(-0.73)		(2.29)
Lsize	-0.007	0.046***	-0.022***	0.030***
	(-1.46)	(6.52)	(-4.58)	(4.00)
Lev	-0.182***	-1.310***	-0.158***	-1.388***
	(-6.25)	(-28.19)	(-6.60)	(-33.87)
Fa	-0.071**	-0.710***	-0.103***	-0.896***
	(-2.06)	(-13.57)	(-3.53)	(-18.80)
Grow	-0.199***	-0.047***	-0.239***	-0.180***
	(-17.63)	(-2.79)	(-24.70)	(-11.62)
Roe	0.561***	0.253***	0.483***	0.558***
	(8.32)	(2.58)	(8.73)	(6.37)
Market	0.099	-0.229	0.042	-0.372***
	(1.02)	(-1.58)	(0.57)	(-3.12)
Cflow	-1.053***	-0.113	-0.988***	-0.324***
	(-21.74)	(-1.58)	(-24.71)	(-5.10)
Fcost	-0.141	-0.702***	0.018	-0.799***
	(-1.21)	(-4.00)	(0.37)	(-10.11)
Constant	0.399***	0.019	0.783***	0.508***
	(3.72)	(0.12)	(7.38)	(3.03)
行业	控制	控制	控制	控制
调整半周期	2.36	1.07	1.63	0.93
观测值	4002	4002	6580	6580
调整 R^2	0.56	0.52	0.44	0.50

注:(1)*、**、***分别表示在10%、5%、1%水平上显著,括号中的为 t 值;(2)调整半周期=ln2/(1-b),b 为 WCR_{it-1}、WCR_{2it-1} 的系数估计值。

表 4-12　客户关系对不同所有制公司营运资金调整速度影响

变量	国有		民营	
	WCR	WCR$_2$	WCR	WCR$_2$
WCR$_{it-1}$	0.687***		0.612***	
	(37.95)		(37.31)	
Custo	0.098***	0.068*	0.053**	0.120***
	(3.54)	(1.82)	(2.00)	(3.24)
Custo * WCR$_{it-1}$	−0.091**		−0.023	
	(−2.14)		(−0.63)	
WCR$_{2it-1}$		0.373***		0.266***
		(19.33)		(17.08)
Custo * WCR$_{2it-1}$		−0.132***		0.054
		(−2.99)		(1.61)
Lsize	−0.002	0.043***	−0.012***	0.036***
	(−0.36)	(6.18)	(−2.70)	(4.91)
Lev	−0.213***	−1.224***	−0.110***	−1.258***
	(−8.09)	(−27.20)	(−4.75)	(−30.79)
Fa	−0.105***	−0.650***	−0.139***	−0.940***
	(−3.25)	(−12.98)	(−5.02)	(−19.99)
Grow	−0.176***	−0.034**	−0.244***	−0.172***
	(−17.31)	(−2.15)	(−27.32)	(−11.65)
Roe	0.511***	0.290***	0.434***	0.584***
	(8.42)	(3.09)	(8.21)	(6.69)
Market	0.114	0.003	0.064	−0.260**
	(1.28)	(0.02)	(0.88)	(−2.15)
Cflow	−1.010***	−0.145**	−0.988***	−0.252***
	(−22.43)	(−2.14)	(−25.89)	(−4.01)
Fcost	−0.003	−0.756***	−0.017	−0.903***
	(−0.03)	(−4.47)	(−0.36)	(−11.13)
Constant	0.277***	−0.005	0.519***	0.294*
	(2.84)	(−0.03)	(5.32)	(1.84)
行业	控制	控制	控制	控制
调整半周期	2.21	1.11	1.79	0.94
观测值	4661	4604	7199	7199
调整 R^2	0.55	0.48	0.45	0.46

注:(1)*、**、***分别表示在10%、5%、1%水平上显著,括号中的为 t 值;(2)调整半周期=ln2/(1−b),b 为 WCR$_{it-1}$、WCR$_{2it-1}$ 的系数估计值。

2. 供应链合作关系对不同行业公司营运资金调整速度影响

当宏观经济环境波动性较大时，周期性行业企业生产经营更容易受到影响，本章对制造业中金属非金属C6、机械设备C7、木材家具C2（定义周期性行业）与制造业中的食品饮料C0、纺织服装C1、医药生物C8（定义非周期性行业）分别进行了回归，其他行业属性不明显没有包括在本次回归中。

表4-13中，机器设备行业交互项（Macro * WCR_{it-1}）系数显著为正，说明该行业营运资金需求调整速度受经济周期的影响，且与经济周期方向一致，下行时期，调整速度较慢。其他三类非周期性行业调整速度与经济周期无显著相关关系。

表 4-13 经济周期对不同行业公司营运资金调整速度影响

变量	周期性行业		非周期性行业		
	金属非金属行业	机械设备行业	食品饮料	纺织服装	医药生物
WCR_{it-1}	0.564***	0.599***	0.590***	0.522***	0.552***
	(20.64)	(35.94)	(19.23)	(12.59)	(20.35)
Macro	−0.033**	−0.046***	−0.084***	−0.064**	−0.068***
	(−2.47)	(−4.73)	(−3.70)	(−2.50)	(−3.13)
Macro* WCR_{it-1}	0.028	0.054***	0.038	0.003	0.016
	(1.00)	(3.07)	(1.13)	(0.07)	(0.47)
Lsize	−0.005	0.001	−0.012	0.058***	−0.003
	(−0.67)	(0.18)	(−0.79)	(2.99)	(−0.24)
Lev	−0.183***	−0.239***	−0.161**	−0.296***	−0.034
	(−4.06)	(−7.73)	(−2.29)	(−3.21)	(−0.52)
Fa	−0.140***	−0.204***	−0.320***	−0.013	−0.409***
	(−2.71)	(−4.28)	(−3.52)	(−0.13)	(−4.87)
Grow	−0.189***	−0.249***	−0.329***	−0.305***	−0.361***
	(−10.78)	(−20.87)	(−10.55)	(−8.32)	(−13.93)
Roe	0.572***	0.678***	0.075	0.610***	0.398***
	(5.24)	(8.57)	(0.48)	(3.30)	(3.10)
Market	0.109	0.488***	−0.056	−0.976***	−0.226**
	(0.46)	(3.63)	(−0.37)	(−2.92)	(−2.04)
Cflow	−0.868***	−1.077***	−1.004***	−0.750***	−1.178***

第四章 经济周期、供应链合作关系对营运资金动态调整的影响

续表

变量	周期性行业		非周期性行业		
	金属非金属行业	机械设备行业	食品饮料	纺织服装	医药生物
	(−11.80)	(−20.23)	(−8.84)	(−5.42)	(−10.03)
Fcost	−0.480***	0.162**	−0.089	−0.426	0.174
	(−3.17)	(2.06)	(−0.33)	(−1.59)	(1.08)
Constant	0.440***	0.307**	0.728**	−0.788*	0.553*
	(2.72)	(2.44)	(2.22)	(−1.93)	(1.92)
调整半周期	1.59	1.73	1.69	1.45	1.55
观测值	1727	3639	858	616	1242
调整 R^2	0.44	0.53	0.56	0.39	0.51

注：(1)*、**、***分别表示在10%、5%、1%水平上显著，括号中的为 t 值；(2)调整半周期=$\ln2/(1-b)$，b 为 WCR_{it-1} 的系数估计值。

表 4-14 中，周期性行业中的机器设备行业交互项（Supp * WCR_{it-1}）系数为−0.118，在5%的置信水平上显著为负，非周期性行业中的医药行业交互项（Supp * WCR_{it-1}）系数为0.27，在5%置信水平上显著为正，说明随着供应商关系强度增加，周期性行业营运资金需求调整速度加快，非周期性行业营运资金需求调整速度减慢，供应商关系对周期性行业影响更显著。

表 4-14 供应商关系对不同行业公司营运资金调整速度影响

变量	周期性行业		非周期性行业		
	金属非金属行业	机械设备行业	食品饮料	纺织服装	医药生物
WCR_{it-1}	0.609***	0.693***	0.571***	0.548***	0.435***
	(15.20)	(30.47)	(11.27)	(7.38)	(9.58)
Supp	−0.067*	−0.029	−0.033	0.224**	−0.119
	(−1.65)	(−0.77)	(−0.41)	(2.10)	(−1.35)
Supp* WCR_{it-1}	−0.002	−0.118**	0.112	−0.121	0.270**
	(−0.02)	(−2.25)	(1.10)	(−0.83)	(2.42)
Lsize	−0.014*	−0.015**	−0.021	0.031	−0.030**
	(−1.90)	(−2.51)	(−1.40)	(1.55)	(−2.12)

续表

变量	周期性行业		非周期性行业		
	金属非金属行业	机械设备行业	食品饮料	纺织服装	医药生物
Lev	−0.195***	−0.189***	−0.077	−0.226**	−0.015
	(−4.09)	(−5.64)	(−1.06)	(−2.18)	(−0.20)
Fa	−0.085	−0.176***	−0.095	−0.012	−0.300***
	(−1.64)	(−3.51)	(−1.00)	(−0.11)	(−3.21)
Grow	−0.180***	−0.269***	−0.282***	−0.322***	−0.317***
	(−9.94)	(−21.50)	(−8.44)	(−7.87)	(−10.49)
Roe	0.605***	0.773***	0.100	1.049***	0.245
	(5.29)	(8.77)	(0.62)	(4.96)	(1.64)
Market	−0.007	0.407***	−0.080	−1.267***	−0.260**
	(−0.03)	(2.78)	(−0.53)	(−3.04)	(−2.16)
Cflow	−0.948***	−1.123***	−0.949***	−0.713***	−1.336***
	(−12.69)	(−19.96)	(−8.14)	(−4.66)	(−9.88)
Fcost	−0.436***	0.149*	−0.207	−0.402	0.139
	(−2.82)	(1.91)	(−0.75)	(−1.45)	(0.83)
Constant	0.632***	0.603***	0.767**	−0.358	1.135***
	(3.61)	(4.44)	(2.29)	(−0.84)	(3.53)
调整半周期	1.77	2.26	1.62	1.53	1.23
观测值	1533	3272	729	522	1043
调整 R^2	0.47	0.56	0.54	0.37	0.46

注：(1)*、**、*** 分别表示在10%、5%、1%水平上显著，括号中的为 t 值；(2)调整半周期 $=\ln2/(1-b)$，b 为 WCR_{it-1} 的系数估计值。

表4-15中，周期性行业中的机器设备行业交互项（Custo * WCR_{it-1}）系数为−0.126，在1%的置信水平上显著为负，金属与非金属行业交互项（Custo * WCR_{it-1}）系数0.179，在5%置信水平上显著为正，非周期性行业中的食品饮料、纺织服装、医药行业交互项（Custo * WCR_{it-1}）系数均没有通过显著性检验，说明客户关系（客户集中度）对周期性行业营运资金需求的动态调整速度的影响较大，对非周期性行业营运资金需求的调整速度没

有影响。

表 4-15 客户关系对不同行业公司营运资金调整速度影响

变量	周期性行业		非周期性行业		
	金属非金属行业	机械设备行业	食品饮料	纺织服装	医药生物
WCR_{it-1}	0.525***	0.709***	0.603***	0.596***	0.497***
	(16.50)	(33.24)	(14.83)	(9.93)	(12.48)
Custo	0.149***	0.057*	−0.026	0.237**	0.167*
	(3.07)	(1.76)	(−0.31)	(2.38)	(1.82)
Custo * WCR_{it-1}	0.179**	−0.126***	0.099	−0.120	0.194
	(2.41)	(−2.64)	(1.02)	(−0.86)	(1.62)
Lsize	−0.006	−0.006	−0.029*	0.043**	−0.013
	(−0.81)	(−1.06)	(−1.92)	(2.26)	(−1.01)
Lev	−0.149***	−0.184***	−0.080	−0.267***	0.100
	(−3.32)	(−5.84)	(−1.06)	(−2.88)	(1.51)
Fa	−0.138***	−0.170***	−0.253***	0.052	−0.249***
	(−2.71)	(−3.64)	(−2.73)	(0.51)	(−2.97)
Grow	−0.171***	−0.240***	−0.317***	−0.291***	−0.343***
	(−10.30)	(−20.89)	(−10.14)	(−8.04)	(−13.27)
Roe	0.608***	0.612***	−0.032	0.691***	0.325**
	(5.64)	(7.60)	(−0.20)	(3.72)	(2.35)
Market	0.353	0.493***	−0.097	−0.784**	−0.200*
	(1.50)	(3.55)	(−0.63)	(−2.21)	(−1.82)
Cflow	−0.898***	−1.119***	−1.096***	−0.755***	−1.123***
	(−12.32)	(−21.26)	(−9.61)	(−5.48)	(−9.52)
Fcost	−0.440***	0.123	−0.143	−0.344	0.088
	(−2.93)	(1.62)	(−0.52)	(−1.29)	(0.56)
Constant	0.364**	0.364***	0.994***	−0.629	0.585**
	(2.24)	(3.00)	(2.98)	(−1.56)	(2.09)
调整半周期	1.46	2.38	1.75	1.72	1.38
观测值	1727	3597	842	607	1222
调整 R^2	0.45	0.56	0.58	0.40	0.49

注:(1)*、**、*** 分别表示在 10%、5%、1% 水平上显著,括号中的为 t 值;(2)调整半周期 $=\ln2/(1-b)$,b 为 WCR_{it-1} 的系数估计值。

本章以2001—2014年制造业上市公司为样本,运用固定效应法,实证检验在不同经济周期下,供应链上游关系和供应链下游关系对营运资金需求调整速度是否产生差异化的影响。研究结果表明:(1)宏观经济冲击(经济下行)会显著增加公司调整营运资金需求的成本,因此经济下行时期,营运资金需求调整速度较慢。进一步把营运资金按照偏离目标值程度分成"上偏组""中等组"和"下偏组",结果表明上行时期,"上偏组"调整速度快;在经济下行时期,"下偏组"的调整速度快,说明营运资金确实是决定企业盈利能力和风险的风向标,在经济上行时期,整个社会经济系统性风险低,企业目标追求价值最大化,因此会向下调整营运资金;在经济下行时期,整个社会系统性风险较高,企业目标追求风险最小,避免破产清算,因此会向上调整营运资金。(2)进一步的检验表明:供应链合作关系对营运资金调整速度的影响会因为宏观经济周期变化而改变。在经济上行时期,供应链上、下游关系不仅没有提高而且降低了营运资金的动态调整速度;经济下行时期,供应链上、下游关系均对营运资金调整速度产生正向影响,说明面临宏观经济的不利冲击时,上市公司会通过有效的供应链合作管理缓解外界冲击(金融危机)对企业的不利影响,因为在经济下行时期,企业面临融资约束较为严重,企业需要通过有效的供应链管理缓解弥补这种不足。因此在经济下行时期,企业更应该加强供应链关系管理。

该章研究结论表明,经济周期、供应链合作关系会对企业的营运资金动态调整速度产生显著的影响,同时由于企业所受的融资约束不同,企业所有权性质不同等,导致在宏观经济环境发生变化、供应链合作关系发生变化的情况下,企业对自身营运资金的调整特性表现出异质性的特征。以上的研究仅仅表明宏观经济环境、供应链合作关系对企业营运资金需求的安排和调整产生了影响,但并没有探究企业营运资金动态配置和变化对企业营运资金管理效率将产生如何影响。

第五章　经济周期、供应链合作关系对营运资金管理绩效的影响

营运资金是一个企业正常运转必不可少的资产,营运资金持有量过高,变现能力很强时,说明资产利用率不高,损害企业价值;反之营运资金持有量较小,变现能力差时,企业可能存在短融长投的情况,潜在的偿债压力大,企业经营风险上升,进而融资成本上升,最终亦会损害企业价值。如此矛盾的结果,使营运资金持有量或者需求必然存在一个理论上最优点,在前文中我们分析了经济周期的波动、供应链合作关系对营运资金静态配置的影响。营运资金静态配置中会存在一个目标的需求量,实际中企业达不到最优时会积极地调整,且调整速度受经济周期和供应链合作关系的影响。而本章想探究的是在经济繁荣和衰退的不同时段、供应链合作关系对营运资金管理效率的影响有差异化吗?

结合前文的分析,可以看出,经济上行时期的2007年,营运资金相对营业收入(营运资金需求[①]＝营运资金/营业收入)最少,为0.28,周转速度快;下行年份营运资金相对营业收入大,2011—2014年分别为0.328、0.339、0.338、0.449,周转慢。在经济形势较差的年份,战略伙伴关系组中,存货周转期比一般交易关系组和一般合作关系组短。客户关系中,在经济上行时期,增加客户集中度对各项营运资金周转期无明显影响;在经济下行时期,客户

---

① 营运资金需求＝营运资金/营业收入＝(应收票据＋应收账款＋存货＋预付账款－应付票据－应付账款－预收账款)/营业收入

集中度最高组[1]营运资金管理绩效并不是最高,这与前文的结论一致,即在经济下行时期,客户集中度高的公司,引起营运资金一致变化(营运资金占用较多),但客户集中度增量增加,经营活动营运资金周转期(渠道)、经营活动营运资金周转期(要素)、应收账款周转期、营运资金/总资产、营运资金/营业收入周转效率明显提高。说明在经济上行时期,营运资金本身周转得较快,对供应商和客户依赖相对较低;而在经济下行时期,企业必须依赖供应链管理才能提高营运资金管理效率。

第一节 理论分析与假设提出

前文我们分析了在不同经济周期下,供应链合作关系对营运资金管理绩效的影响机理。根据分析,我们可知经济周期处于扩张期时,市场需求较大,供应链上所有企业业绩良好,企业盈利能力增强,企业现金流量充足;资本市场资金充足,融资成本较低。在这种环境下,传统的营运资金管理策略完全可以使企业资金周转顺畅,制造企业对供应商、客户的依赖性并不强烈;但经济衰退时期,市场需求减少,资本市场供应减少,融资约束增加,大部分企业资金短缺,违约概率显著增加[2],此时如果与战略客户保持稳定的关系,制造商销售能力较强,存货积压较少,可以提高销售渠道营运资金管理效率;如果有关系密切的供应商支持,危机时期依然可以获得及时供应,放宽信用供货,制造业的采购渠道营运资金管理绩效较高。第五章中,通过检验,我们发现在经济下行时期,供应商集中度更高,营运资金占用更少,因此我们提出:

假设5.1:供应商关系(供应商集中度)与制造业企业营运资金管理绩效呈正相关关系。

假设5.1a:经济上行时期,增加供应商集中度提高营运资金管理绩效

---

[1] 向前五大客户销售额占销售总额比超过50%的组。

[2] Eugene F. Fama, "Term Premiums and Default Premiums in Money Markets", *Journal of Financial Economics*(1986), 17(1):175—196. Wilson Thomas C, "Portfolio Credit Risk", *Risk Magazine*(1997), 10(9):111—117.

的效果并不显著;

假设 5.1b:经济下行时期,增加供应商集中度可以显著提高营运资金管理绩效。

前文对客户关系的检验结果是:在经济下行时期,客户集中度更高,但引起营运资金一致的变化,原因买方市场中,客户的强势地位,迫使上游制造企业让步。因此,推测高客户集中度的企业,营运资金管理绩效并不高,但在客户集中度稍低的企业中,如果适当增加客户集中度,那么会提高营运资金管理绩效,因此提出假设:

假设 5.2:客户关系(客户集中度)与制造业企业营运资金管理绩效呈正相关关系。

假设 5.2a:经济上行时期,增加客户集中度提高营运资金管理绩效的效果并不显著;

假设 5.2b:经济下行时期,增加客户集中度可以显著提高营运资金管理绩效。

第二节 样本来源、变量选择与模型设计

一、样本来源

本章所选的采购渠道营运资金周转期、销售渠道营运资金周转期、经营活动营运资金周转期等指标主要来源于中国上市公司营运资金管理数据库(http://bwcmdatabase.ouc.edu.cn),该数据库关于渠道营运资金周转期指标是从 2007 年开始的,考虑数据的可获取性,本章拟选取 2007—2014 年制造业上市公司的数据为样本,对不同经济周期下制造业企业供应链合作关系影响其经营性营运资金管理绩效的机理进行分析和实证检验。

二、变量选择

1. 被解释变量

营运资金管理绩效的指标主要有三类:第一类是营运资金周转期指标,主要包括现金周转期、加权现金周转期、存货周转期、应收账款周转期等[1];第二类是营运资金需求量指标[2],如营运资金需求(WCR),变现净余额(NLB);第三类是财务比率指标,如流动比率、速动比率。从相关研究文献中可以看出,使用营运资金周转期的指标居多,笔者认为诸如现金周转期、

---

[1] Deloof M, "Does Working Capital Management Affect Profitability of Belgian Firms?", *Journal of Business Finance k Accounting* (2003), 4(5): 573—587. Jose, M. L., C. Lancaster, and J. L. Stevens, "Corporate Return and Cash Conversion Cycle", *Journal of Economics and Finance* (1996), (20): 33—46. Richards Verlyn D. and Laughlin Eugene J. A, "Cash Conversion Cycle Approach to Liquidity Analysis", *Financial Management* (1980), 9(1): 32—38. Olayinka Olufisayo Akinlo, "Determinants of Working Capital Requirements in Selected Quoted Companies in Nigeria", *ournal of African Business* (2012), 13(1): 40—50. Miia Pirttilä, Sari Viskari, Lotta Lind and Timo Kärri, "Benchmarking Working Capital Management in the Inter-Organisational Context", *Int. J. Business Innovation and Research* (2014), 8(2): 119—134. Sari Monto and Leena Tynninen, "Visualising Working Capital at the Customer Level", *Internatioal Journal of Applied Management Science* (2014), 6(2): 118—135.

[2] Hawawini G., Viallet C., Vora A, "Industry Influence on Corporate Working Capital Decisions", *Sloan Management Review* (1986), 27(4): 15—24. Jeng-Ren Chiou, Li Cheng, Han-Wen Wu, "The Determinants of Working Capital Management", *The Journal of American Academy of Business* (2006), 10(1): 149—155. B. A. Ranjith Appuhami, "The Impact of Firms' Capital Expenditure on Working Capital Management: An Empirical Study across Industries in Thailand", *International Management Review* (2008), (1): 8—21. Nazir M. S., Afza T, "On the Factor Determining Working Capital Requirements", *Proceedings of ASBBS* (2008), 15(1): 293—301. Mian Sajid Nazir and Talat Afza, "Working Capital Requirements and the Determining Factors in Pakistan", *IUP Journal of Applied Finance* (2009), 15(4): 28—38. Suleiman M. Abbadi & Rasha T. Abbadi, "The Determinants of Working Capital Requirements in PalestinianIndustrial Corporations", *International Journal of Economics and Finance* (2013), 5(1): 65—75. Olayinka Oluäsayo Akinlo, "Determinants of Working Capital Requirements in Selected Quoted Companies in Nigeria", *Journal of African Business* (2012), 13(1): 40—50.

加权现金周转期等指标虽然综合性较强,但预付账款、预收账款等与上下游企业相关的其他项目没有全部包含进来,而且该类指标也没有与渠道密切结合。因此本章把供应链关系与营运资金管理相结合,选取了王竹泉和刘文静等(2007)提出的营运资金管理绩效评价体系,将采购渠道营运资金周转期、销售渠道营运资金周转期和经营活动营运资金周转期作为主要的营运资金管理绩效评价指标[①]。

2. 解释变量

(1)经济周期:根据前文的分析,2007、2010年上行期,取值0,2008—2009年,2011—2014年为下行时期,取值为1。

(2)供应商关系、客户关系

根据前文的理论分析及指标的选用,我们认为供应商集中度、客户集中度并不是高度集中就一定越好,但对同一家公司而言,如果企业愿意增加集中度,说明该企业愿意与上下游企业进一步合作,因此本章衡量供应商关系用制造业企业向前五大供应商采购额占当年采购总额比重的增量来衡量;客户关系用制造业企业向前五大客户销售额占当年销售总额比重的增量来衡量。

3. 控制变量的选择

结合前文的分析,本章根据研究需要选取的控制变量主要包括公司规模(Lsize)、资产负债率(Lev)、固定资产比重(Fa)、经营活动现金流量(Cflow)、公司成长能力(Grow)、资产报酬率(Roe)、市场竞争力(Market)、融资成本(Fcost)。各变量的具体定义解释见表5-1。

表5-1 主要变量定义表

变量名称		变量符号	变量计算方法
因变量	经营活动营运资金周转期(渠道)	DOC	采购渠道营运资金周转期+生产渠道营运资金周转期+销售渠道营运资金周转期
	采购渠道营运资金周转期	PUR	(材料存货+预付账款-应付账款-应付票据)÷(营业收入/360)
	销售渠道营运资金周转期	MAR	(成品存货+应收账款+应收票据-预收账款-应交税费)÷(营业收入/360)

---

① 王竹泉,刘文静等:《中国上市公司营运资金管理调查:2007—2008》,载《会计研究》,2009年第9期,第51~57页。

续表

	变量名称	变量符号	变量计算方法
自变量	经济周期	Macro	2007、2010 年为上行时期，取值 0，其他年份取值为 1
	Δ 供应商关系	ΔSupp	向前五大供应商采购额占当年采购总额比例增量
	Δ 客户关系	ΔCusto	向前五大客户销售额占当年销售总额的比例增量
控制变量	公司规模	Lsize	公司总资产的对数
	财务杠杆	Lev	资产负债率
	固定资产比重	Fa	固定资产/总资产
	经营活动现金流量	Cflow	经营活动现金流量/总资产
	公司成长能力	Grow	（本年营业收入－上年营业收入）/上年营业收入
	资产收益率	Roe	息税前利润/总资产
	市场竞争力	Market	销售费用/营业收入
	融资成本	Fcost	（财务费用）/（总负债－应付账款）

三、模型设计

基于上述变量分析，本文分别以经营活动营运资金周转期（渠道）和采购渠道营运资金周转期、销售渠道营运资金周转期作为被解释变量，建立检验假设 5.1 和假设 5.2 的实证模型。

$$DOC_{it} = \alpha_0 + \alpha_1 \Delta Supp_{it} + \alpha_2 Macro + \alpha_3 Macro \times \Delta Supp_{it} + \alpha_4 Lsize_{it} + \alpha_5 Lev_{it} + \alpha_6 Fa_{it} + \alpha_7 Cflow_{it} + \alpha_8 Grow_{it} + \alpha_9 Roe_{it} + \alpha_{10} Market_{it} + \alpha_{11} Fcost_{it} + \delta_i + \theta_t + \varepsilon_{it}$$

模型(5-1)

注：DOC_{it} 为经营活动营运资金周转期，$\Delta Supp$ 供应商集中度增量，$Macro$ 为经济周期变量，经济上行（$Macro = 0$），经济下行（$Macro = 1$），其他变量为控制变量。模型(5-1)中，如果 α_1 显著，说明供应商集中度增加对经营活动营运资金周转期有显著影响；如果 α_3 显著为负，说明经济下行时，供应商集中度增加，经营活动营运资金周转期越短，管理绩效越好。

$$DOC_{it} = \alpha_0 + \alpha_1 \Delta Custo_{it} + \alpha_2 Macro + \alpha_3 Macro \times \Delta Custo_{it} + \alpha_4 Lsize_{it} + \alpha_5 Lev_{it} + \alpha_6 Fa_{it} + \alpha_7 Cflow_{it} + \alpha_8 Grow_{it} + \alpha_9 Roe_{it} + \alpha_{10} Market_{it} + \alpha_{11} Fcost_{it} + \delta_i + \theta_t + \varepsilon_{it}$$

模型(5-2)

注：ΔCusto 为客户集中度增量，模型(5-2)中，如果 α_1 显著，说明客户关系对经营活动营运资金周转期有显著影响；如果 α_3 显著为负，说明经济下行时，客户集中度增加，经营活动营运资金周转期越短，管理绩效越好。

$$PUR_{it} = \alpha_0 + \alpha_1 \Delta Supp_{it} + \alpha_2 Macro + \alpha_3 Macro \times \Delta Supp_{it} + \alpha_4 Lsize_{it} + \alpha_5 Lev_{it} + \alpha_6 Fa_{it} + \alpha_7 Cflow_{it} + \alpha_8 Grow_{it} + \alpha_9 Roe_{it} + \alpha_{10} Market_{it} + \alpha_{11} Fcost_{it} + \delta_i + \theta_t + \varepsilon_{it}$$

模型(5-3)

注：PUR_{it} 为采购渠道营运资金周转期，模型(5-3)中，如果 α_3 显著为负，说明经济下行时，供应商集中度增加，采购渠道营运资金周转期越短，管理绩效越好。

$$MAR_{it} = \alpha_0 + \alpha_1 \Delta Custo_{it} + \alpha_2 Macro + \alpha_3 Macro \times \Delta Custo_{it} + \alpha_4 Lsize_{it} + \alpha_5 Lev_{it} + \alpha_6 Fa_{it} + \alpha_7 Cflow_{it} + \alpha_8 Grow_{it} + \alpha_9 Roe_{it} + \alpha_{10} Market_{it} + \alpha_{11} Fcost_{it} + \delta_i + \theta_t + \varepsilon_{it}$$

模型(5-4)

注：MAR_{it} 为销售渠道营运资金周转期，模型(5-4)中，如果 α_3 显著为负，说明经济下行时，客户集中度增加，销售渠道营运资金周转期越短，管理绩效越好。

第三节 实证结果分析

一、基本变量描述性统计

本部分采用 2007—2014 年两市制造行业上市公司报告的财务数据，对经济上行和下行时期公司经营活动营运资金周转期、采购渠道营运资金周转期、销售渠道营运资金周转期、供应商集中度增量、客户集中度增量等指标分别作了描述性统计，结果如表 5-2 所示。

表 5-2 数据显示，经济上行时期经营活动营运资金周转期、销售渠道营运资金周转期都比经济下行时期短，说明经济繁荣时营运资金相比收入增加更少，周转绩效高；另外经济上行时期采购渠道营运资金周转天数低于下行期。

表 5-2 经济周期不同阶段公司主要变量描述性统计对比

变量	上行			下行			值
	mean	p50	sd	mean	p50	sd	
DOC	82.868	68.015	91.415	107.239	92.875	101.668	−9.06***
PUR	−17.875	−15.99	47.585	−24.721	−20.36	52.696	4.907***
MAR	87.373	77.875	69.158	117.105	104.9	83.924	−13.565***
ΔSupp	0	−0.002	0.12	−0.006	−0.006	0.119	1.16
ΔCusto	−0.007	−0.003	0.094	−0.001	−0.002	0.097	−1.514*

注:*、**、***分别表示在10%、5%和1%水平上显著;T值为各指标均值差异显著性的检验值。

二、供应商关系对营运资金管理绩效的影响

为了检验经济周期波动、供应商关系对经营活动营运资金、采购渠道营运资金周转绩效的影响,我们设置了交互项 Macro * Δsupp。同时,按照经济周期分组进行了检验,结果见表 5−3。

表 5−3 中结果显示:A 栏中全样本回归中交互项(Macro * ΔSupp)系数为−17.088,虽然没有通过显著性检验,但方向与假设是一致的。分组检验中,经济下行时期 ΔSupp 系数为−21.189,通过了置信水平为 1% 的显著性检验,上行时期没有通过检验,说明下行时期,增加供应商集中度,经营活动营运资金周转期越短,周转效率越高。B 栏中全样本回归中交互项(Macro * Δ Supp)系数为−5.559,没有通过显著性检验,但方向与假设是一致的。分组回归中,经济下行时期,系数为正,没有通过显著性检验。总起来经济下行时期,供应商对制造商发挥的作用更大,建立良好的供应链上游关系有利于降低经营活动营运资金的周转,提高营运资金管理绩效。假设 5.1a、假设 5.1b 基本得到验证,但假设 5.1 没有得到证明。

表 5-3 经济周期、供应商关系与营运资金管理绩效

变量	A栏:经营活动营运资金周转期(DOC)			B栏:采购渠道营运资金周转期(PUR)		
	全样本	上行	下行	全样本	上行	下行
ΔSupp	−9.128	−39.381	−21.189***	8.851	12.210	4.634
	(−0.55)	(−1.51)	(−2.82)	(1.19)	(1.02)	(1.34)
Macro	−8.175***			−2.348**		
	(−3.26)			(−2.09)		
Macro*ΔSupp	−17.088			−5.559		
	(−0.92)			(−0.67)		
Lsize	17.222***	19.255**	17.674***	−14.519***	−4.819	−16.777***
	(7.38)	(2.22)	(6.94)	(−13.87)	(−1.22)	(−14.31)
Lev	−87.015***	−20.911	−113.200***	−49.852***	−22.342	−49.930***
	(−6.62)	(−0.40)	(−7.90)	(−8.45)	(−0.95)	(−7.57)
L.Lev	−51.450***	−16.511	−59.253***	−50.209***	−32.151	−57.611***
	(−4.02)	(−0.33)	(−4.25)	(−8.75)	(−1.42)	(−8.98)
Fa	−63.898***	−71.963	−58.010***	−51.738***	−40.994*	−57.765***
	(−4.68)	(−1.36)	(−3.92)	(−8.45)	(−1.70)	(−8.49)
Cflow	−36.270**	−117.696*	−29.437*	4.820	−23.031	3.625
	(−2.23)	(−1.85)	(−1.68)	(0.66)	(−0.80)	(0.45)
Grow	−46.839***	−33.786**	−47.994***	13.511***	25.942***	12.192***
	(−11.47)	(−2.00)	(−10.84)	(7.38)	(3.37)	(5.98)
Roe	−177.378***	20.411	−218.821***	26.418**	80.388**	27.004**
	(−7.62)	(0.27)	(−8.40)	(2.53)	(2.31)	(2.25)
Market	61.419	466.311***	72.589	−2.398	225.501***	−38.400*
	(1.35)	(2.66)	(1.47)	(−0.12)	(2.82)	(−1.69)
L.Market	20.327	−482.887***	−31.766	−85.835***	−383.362***	−54.343**
	(0.43)	(−2.77)	(−0.61)	(−4.07)	(−4.82)	(−2.28)
Fcost	183.606***	305.501	167.562***	21.157**	106.740	18.103*
	(8.89)	(1.58)	(7.86)	(2.28)	(1.21)	(1.84)
Constant	−173.727***	−283.729	−171.782***	350.891***	120.332	401.632***
	(−3.46)	(−1.49)	(−3.11)	(15.59)	(1.39)	(15.78)
F	60.74***	5.33***	64.68***	90.64***	3.79***	91.35***
行业	控制	控制	控制	控制	控制	控制
观测值	7287	1216	6071	7287	1216	6071
调整 R^2	0.08	0.08	0.10	0.14	0.11	0.15

注:(1)*、**、***分别表示在10%、5%、1%水平上显著,括号中的为 t 值;(2)被解释变量为经营活动营运资金周转期(DOC)、采购渠道营运资金周转期(PUR)。

三、客户关系对营运资金管理绩效的影响

为了检验经济周期波动、客户关系对经营活动营运资金、销售渠道营运资金周转绩效的影响,我们设置了交互项 Macro * ΔCusto。同时,按照经济周期分组进行了检验,结果见表 5-4。

表 5-4 中结果显示:A 栏中全样本回归中交互项(Macro * ΔCusto)系数为-24.33,分组检验中,经济下行时期 ΔCusto 系数为-21.605,通过了置信水平为 1% 的显著性检验,上行时期 ΔCusto 的系数没有通过检验,说明经济下行时期,增加客户集中度,经营活动营运资金周转期越短,周转效率越高。B 栏中全样本回归中交互项(Macro * ΔCusto)系数为-17.33,经济下行时期,ΔCusto 的系数显著为负。A 栏和 B 栏的结果均说明经济下行时期,客户对制造商发挥的作用更大,建立良好的供应链下游关系有利于加快销售渠道营运资金、经营活动营运资金的周转,最终提高营运资金管理绩效。假设 5.2a、假设 5.2b 得到验证,但假设 5.2 没有被验证(ΔCusto 的系数为正,与我们假设方向相反)。

表 5-4 经济周期、客户关系与营运资金管理绩效

变量	A 栏:经营活动营运资金周转期(DOC)			B 栏:销售渠道营运资金周转期(MAR)		
	全样本	上行	下行	全样本	上行	下行
ΔCusto	2.515	-14.005	-21.605***	6.178	18.938	-11.978**
	(0.19)	(-0.68)	(-3.28)	(1.47)	(-2.34)	
Macro	-4.548***		2.536**			
	(-2.69)		(1.99)			
Macro* ΔCusto	-24.333			-17.330		
	(-1.63)			(-1.54)		
Lsize	7.8900***	13.7537**	8.2590***	21.2625***	11.9398***	24.8747***
	(5.07)	(2.44)	(4.85)	(18.11)	(3.40)	(18.73)
Lev	-53.4798***	-47.0716	-63.5977***	-3.0275	24.3805	-8.8538
	(-5.93)	(-1.34)	(-6.32)	(-0.45)	(1.11)	(-1.13)
L.Lev	-56.0077***	-56.1461*	-56.8483***	2.8629	-28.5107	10.0887
	(-6.37)	(-1.71)	(-5.78)	(0.43)	(-1.40)	(1.32)

续表

变量	A栏:经营活动营运资金周转期(DOC)			B栏:销售渠道营运资金周转期(MAR)		
	全样本	上行	下行	全样本	上行	下行
Fa	−79.6709***	−82.4229**	−83.2321***	−8.0625	30.1454	−16.5309**
	(−8.51)	(−2.36)	(−8.04)	(−1.14)	(1.39)	(−2.05)
Cflow	−21.6492*	−28.2175	−20.0153	−36.1905***	−61.9857**	−25.9646***
	(−1.94)	(−0.65)	(−1.62)	(−4.30)	(−2.31)	(−2.69)
Grow	−45.2775***	−29.3482***	−50.1055***	−45.6412***	−27.5215***	−50.5778***
	(−16.81)	(−2.91)	(−16.62)	(−22.47)	(−4.38)	(−21.51)
Roe	−187.9261***	−146.8283***	−216.1030***	−137.9390***	−61.6337*	−157.9418***
	(−12.00)	(−2.73)	(−12.13)	(−11.68)	(−1.84)	(−11.37)
Market	43.1811	36.8834	44.5816	168.4707***	136.5634***	177.2533***
	(1.60)	(0.36)	(1.49)	(8.27)	(2.14)	(7.60)
Fcost	160.7991***	387.0015***	151.9844***	121.7454***	123.3225	121.9233***
	(10.52)	(2.92)	(9.52)	(10.56)	(1.49)	(9.79)
Constant	18.8826	−131.3707	16.1586	−346.2467***	−174.6341**	−416.7452***
	(0.56)	(−1.06)	(0.44)	(−13.70)	(−2.26)	(−14.41)
行业	控制	控制	控制	控制	控制	控制
F	71.32***	5.22***	77.71***	143.59***	6.95***	135.61***
观测值	8455	1546	6909	8455	1546	6909
调整R2	0.03	0.06	0.03	0.14	0.08	0.15

注:注:(1)*、**、***分别表示在10%、5%、1%水平上显著,括号中的为t值。(2)被解释变量为经营活动营运资金周转期(DOC)、销售渠道营运资金周转期(MAR)。

四、稳健性检验

稳健性回归中,被解释变量选择"营运资金需求(WCR)=营运资金/营业收入=(应收票据+应收账款+存货+预付账款−应付票据−应付账款−预收账款)/营业收入"、"WCR_2=(流动资产−流动负债)/营业收入",解释变量不变,回归结果见表5-5,表5-6。

表 5-5　经济周期、供应商关系与营运资金管理绩效(稳健性检验)

变量	A栏:WCR			B栏:WCR$_2$		
	全样本	上行	下行	全样本	上行	下行
ΔSupp	0.020	0.008	−0.044**	−0.024	−0.022	0.010
	(0.84)	(0.29)	(−2.54)	(−0.75)	(−0.70)	(0.37)
Macro	−0.081***			−0.033***		
	(−15.90)			(−4.79)		
Macro* ΔSupp	−0.084***			0.032		
	(−2.66)			(0.74)		
Lsize	−0.027***	−0.029***	−0.041***	0.039***	0.074***	0.037***
	(−6.23)	(−2.78)	(−8.70)	(6.76)	(6.05)	(5.13)
Lev	−0.136***	−0.214***	−0.155***	−1.628***	−1.671***	−1.630***
	(−4.54)	(−3.41)	(−4.72)	(−40.07)	(−22.55)	(−31.76)
L. Lev	−0.180***	−0.196***	−0.200***	−0.109***	−0.130*	−0.184***
	(−6.32)	(−3.38)	(−6.34)	(−2.82)	(−1.89)	(−3.74)
Fa	−0.241***	−0.171***	−0.205***	−1.030***	−0.751***	−1.056***
	(−8.87)	(−3.09)	(−6.49)	(−28.01)	(−11.48)	(−21.36)
Cflow	−0.671***	−0.846***	−0.632***	−0.154***	−0.197**	−0.134**
	(−18.17)	(−11.70)	(−15.46)	(−3.08)	(−2.31)	(−2.10)
Grow	−0.141***	−0.161***	−0.093***	−0.050***	−0.047**	−0.053***
	(−15.44)	(−9.05)	(−9.07)	(−4.02)	(−2.26)	(−3.31)
Roe	−0.293***	−0.195**	−0.206***	−0.103	0.014	−0.181*
	(−5.80)	(−2.04)	(−3.50)	(−1.50)	(0.13)	(−1.96)
Market	0.334***	0.795***	0.421***	0.222*	−0.201	0.574***
	(3.50)	(4.37)	(3.80)	(1.72)	(−0.93)	(3.32)
L. Market	−0.071	−0.032	−0.317***	−0.570***	0.053	−0.996***
	(−0.76)	(−0.19)	(−2.82)	(−4.51)	(0.27)	(−5.69)
Fcost	0.387***	0.610***	0.261***	−1.249***	−1.274***	−1.228***
	(7.04)	(2.59)	(5.01)	(−16.79)	(−4.58)	(−15.12)
Constant	1.222***	1.253***	1.460***	0.639***	−0.211	0.702***
	(13.53)	(5.69)	(14.49)	(5.23)	(−0.81)	(4.46)
行业	控制	控制	控制	控制	控制	控制
F	114.26***	40.93***	76.97***	462.49***	127.84***	346.51***
观测值	10039	3476	6563	10039	3476	6563
调整 R^2	0.15	0.15	0.14	0.41	0.35	0.43

注:(1)*、**、***分别表示在10%、5%、1%水平上显著,括号中的为t值;(2)被解释变量为营运资金需求(WCR)=(应收票据+应收账款+存货+预付账款−应付票据−应付账款−预收账款)/营业收入,WCR$_2$=(流动资产−流动负债)/营业收入。

表 5-6 经济周期、客户关系与营运资金管理绩效(稳健性检验)

变量	WCR			WCR$_2$		
	全样本	上行	下行	全样本	上行	下行
ΔCusto	0.054*	0.063*	−0.046**	0.041	0.074*	−0.054*
	(1.93)	(1.95)	(−2.31)	(1.06)	(1.89)	(−1.71)
Macro	−0.086***			−0.035***		
	(−17.93)			(−5.27)		
Macro*ΔCusto	−0.105***			−0.107**		
	(−2.85)			(−2.12)		
Lsize	−0.020***	−0.016*	−0.038***	0.054***	0.095***	0.045***
	(−4.85)	(−1.75)	(−8.72)	(9.79)	(8.34)	(6.53)
Lev	−0.174***	−0.339***	−0.145***	−1.714***	−1.897***	−1.641***
	(−6.20)	(−5.85)	(−4.71)	(−44.34)	(−27.00)	(−34.11)
L.Lev	−0.172***	−0.132**	−0.218***	−0.044	0.007	−0.140***
	(−6.46)	(−2.47)	(−7.37)	(−1.19)	(0.11)	(−3.02)
Fa	−0.304***	−0.270***	−0.284***	−1.055***	−0.863***	−1.085***
	(−11.81)	(−5.13)	(−9.60)	(−29.73)	(−13.51)	(−23.37)
Cflow	−0.635***	−0.746***	−0.613***	−0.116**	−0.151*	−0.110*
	(−18.22)	(−10.81)	(−16.02)	(−2.41)	(−1.80)	(−1.84)
Grow	−0.137***	−0.146***	−0.100***	−0.033***	−0.010	−0.061***
	(−16.45)	(−8.97)	(−10.84)	(−2.90)	(−0.51)	(−4.25)
Roe	−0.272***	−0.384***	−0.155***	−0.108*	−0.025	−0.141*
	(−5.83)	(−4.32)	(−2.89)	(−1.69)	(−0.23)	(−1.67)
Market	0.254***	0.519***	0.243***	−0.158	−0.095	−0.035
	(3.62)	(3.61)	(3.00)	(−1.64)	(−0.55)	(−0.27)
Fcost	0.444***	0.925***	0.280***	−1.286***	−1.040***	−1.306***
	(8.13)	(4.10)	(5.46)	(−17.09)	(−3.80)	(−16.23)
Constant	1.097***	1.058***	1.409***	0.306***	−0.604**	0.510***
	(12.84)	(5.28)	(15.00)	(2.60)	(−2.49)	(3.46)
F	137.88***	47.98***	98.44***	23.73***	15.55***	44.34***
行业	控制	控制	控制	控制	控制	控制
观测值	11405	3985	7420	11405	3985	7420
调整 R^2	0.14	0.14	0.14	0.40	0.37	0.42

注:(1)*、**、***分别表示在10%、5%、1%水平上显著,括号中的为 t 值;(2)被解释变量为营运资金需求(WCR)=(应收票据+应收账款+存货+预付账款−应付票据−应付账款−预收账款)/营业收入、WCR$_2$=(流动资产−流动负债)/营业收入。

表 5-5 中结果显示:A 栏中全样本回归中交互项(Macro * ΔSupp)系数

为-0.084,在1%水平上显著为负;分组检验中,经济下行时期 ΔSupp 系数为-0.044,在5%的水平上显著为负,经济上行时期 ΔSupp 的系数没有通过检验,说明经济下行时期,供应商集中度增加,营运资金相对营业收入更少,周转效率越高。B栏中全样本回归中交互项(Macro * ΔSupp)系数为0.032,没有通过显著性检验。

表5-6中结果显示:A栏中全样本回归中交互项(Macro * ΔCusto)系数为-0.105,在1%水平上显著为负;分组检验中,经济下行时期 ΔCusto 系数为-0.046,在5%的水平上显著为负,经济上行时期 ΔCusto 的系数为0.063,在10%的置信水平上显著为正,说明经济下行时期,客户集中度增加,营运资金相对营业收入更少,周转效率越高,而经济上行时期,客户集中度增加,营运资金周转效率反而降低,可能是上行时期放宽信用政策大量赊销所致。B栏中全样本回归中交互项(Macro * ΔCusto)系数为-0.107,在5%的水平上显著为负,经济下行时期,Δcusto 系数显著为负,上行时期显著为正。A栏、B栏的结果说明良好的供应链下游关系在经济下行时期比上行时期更有利于降低营运资金周转期,提高营运资金周转绩效。

五、进一步检验

1.不同所有制公司经济周期、供应链合作关系与营运资金管理绩效

表5-7-表5-10显示的是在国有、民营上市公司中,经济周期、供应链合作关系对营运资金管理绩效的影响。

表5-7 经济周期、供应商关系与经营活动营运资金管理绩效(不同所有制公司)

变量	上行		下行	
	国有	民营	国有	民营
ΔSupp	-10.9605	-34.4317	-22.1408**	-8.5770
	(-0.40)	(-1.13)	(-2.24)	(-1.23)
Lsize	26.9632***	12.5279	15.4676***	6.4382**
	(3.25)	(1.11)	(5.09)	(2.52)
Lev	-114.1872**	81.4065	-100.8639***	-57.8876***
	(-2.04)	(1.37)	(-5.07)	(-4.46)
L.Lev	-63.4123	2.2417	-59.6177***	-32.4341**

续表

变量	上行		下行	
	国有	民营	国有	民营
Fa	(−1.20)	(0.04)	(−3.08)	(−2.55)
	61.0526	−210.0047***	−75.6800***	−46.2081***
Cflow	(1.14)	(−3.44)	(−3.76)	(−3.37)
	−1.3043	−77.3467***	−40.9735***	−60.7360***
Grow	(−0.07)	(−3.83)	(−7.15)	(−14.54)
	−113.7508	−122.2349	−180.7665***	−206.0746***
Roe	(−1.22)	(−1.51)	(−5.23)	(−8.49)
	−161.9867	308.9439*	82.3483	61.0523
Market	(−0.60)	(1.67)	(1.05)	(1.43)
	−143.0612	−391.6662**	−97.0324	55.7366
L.Market	(−0.53)	(−2.14)	(−1.16)	(1.23)
	−14.1325	−131.6843*	−13.6158	−52.3434***
Fcost	(−0.21)	(−1.80)	(−0.56)	(−3.28)
	99.6410	634.7524***	183.3115***	129.7406***
Constant	(0.52)	(2.68)	(3.39)	(7.65)
	−430.7080**	−119.7679	−153.0421**	46.2000
	(−2.37)	(−0.48)	(−2.27)	(0.84)
行业	控制	控制	控制	控制
F	2.12**	6.92***	19.49***	47.48***
观测值	502	675	1819	4116
调整 R^2	0.11	0.26	0.13	0.15

注:(1)*、**、***分别表示在10%、5%、1%水平上显著,括号中的为 t 值,(2)被解释变量为经营活动营运资金周转期(DOC)。

表 5-8 经济周期、供应商关系与采购渠道营运资金管理绩效(不同所有制公司)

变量	上行		下行	
	国有	民营	国有	民营
ΔSupp	14.1151	17.4789	8.8611*	4.4969
	(1.01)	(1.17)	(1.66)	(1.30)
Lsize	−4.7391	−2.6047	−20.0431***	−15.2607***
	(−1.14)	(−0.47)	(−12.20)	(−12.09)
Lev	−20.7295	25.3835	−42.9426***	−35.6229***
	(−0.74)	(0.87)	(−3.99)	(−5.56)

续表

变量	上行		下行	
	国有	民营	国有	民营
L. Lev	−33.3539	−52.0867*	−55.4848***	−51.7661***
	(−1.26)	(−1.89)	(−5.31)	(−8.23)
Fa	−0.6680	−58.8374*	−64.5439***	−38.9132***
	(−0.02)	(−1.96)	(−5.93)	(−5.76)
Cflow	15.8546*	25.7852**	13.5536***	11.7649***
	(1.79)	(2.60)	(4.37)	(5.71)
Grow	40.9080	31.1059	63.4566***	21.9959*
	(0.88)	(0.78)	(3.39)	(1.84)
Roe	−171.7842	129.1310	−37.3853	−14.0858
	(−1.27)	(1.42)	(−0.88)	(−0.67)
Market	93.5659	−286.7905***	−96.7553**	−51.3806**
	(0.69)	(−3.19)	(−2.14)	(−2.29)
L. Market	−9.1097	−36.7465	14.3565	−5.8874
	(−0.27)	(−1.02)	(1.10)	(−0.75)
Fcost	72.0770	257.5504**	29.6958	−1.3516
	(0.75)	(2.21)	(1.02)	(−0.16)
Constant	103.9195	68.1827	480.4322***	351.2557***
	(1.14)	(0.56)	(13.17)	(12.96)
行业	控制	控制	控制	控制
F	1.94**	2.71***	41.19***	51.38***
观测值	502	675	1819	4116
调整 R^2	0.10	0.12	0.24	0.16

注:(1)*、**、***分别表示在10%、5%、1%水平上显著,括号中的为 t 值,(2)被解释变量为采购渠道动营运资金周转期(PUR)。

表 5-7、表 5-8 中结果表明,在经济上行时期,不管是国有还是民营企业,供应商集中度增加量与经营活动、采购渠道上营运资金周转绩效均没有显著的相关关系;但在经济下行时期,国有上市公司增加供应商集中度显著影响企业经营活动、采购渠道营运资金管理绩效。表 5-9 和表 5-10 中结果表明,随着客户集中度增加值的提高,在经济下行时期,民营企业经营活动营运资金管理绩效显著提高,在经济上行时期,国有企业营运资金管理绩效显著提高,而民营企业销售渠道营运资金管理绩效显著降低。

表 5-9 经济周期、客户关系与经营活动营运资金管理绩效（不同所有制公司）

变量	上行		下行	
	国有	民营	国有	民营
ΔCusto	−26.7058	−11.8961	−10.3148	−24.1411***
	(−0.85)	(−0.42)	(−0.84)	(−3.03)
Lsize	21.6538***	11.7256	13.5381***	4.5442**
	(2.91)	(1.29)	(4.89)	(2.01)
Lev	−169.2603***	59.2959	−80.9613***	−55.0687***
	(−3.45)	(1.15)	(−4.49)	(−4.46)
L.Lev	−14.1600	−79.0919*	−87.8586***	−40.3666***
	(−0.31)	(−1.71)	(−5.03)	(−3.29)
Fa	31.1359	−203.0572***	−90.8956***	−82.3504***
	(0.64)	(−3.93)	(−4.96)	(−6.35)
Cflow	7.0888	−63.5226***	−35.2896***	−58.1181***
	(0.51)	(−4.37)	(−6.85)	(−15.21)
Grow	−183.8689**	−150.5795**	−243.0874***	−215.0559***
	(−2.18)	(−2.07)	(−7.85)	(−9.59)
Roe	−257.3132*	124.4414	36.7853	35.8833
	(−1.89)	(0.81)	(0.62)	(1.02)
Market	−41.8845	−44.5313	3.7196	−31.5948**
	(−0.69)	(−0.73)	(0.17)	(−2.07)
Fcost	262.2552	609.0008***	226.5051***	146.0814***
	(1.58)	(2.91)	(4.29)	(8.64)
Constant	−299.8040*	−81.7676	−102.2991*	101.2298**
	(−1.84)	(−0.41)	(−1.67)	(2.08)
行业	控制	控制	控制	控制
F	2.99***	6.63***	26.81***	60.81***
观测值	662	836	2220	4532
调整 R^2	0.10	0.18	0.13	0.15

注：(1) *、**、*** 分别表示在 10%、5%、1% 水平上显著，括号中的为 t 值，(2) 被解释变量为经营活动营运资金周转期（DOC）。

表 5-10 经济周期、客户关系与销售渠道营运资金管理绩效(不同所有制公司)

变量	上行		下行	
	国有	民营	国有	民营
ΔCusto	−43.2928**	57.1651***	−13.5095	−10.5906
	(−2.43)	(3.01)	(−1.55)	(−1.63)
Lsize	17.9991***	4.0870	23.0612***	25.7002***
	(4.27)	(0.67)	(11.66)	(13.94)
Lev	−28.8001	29.2284	0.8107	−16.2450
	(−1.04)	(0.85)	(0.06)	(−1.62)
L.Lev	−26.4305	−21.4195	8.3095	8.7518
	(−1.02)	(−0.69)	(0.67)	(0.88)
Fa	37.0356	30.6747	−49.3601***	8.9474
	(1.35)	(0.89)	(−3.77)	(0.85)
Cflow	−2.0398	−47.2188***	−44.6773***	−55.9615***
	(−0.26)	(−4.89)	(−12.13)	(−18.00)
Grow	−207.0717***	9.6828	−188.9220***	−139.1471***
	(−4.35)	(0.20)	(−8.54)	(−7.62)
Roe	60.4998	249.8755**	260.8944***	141.4905***
	(0.78)	(2.43)	(6.14)	(4.95)
Market	−41.4830	−66.4145	−10.1070	−34.0856***
	(−1.21)	(−1.63)	(−0.63)	(−2.75)
Fcost	173.3662*	−31.3829	82.4509**	127.3184***
	(1.84)	(−0.23)	(2.19)	(9.25)
Constant	−289.7117***	−7.8268	−406.0594***	−419.1961***
	(−3.15)	(−0.06)	(−9.27)	(−10.56)
行业	控制	控制	控制	控制
F	6.53***	5.06***	55.11***	82.9***
观测值	662	836	2220	4532
调整 R^2	0.19	0.14	0.23	0.19

注:(1) *、**、*** 分别表示在 10%、5%、1%水平上显著,括号中的为 t 值,(2)被解释变量为销售渠道营运资金周转期(MAR)。

2. 不同融资约束[①]公司经济周期、供应链合作关系与营运资金管理绩效

根据前文中对于融资约束分析，我们知道在经济周期的不同阶段，企业所受融资约束程度不同，受到融资约束的企业，必然有从其他渠道获取资金的动机，从而缓解融资约束。比如依赖供应链伙伴获取资金，依赖供应链金融获取资金，而供应链上资金又与营运资金管理密切相关。因此，我们对不同融资约束组公司供应商关系、客户关系对营运资金管理绩效影响进行了分组检验（见表5-11—表5-14）。

表5-11结果显示，不管是经济上行还是下行时期，约束组公司增加供应商集中度均显著降低经营活动营运资金周转期；表5-13，表5-14中数据显示，融资约束对客户关系与营运资金管理绩效关系产生显著影响，不管经济周期如何波动，增加客户集中度可以显著降低经营活动、销售渠道营运资金周转期，说明面临融资约束，企业的确会通过有效的供应链关系管理从营运资本中释放资金。

表5-11 经济周期、供应商关系与营运资金管理绩效（不同融资约束公司）

变量	上行		下行	
	约束	无约束	约束	无约束
ΔSupp	−97.4322*	−11.4236	−24.0890**	−8.3021
	(−1.95)	(−0.48)	(−2.22)	(−0.90)
Lsize	43.6733	3.4595	12.5775***	12.7252***
	(1.57)	(0.56)	(2.65)	(5.08)
Lev	−297.6869**	99.4836**	−86.3047***	−70.0573***
	(−2.44)	(2.13)	(−4.43)	(−3.54)
L.Lev	235.3521*	−101.8721**	−28.8321	−71.4552***
	(1.95)	(−2.34)	(−1.46)	(−4.18)
Fa	−138.1547	−54.0648	10.9919	−95.2263***
	(−1.10)	(−1.20)	(0.53)	(−5.13)
Cflow	−111.7924***	−24.1583	−68.4415***	−35.6829***

[①] 融资约束度量：根据相关数据计算了SA指数：$SA=-0.737Size+0.043Size2+0.04Age$，其中Size为公司总资产，Age为公司成立时间。SA按照公司取平均后，等分成三组，小于33%分位数为融资约束组，大于66%分位数为无融资约束组。

续表

变量	上行		下行	
	约束	无约束	约束	无约束
Grow	(−3.07)	(−1.57)	(−10.41)	(−6.71)
	−114.7245	−76.0447	−212.8781***	−175.4437***
Roe	(−0.95)	(−0.89)	(−6.30)	(−4.96)
	232.4764	−343.8326	−52.8821	164.2225*
Market	(0.84)	(−1.36)	(−0.89)	(1.76)
	−104.4978	1.2344	170.4701***	−202.6109**
L.Market	(−0.38)	(0.01)	(2.69)	(−2.15)
	−95.0858	−6.1386	−79.2856***	−11.7166
Fcost	(−0.76)	(−0.10)	(−3.12)	(−0.54)
	106.2867	127.4887	93.1325***	369.6922***
Constant	(0.34)	(0.63)	(4.03)	(6.88)
	−693.5594	22.6833	−75.0604	−108.1201*
	(−1.20)	(0.16)	(−0.75)	(−1.91)
行业	控制	控制	控制	控制
F	2.15**	1.62*	23.65***	20.29***
观测值	358	460	2215	1840
调整 R^2	0.19	0.09	0.14	0.14

注:(1)*、**、***分别表示在10%、5%、1%水平上显著,括号中的为 t 值,(2)被解释变量为经营活动营运资金周转期(DOC)。

表 5-12 经济周期、供应商关系与采购渠道营运资金管理绩效(不同融资约束公司)

变量	上行		下行	
	约束	无约束	约束	无约束
ΔSupp	−7.2428	10.7883	−4.8704	15.8865***
	(−0.39)	(0.69)	(−0.99)	(2.91)
Lsize	−1.6480	−4.6556	−18.4417***	−14.6925***
	(−0.16)	(−1.16)	(−8.60)	(−9.90)
Lev	−7.1936	33.4306	−43.3940***	−14.6930
	(−0.16)	(1.10)	(−4.93)	(−1.25)
L.Lev	−78.9368*	−60.2734**	−50.3335***	−64.5788***

续表

变量	上行		下行	
	约束	无约束	约束	无约束
	(-1.78)	(-2.13)	(-5.65)	(-6.37)
Fa	-113.0438**	27.4514	-21.8910**	-62.9055***
	(-2.43)	(0.93)	(-2.34)	(-5.72)
Cflow	14.1104	7.5510	12.0882***	10.9389***
	(1.05)	(0.76)	(4.07)	(3.47)
Grow	87.5315*	164.9706***	0.3338	71.3865***
	(1.97)	(2.98)	(0.02)	(3.40)
Roe	126.9060	23.9302	3.0355	-47.5326
	(1.25)	(0.15)	(0.11)	(-0.86)
Market	-237.3720**	-91.5836	-24.4780	-53.3584
	(-2.35)	(-0.57)	(-0.85)	(-0.95)
L.Market	-19.7078	-79.5653*	21.3292*	-9.9969
	(-0.43)	(-1.93)	(1.86)	(-0.78)
Fcost	142.7273	-37.3876	-1.0527	39.1689
	(1.25)	(-0.28)	(-0.10)	(1.23)
Constant	85.1745	83.2354	398.2771***	366.4550***
	(0.40)	(0.90)	(8.83)	(10.94)
行业	控制	控制	控制	控制
F	1.75*	1.95**	21.48***	31.7***
观测值	358	460	2215	1840
调整 R^2	0.16	0.11	0.13	0.20

注:(1)*、**、***分别表示在10%、5%、1%水平上显著,括号中的为t值,(2)被解释变量为采购渠道营运资金周转期(PUR)。

表 5-13 经济周期、客户关系与经营活动营运资金管理绩效(不同融资约束公司)

变量	上行		下行	
	约束	无约束	约束	无约束
ΔCusto	-15.8716	31.5543	-30.6594**	3.2420
	(-0.33)	(1.25)	(-2.49)	(0.28)
Lsize	22.4420	3.8398	9.1924**	11.2212***
	(0.95)	(0.74)	(2.04)	(5.13)

续表

变量	上行		下行	
	约束	无约束	约束	无约束
Lev	−223.6476**	91.4642**	−91.7240***	−64.4348***
	(−2.28)	(2.31)	(−5.08)	(−3.56)
L. Lev	91.9841	−78.2363**	−33.0170*	−73.6326***
	(0.94)	(−2.14)	(−1.78)	(−4.70)
Fa	−137.9691	−67.7706*	−28.8471	−113.3429***
	(−1.35)	(−1.85)	(−1.50)	(−6.86)
Cflow	−64.0212**	−26.1866**	−58.4179***	−37.0476***
	(−2.55)	(−2.21)	(−9.70)	(−8.00)
Grow	−172.9362	−76.5193	−213.1405***	−154.6290***
	(−1.55)	(−1.01)	(−6.92)	(−4.98)
Roe	−18.4877	−282.2909*	−2.1121	96.0782
	(−0.08)	(−1.75)	(−0.04)	(1.49)
Market	11.8977	26.6765	−47.8519**	−13.1904
	(0.11)	(0.49)	(−2.02)	(−0.67)
Fcost	208.0343	204.0269	120.0270***	353.4089***
	(0.78)	(1.12)	(5.31)	(6.80)
Constant	−235.2569	3.6834	13.7902	−79.0661
	(−0.48)	(0.03)	(0.15)	(−1.59)
行业	控制	控制	控制	控制
F	1.69*	2.03**	27.6***	23.82***
观测值	453	576	2482	2120
调整 R^2	0.10	0.07	0.13	0.12

注:(1)*、**、***分别表示在10%、5%、1%水平上显著,括号中的为 t 值,(2)被解释变量为经营活动营运资金周转期(DOC)。

表 5-14 经济周期、客户关系与销售渠道营运资金管理绩效(不同融资约束公司)

变量	上行		下行	
	约束	无约束	约束	无约束
ΔCusto	70.0977***	12.7021	−25.2229***	8.7457
	(2.65)	(0.77)	(−2.64)	(0.93)
Lsize	10.2260	6.0936*	26.8146***	23.9909***

续表

变量	上行		下行	
	约束	无约束	约束	无约束
Lev	(0.79)	(1.81)	(7.69)	(13.55)
	−100.4354*	54.3529**	−8.3424	−44.3490***
	(−1.86)	(2.11)	(−0.60)	(−3.03)
L.Lev	125.1124**	−42.0993*	40.3051***	4.7610
	(2.33)	(−1.76)	(2.80)	(0.38)
Fa	96.7027*	−34.5813	−3.2347	−43.6863***
	(1.73)	(−1.45)	(−0.22)	(−3.27)
Cflow	−45.3699***	−20.9230***	−62.1600***	−39.0832***
	(−3.30)	(−2.70)	(−13.32)	(−10.43)
Grow	−89.5125	−163.7514***	−142.1442***	−189.3629***
	(−1.46)	(−3.32)	(−5.95)	(−7.54)
Roe	151.8491	261.2138**	91.4366**	305.6382***
	(1.22)	(2.48)	(2.45)	(5.88)
Market	−146.6280**	75.3024**	−52.9253***	−13.2651
	(−2.57)	(2.11)	(−2.88)	(−0.84)
Fcost	−277.1200*	275.0882**	94.6076***	254.6838***
	(−1.89)	(2.32)	(5.40)	(6.06)
Constant	−124.0886	−73.4622	−418.0652***	−433.1929***
	(−0.46)	(−0.94)	(−5.70)	(−10.77)
行业	控制	控制	控制	控制
F	3.66***	5.12***	40.02***	47.9***
观测值	453	576	2482	2120
调整 R^2	0.20	0.17	0.18	0.22

注：(1)*、**、***分别表示在10%、5%、1%水平上显著，括号中的为 t 值，(2)被解释变量为销售渠道营运资金周转期(MAR)。

本章以2007—2014年制造业上市公司为样本，实证检验经济周期、供应链合作关系对上市公司经营活动营运资金管理绩效的影响，结果表明：

第一，增加供应商集中度对经营活动、采购渠道营运资金周转期没有显著的影响；但在经济下行时期，增加供应商集中度，经营活动营运资金周转期显著降低。

第二,增加客户集中度对经营活动、销售渠道营运资金周转期没有显著的影响;但在经济下行时期,增加客户集中度,经营活动、销售渠道营运资金周转期显著降低。

第三,在稳健性检验中,供应商、客户集中度有所增加,在经济下行时期,均显著提高了经营性营运资金管理绩效。

第四,在经济周期不同阶段,供应商关系对营运资金管理绩效的影响会随着企业性质变化而有所不同,在经济下行时期,供应商关系对民营企业营运资金管理绩效有显著提高作用;在经济上行时期,客户关系对国有企业营运资金管理绩效有显著提高作用,而对民营企业营运资金管理绩效有一定的负面影响。

第五,供应商关系、客户关系对营运资金管理绩效的影响与企业受的融资约束有关,不管是在经济上行时期还是下行时期,受约束公司样本,增加供应商集中度、客户集中度均可以显著提高营运资金管理绩效。

本章的实证研究证明:供应商集中度、客户集中度的增加在经济下行时期发挥的作用更大,印证了我们前面提出的假设,即在经济下行时期,抱团取暖比孤军奋战好;融资约束的企业,供应商关系、客户关系集中度增加能显著降低营运资金周转期,说明建立良好的供应链合作关系对制造企业缓解融资约束、应付经济危机等经济衰退有重要的意义。

参考文献

[1] Chen, I. J., A. Paulraj, and A, A, Lado, Strategic Purchasing, Supply Management and Firm Performance[J]. Journal of Operations Management,2004,22 (5): 505 -523.

[2]Claycomb C., C. Drge and R. Gennain. The Effect of Just - in-time with Customers on Organizational Design and Performance[J]. International Journal of Logistics Management,1999,10(1): 37 - 58.

[3]Fazzari, Steven, and Bruce Petersen, . Working Capital and Fixed Investment: New Evidence on Financing Constraints [J]. The RAND Journal of Economics, 1993, 24(3):328—342.

[4]Fynes B, S. de Búrca, C. Voss. SupplyChain Relationship Quality, the Competitive Environment and Performance [J]. International Journal of Production Research, 2005, 43(16): 3303 - 3320.

[5]Garcia-Teruel, P. J., and P. Martinez-Solano. Effects of Working Capital Management on SME Profitability[J]. International Journal of Managerial Finance 2007a, 3(2): 164—177.

[6] Hana Scholleova. The Economic Crisis and Working Capital Management of Companies [J]. Theoretical and Applied Economics Volume XIX (2012), No. 4(569):79—92

[7] Lotta Lind, MiiaPirttil, Sari Viskari, Florian Schupp, And TimoKärri. WorkingCapital Management in the Automotive Industry: Financial Value Chain Analysis [J]. Journal of Purchasing & Supply Management, 2012(18): 92 - 100.

[8] Maksimovic V., Titman S.. Financial Policy and Reputation for Product Quality [J]. Review of Financial Studies, 1991, 4(1)175—200.

[9] Opler T., L. Pinkowitz, R. Stulz, R Williamson. The Determinants and Implications of Corporate Cash Holdings [J]. Journal of Financial Economics, 1999, 52(1):13—46.

[10] Spekman R. E., Jr. J. W. Kamauff. andN. Myhr. An Empirical Investigation into Supply Chain Management: A Perspective on Partnerships [J]. International Journal of Physical Distribution and Logistics Management, 1998, 3(2)53—67.

后 记

　　供应链管理与营运资金管理绩效的关系是学者们主要关注的领域。在不同的宏观经济周期下,供应链管理对营运资金管理绩效影响发挥的作用是不一样的,而供应链合作关系是供应链管理的最高层次。因此,本书在系统分析国内外相关文献并对经济周期、供应链管理、供应链合作关系、营运资金、营运资金管理绩效等定义的基础上,深入剖析了经济周期波动、供应链合作关系影响经营性营运资金管理的作用机理,并对这种影响机理进行实证检验,为我国制造业上市公司在不同的国家宏观背景下提升供应链管理促进营运资金管理绩效提供理论指导和政策建议。

　　本书整体架构是层层递进的过程:营运资金静态需求—营运资金动态调整—营运资金管理绩效,这一过程受供应链合作关系的影响,其在经济下行时期更为显著。因此,本书丰富了宏观经济周期作用于企业营运资金需求变动及管理绩效的效应机理,充实了供应链合作关系对营运资金静态与动态调整行为,以及管理绩效影响的理论依据,并为企业在不同的经济周期阶段,制定差异化的营运资金管理策略以便更好地管理营运资金提供了启示与思路。

　　通过研究,本书提出适应不同宏观经济环境的营运资金管理策略:第一,企业进行营运资金投资时,投资多少,营运资金各个构成项目比例多少,营运资金的筹资来源,筹资构成等必须关注外部的经济环境,周期性行业、融资约束企业更是如此。通常在经济高涨时期,经营性营运资金投入较多,货币性营运资金可以相对较少;经济紧缩时,经营性营运资金投入较少,货币性营运资金特别是现金持有应该加大,以抵挡经济冲击带来的风险。另外由于民营企业受到宏观经济冲击更大,资金不足问题更严重。因此,民营企业或相关企业所面临的问题就应该受到高度重视,企业在财务预警中应该考虑宏观环境的变化,使得营运资金预算与管理较少受到资金短缺的影响。第二,经实证检验发现,在经济上行时期,供应链合作关系对制造企业的营运资金需求调整、管理效率等影响并不明显;在经济下行时期,供应链合作关系发挥的作用较大。说明我国制造业上市公司只有在面临宏观经济冲击时,为了抵御风险会去关心供应链关系的建立。事实的确如此,宏观经济环境的变化,使企业所面临的供需关系不确定性增加,此时通过相互之间的关系消除不确性,共享需求与供给信息,能降低不确性,产生合作效益。但我们认为在经济上行时期,供应链合作关系的建立也很重要。建立适应不同经济周期下营运资金管理策略的思路为:在不同经济同期内,供应链合作的需求动机不同,从而带来营运资金管理策略上的差异。在经济上行时期,应在采购渠道上完善采购的及时性,采购的足量性,以便及时足量获得供应,在销售渠道上,扩大客户群,注重挖掘潜在客户,充分利用繁荣的经济环境,不断调整和改进销售渠道,加大产品宣传力度,尽可能增加销售量。因此,快速响应市场,提供多样化产品设计,优异的质量和可靠性,快速满足客户需求,高水平的顾客服务等来提高制造业市场销售能力,进而提高企业盈利能和价值最大化。在经济下行时期,减少采购渠道上的材料存货,尽可能地获取商业信用;在销售渠道上巩固与战略客户的长期合作关系,维持现有市场份额,增加预收账款,及时回收货款,经营性营运资金投入量降低,增加现金等理财性营运资金成为必须,如此可以防止企业陷入无法还款的财务危机,防止资金链断裂。第三企业的产权性质不同,供应链合作关系对制造企业发挥作用也不同,民营企业与国有企业相比,主要是资金不足,对供应链上游企业的依赖主要目的获取商业信用,由于市场地位弱,对供应链下游企业的依赖是扩大销售。因此,企业会有扩大应收账款增加销售的动机,这样会给企业带来资金回收困难,进一步加重资金短缺的危机。民营企业应该根据自己所属企业性质,选择资金雄厚的供货商和客户,以便可以获取商业信用,及时回收货款。